- 江西省社会科学基金项目“人工智能赋能江西现代化产业体系建设的理论逻辑与实践路径研究”（25JL04）成果

人工智能赋能企业

高质量发展的影响研究

刘英◎著

江西人民出版社
Jiangxi People's Publishing House
全国百佳出版社

图书在版编目（CIP）数据

人工智能赋能企业高质量发展的影响研究 / 刘英著.
南昌 ：江西人民出版社，2025.7. -- ISBN 978-7-210-16116-5

Ⅰ. F279.2-39

中国国家版本馆 CIP 数据核字第 20250SW847 号

人工智能赋能企业高质量发展的影响研究 刘英 著
RENGONG ZHINENG FUNENG QIYE GAOZHILIANG FAZHAN DE YINGXIANG YANJIU

责任编辑：万莲花
封面设计：同异文化传媒

江西人民出版社 Jiangxi People's Publishing House 全国百佳出版社 出版发行

地　　址：江西省南昌市三经路 47 号附 1 号(邮编:330006)
网　　址：www.jxpph.com
电子信箱：64114527@qq.com
编辑部电话：0791-86898650
发行部电话：0791-86898815
承　印　厂：南昌市红星印刷有限公司
经　　销：各地新华书店

开　　本：787 毫米 × 1092 毫米　1/16
印　　张：18.25
字　　数：310 千字
版　　次：2025 年 7 月第 1 版
印　　次：2025 年 7 月第 1 次印刷
书　　号：ISBN 978-7-210-16116-5
定　　价：65.00 元
赣版权登字-01-2025-392

目 录

第一章　绪　论

第一节　研究背景与研究意义

一、研究背景

（一）国际背景

人工智能作为引领新一轮科技革命和产业变革的战略性新兴技术，已成为目前国际竞争的新焦点和经济发展的新引擎。为充分把握新一轮科技革命的历史机遇，全球主要经济体纷纷给新一代人工智能发展加码，力图抢占未来发展的战略制高点，掌握新一轮科技竞争的主导权。大部分国家已陆续加入人工智能赛道，并将发展人工智能上升为国家战略高度。美国作为人工智能领先国家，为稳固和渲染技术优势，确保其在人工智能领域的领先地位，正全面布局发展人工智能技术，陆续签署了《为人工智能的未来做准备》《国家人工智能研究发展战略计划》《关键与新兴技术国家战略》《人工智能与机器学习战略计划》等。相比美国，欧盟及其主要成员国旨在成为开发和部署前沿性、合伦理性及安全性 AI 的世界领导者，先后发布了《可信人工智能伦理指南草案》《面向卓越和信任的人工智能发展之路》等。英国作为人工智能的前沿阵地，人才储备丰富，2021 年，英国政府发布了《国家人工智能战略》，旨在推动英国成为全球人工智能领导者。虽然日本相比其他经济体在智能技术方面并不突出，但在人工智能战略布局方面也颇具亮点，如发布的《人工智能战略 2022》，旨在利用人工智能克服日本的社会难题，在坚持以人为中心的原则下提高产业竞争力。我国作为最大的发展中国家，人工智能发展独具优势，成效显著，正踏上科技创新的快车道向人工智能强国不断迈进。可以预见，在今后的一段时期里，人工智能将成为各国发展的重要赋能源头之一，将推动各国比较优势与竞争优势发生深刻变化，人类即将步入一个前所未有的飞速发展阶段。

在数据、算力和算法的共同推动下，全球人工智能飞速发展，正不断由点到面形成溢出效应，逐渐渗透到世界千行百业中，将成为重构和升级全球价值链（Global Value Chain，GVC）网络分工格局的重要驱动力。国内外学者已经验证了人工智能带来的近乎无限生产力能够促进生产率的增长（Graetz and Michaels，2018；陈彦斌等，2019），而生产率水平的高低直接制约和影响各国在国际市场的地位，决定了其在全球价值链的分工位置，因而各国可以借助智能技术工具提高生产率来实现在价值链中的地位攀升。除了提升生产效率，人工智能还能促使生产要素功能加倍或智能替代，帮助打通各部门生产要素流动“堵点”（郭凯明，2019），从而优化资源配置，提高经济循环效率，形成良性竞争的市场环境，进一步为企业参与全球价值链竞争营造优势。值得注意的是，在全球价值链的网络分工中，处于不同链条的企业获得的利益并不相同，处于利益主导地位的企业极易形成上游技术垄断不利于全球市场的发展，而人工智能形成的生产网络极具移动性和灵活性，可以打破传统产业链的生态闭环，改变各国在全球价值链分工中的利益分配。凭借人工智能衍生的新业态、新模式，促使企业致力于开源创新，同时通过核心业务塑造和多元化配置调整，实现产品优化升级，以满足不同国家和地区的多元化需求，从而促进全球价值链的网络深化，摆脱利益分配的被动地位。因此，毫无疑问，智能时代的来临，能够打破全球价值链固有的分工格局，帮助部分国家跳出“低端锁定”的困境，为各国企业参与价值链高端竞争创造明显的机会，从而形成全球价值链的新生态。

（二）国内背景

改革开放以来，中国经济发生了历史性变化，凭借庞大的人口红利和市场规模，在经济史上创造了独一无二的奇迹，并在2010年经济总量首次超过日本，成为世界第二大经济体。但不可否认，伴随经济的快速增长，诸如经济结构失衡、区域发展不协调、生态环境恶化等问题日渐显露，单纯依靠扩大总量和提高速度并不能妥善解决这些问题，我国亟须告别传统高速增长的经济发展态势，探索出一条与以往不同的经济发展道路。党的十九大报告明确指出“我国经济已由高速增长阶段转向高质量发展阶段”，高质量发展阶段不只要求传统的数量型增长，更加注重质量和效率的提升。“十四五”时期我国开启全面建设社会主义现代化国家新征程，站在新的历史起点上，锚定新时代、新征程的发展目标，对高质量发展也提出了更高要求，其时代内涵将更为丰富。党的二十大报告提出要“加快构建新发展格局，着力推动高质量发展”，更是将高质量发展视为全面建设社会主义现代化国家的首要任务。然而，由于我国缺乏重大原始性创新和关键核心技术，在科技领域与部分发达国家仍存在较大差距，同时，随着全球经济形势的加速演变和贸易冲突的不断升级，加之日益加剧的人口老龄化打破了传统依赖人口红利锁定的生产要素优势，中国参与国际竞争的传统优势正不断减弱，极易陷入全球价值链的“低端锁定”困境，因而在未来一段时期，亟须为高质量发展注入新动能和新优势。

人工智能的快速发展为我国在科技领域攻关带来了新的重大历史机遇，国家高度重视人工智能技术的发展，对人工智能产业进行了中长期布局和政策扶持。2017 年，国务院印发并实施《新一代人工智能发展规划》，人工智能迎来了国内爆发元年，各地纷纷加码布局，加大对人工智能产业的扶持力度，以图抢搭智能化快车。2022 年，科技部联合其他部门印发了《关于加快场景创新以人工智能高水平应用促进经济高质量发展的指导意见》，并启动了支持建设新一代人工智能示范应用场景工作。“十四五”规划提出，要瞄准人工智能等前沿领域，加强原创性和引领性科技攻关。随着新一代信息技术的加速演进和政策支持力度的加大，我国人工智能的发展如火如荼，正加速与千行百业渗透融合，通过以“智”提“质”、“数智赋能”，拓展了经济发展的新空间。如图 1.1 所示，目前，我国人工智能产业市场规模正处于加速拓展阶段，2021 年我国人工智能市场收支规模仅次于美国及欧盟，位居世界第三，占全球市场规模的 9.6%①。根据艾瑞咨询预测，2026 年我国人工智能核心产业规模预计超过 6000 亿元，带动产业规模预计高达 21077 亿元。人工智能作为一种新型的信息互通技术，具有渗透性、协同性、创造性等特点，能为高质量发展提供新动能和新优势。一方面，人工智能通过对传统产

① 数据来源于火石创造产业研究院。

业进行智能化改造，促使实体产业与信息技术融合进步，从而催生出更多的新业态和商业模式，进而提升产业经济的自主发展能力，具有溢出带动性很强的"头雁"效应。另一方面，人工智能通过与关联产业上下联动，能够产生一定的活化效应，有效推动经济体系的市场发展，获得更高的经济效益。因而，在智能时代，以人工智能为代表的新兴信息技术，将构筑智能经济新优势，充分赋能经济社会发展。

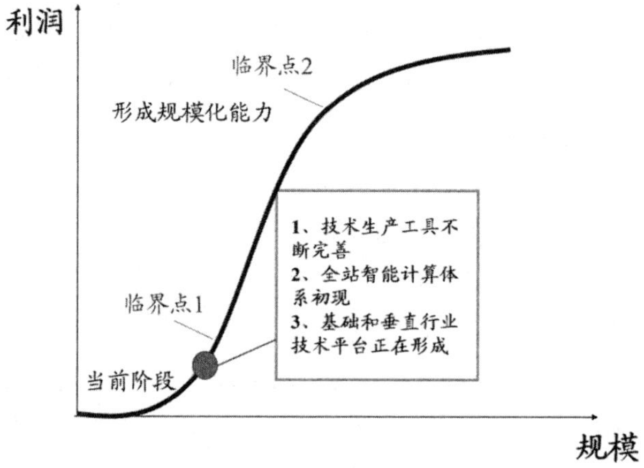

图 1.1　人工智能规模经济 S 曲线

图片来源：东吴证券研究所。

在全方位推动高质量发展的大环境下，企业作为市场经济的基本组织和微观主体，对我国经济社会持续健康发展发挥着重要作用，也应该奋勇争先，实现高质量发展。锚定高质量发展新目标，企业管理者们尝试以智能技术作为生产和管理手段，推动企业的转型和升级。各行各业正加速与人工智能渗透融合，加快构建多元化产业结构布局，助力企业向着高质量发展方向不断迈进。除了企业内部的驱动，企业高质量发展还离不开政策的布局和助推，近年来政策利好为企业发展提供了一个宽松的市场环境，从顶层设计入手，我国制订了相关产业政策，将人工智能提高到一个新的战略高度，一系列政策的落地，进一步激发了企业发展的活力和动力。与此同时，智能时代的到来加深了经济全球化的程度，可以帮助企业更快拓展全球市场，企业将不再局限于某个地区的市场份额，能够通过灵活化、多样化的办公方式缓解信息不对称问题，为企业带来更加广阔的发展空间。从企业内部看，相比传统的管理制度和体系，人工智能可以加强企业内部的管理，调动全体员工进行组织模式的参与，进而缩小管理层与员工层的差距，促使企业管理逐步向现代化、合理化、智能化的方向发展。不仅如此，人工智能还可以赋能企业实现降本增效，通过依靠智能机器辅助或全部依靠计算机完成，可以大幅提高企业各生产环节的效率，从而降低原材料的损耗和产品不良率，实现降本增效的双重发展。此外，随着智能化技术的深入应用，企业还可以根据自身发展需求，协同推进产业链创新，通过质量变革、效率变革、动力变革，以企业创新的方式赋能高质量发展。

二、研究意义

（一）理论意义

1. 为技术进步驱动高质量发展提供了新的解释维度

人工智能与高质量发展二者都是近期学术界重点关注的话题，但是现有文献对人工智能与高质量发展关系的研究大部分聚焦在宏观、中观维度，基于微观企业视角的研究较少。企业作为市场活动的主要参与者，是实现经济高质量发展的重要力量，不论是宏观区域层面还是中观行业层面的经济高质量发展，都需要切实依靠微观企业主体才能得以实现。本书从微观企业角度入手，探讨人工智能如何赋能企业高质量发展，在借鉴现有文献分析新问题的基础上，补充和完善了既有研究，对后续研究具有一定的借鉴意义。

2. 揭示了人工智能赋能企业高质量发展的深层机理

本书在现有实践事实的基础上，综合运用生产要素理论、技术创新理论、内生增长理论、交易成本理论等，构建了包含“内生机理—动力机理—传导机理”在内的人工智能赋能企业高质量发展的作用机制，厘清了人工智能与企业高质量发展的内在逻辑，解读了经济高质量发展过程中对科学技术的内在要求，并形成了统一框架，在一定程度上丰富了经济增长理论的交叉研究，具有一定的学术价值和理论意义。

（二）现实意义

1. 有利于准确把握现阶段的企业发展水平

本书基于 A 股上市公司的年报内容、财务数据等，分别测度了企业人工智能发展水平和高质量发展水平，并从不同视角开展了异质性描述分析，以充分掌握企业整体发展水平与内部发展存在的不协调、不平衡问题，有助于对现阶段企业发展水平形成客观认知，找准智能化与高质量发展之间协同发展的关键因素与突出短板，从而增强微观市场主体活力，助力企业全方位实现高质量发展，进而为未来战略规划的制订和相关政策的实施提供有利的价值参考。

2. 有利于做好政策预案，帮助企业在智能化转型过程中释放更多的潜力和活力

企业是经济发展的基本细胞，只有不断保持生机和活力，才能持续提升经济发展的质量与效益。本书不但检验了人工智能赋能企业高质量发展的整体效应，还进一步考察了这种赋能效应是否会因诸多异质性因素导致不同效果，并得出了不同研究结论，这些结论可以为企业早日完成智能化转型，实现高质量发展提供支撑方案和经验证据，进而帮助企业释放更多的潜力和活力，具有很强的指导意义。

3. 有利于发挥智能技术在经济增长中的新引擎作用

历史上发生的每一次工业革命都曾通过多种途径对当时经济发展产生深刻影响，以人工智能为代表的新兴信息技术正加速推进千行百业转型升级，加快构筑“智能经济”新方阵，能够为高质量发展不断注入新活力。本书从人工智能与企业高质量发展的关系切入，明确了人工智能对企业高质量发展的推动作用，这对新时代新征程中增添企业高质量发展新动能具有积极的现实意义。

第二节　研究架构

一、研究思路

本书从人工智能与高质量发展关系这一命题切入，按照“问题提出—理论分析—现状考察—实证检验—案例探讨—政策导向”这一框架，依次回答：人工智能是否可以赋能企业高质量发展？如果事实如此，人工智能赋能企业高质量发展的作用机制是什么？同时，考虑现有的人工智能产业政策，政策利好能否进一步帮助企业实现高质量发展？基于此，本书围绕如下研究思路展开：第一，在梳理人工智能与高质量发展相关文献的基础上，确定

本书的研究切入点；第二，结合相关重要理论和理论依据依次从经济机理和数理逻辑的角度对人工智能赋能企业高质量发展进行理论分析，分别构建包含“内生机理—动力机理—传导机理”和“通用产品部门—行业产品部门—研发部门”在内的理论模型，并以此构建人工智能赋能企业高质量发展的理论框架；第三，从人工智能与企业高质量发展的基础事实出发，分析人工智能赋能企业高质量发展的逻辑缘起、现实基础与范式特征，并分别利用数据挖掘和指标测算的方法对企业智能化水平和高质量发展水平进行测度，以挖掘两者的特征事实；第四，基于上市公司数据实证考察人工智能赋能企业高质量发展的作用机制与效果；第五，从制造、金融、教育、交通、旅游、医疗、家居等角度对人工智能赋能企业高质量发展的领域进行探讨；第六，结合前文理论分析和实证检验结果提出人工智能赋能企业高质量发展的路径和展望。具体思路如图 1.2 所示。

二、研究方法

本书以马克思主义政治经济学、产业经济学、区域经济学、统计学以及计量经济学等不同学科的知识为基础，采用文献分析与归纳演绎相配合、定性研究和定量分析相结合、从系统研究到逐层分析等研究手段，对人工智能赋能企业高质量发展的统计测度、作用机理与效果评估进行科学系统的研究，具体采用的研究方法如下。

文献分析法。本书通过收集和整理国内外期刊文章、会议论文、学术著作等资料中关于人工智能与高质量发展的有关观点和论述，归纳和总结以往研究的成果贡献与研究不足，从而确定本书的研究切入点，为本书后续的研究思路和方法提供资料基础。

规范分析法。基于生产要素理论、技术创新理论、内生增长理论、交易成本理论，进一步结合经济机理和数理逻辑构建包含企业内部智能化转型和企业外部产业政策推动的内外联动理论框架，多角度、全方位分析人工智能赋能企业高质量发展的作用机理与逻辑关系。

综合评价法。从人工智能的三大要素出发，借助 Python 网络爬虫、文本挖掘等技术，利用特定关键词的相关词频统计，以上市公司企业年度财务报告为基础，测度了企业人工智能发展水平。同时，基于指标体系的构建原则与思路，从创新驱动、绿色发展、开放合作、效益增长和社会共享五个方面选

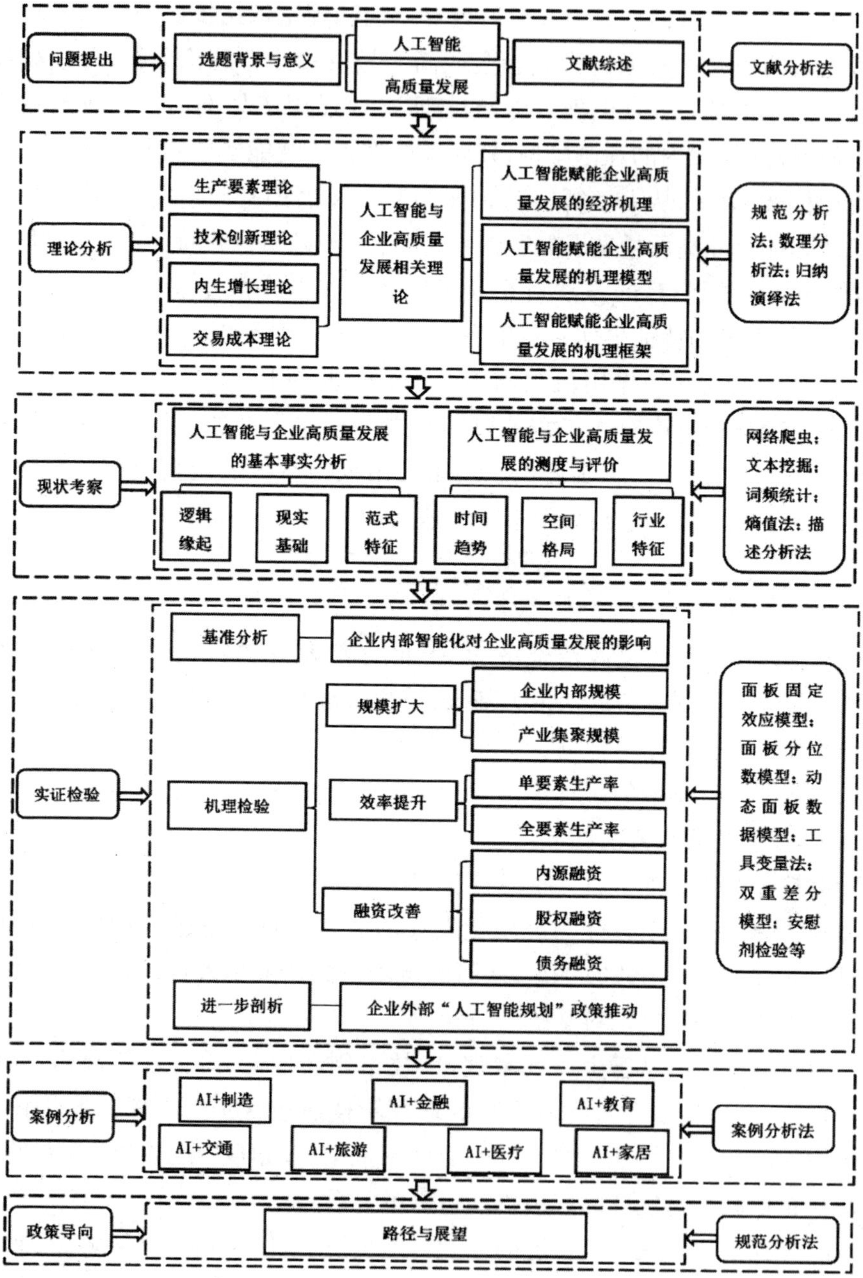
问题提出
选题背景与意义
人工智能
高质量发展
文献综述
文献分析法
理论分析
生产要素理论
技术创新理论
内生增长理论
交易成本理论
人工智能与企业高质量发展相关理论
人工智能赋能企业高质量发展的经济机理
人工智能赋能企业高质量发展的机理模型
人工智能赋能企业高质量发展的机理框架
规范分析法；数理分析法；归纳演绎法
现状考察
人工智能与企业高质量发展的基本事实分析
人工智能与企业高质量发展的测度与评价
逻辑缘起
现实基础
范式特征
时间趋势
空间格局
行业特征
网络爬虫；文本挖掘；词频统计；熵值法；描述分析法
实证检验
基准分析
企业内部智能化对企业高质量发展的影响
机理检验
规模扩大
企业内部规模
产业集聚规模
效率提升
单要素生产率
全要素生产率
融资改善
内源融资
股权融资
债务融资
进一步剖析
企业外部“人工智能规划”政策推动
面板固定效应模型；面板分位数模型；动态面板数据模型；工具变量法；双重差分模型；安慰剂检验等
案例分析
AI+制造
AI+金融
AI+教育
AI+交通
AI+旅游
AI+医疗
AI+家居
案例分析法
政策导向
路径与展望
规范分析法

图 1.2 技术路线图

取合理的评价指标构建企业高质量发展的评价指标体系，使用熵值法测度了高质量发展指数。根据企业人工智能和高质量发展的综合指数和分项指数的测度结果，运用描述分析法从不同角度进行了差异化分析。

计量分析法。本书实证分析部分主要是基于现有上市公司数据对微观企业的经济现象、行为或活动做出客观的分析。在对人工智能赋能企业高质量发展的研究中，以上市公司面板数据作为样本，利用面板固定效应模型对人工智能驱动企业高质量发展的效果进行了实证检验，并采用工具变量法识别了人工智能对企业高质量发展影响的净效应，同时利用比较分析法，从高质量发展不同维度、人工智能发展不同维度、企业发展过程的不同时期、企业所在区域、企业所处行业、企业所有制类型和企业规模等角度展开了分样本实证检验。在分析人工智能赋能企业高质量发展的作用机制中，采用面板固定效应模型、面板分位数模型、动态面板数据模型等多种计量方法对其作用机制进行了系统检验。在分析人工智能产业政策推动企业高质量发展的效果评估中，将 2017 年提出的"人工智能规划"作为外生冲击，以 2013—2021 年作为研究区间，采用双重差分模型、安慰剂检验、分样本回归相结合的方法衡量了人工智能政策对企业高质量发展的赋能效果。

案例分析法。人工智能作为一项引人瞩目的技术，已经渗透到社会的各个方面。本书分别从"AI + 制造""AI + 金融""AI + 教育""AI + 交通""AI + 旅游""AI + 医疗""AI + 家居"等七大领域介绍了人工智能应用的场景，对人工智能赋能企业高质量发展进行了更为细致的案例探讨。

三、研究内容

本书从人工智能与企业高质量发展关系这一命题切入，研究人工智能赋能企业高质量发展的作用机理和影响效果。首先，从理论角度，综合运用现有的重要理论和理论依据，从内生机理、动力机理和传导机理三个方面分析了人工智能影响企业高质量发展的经济机理，同时，构建了包含通用产品部门、行业产品部门和研发部门的多部门经济增长模型，并总结得出了人工智能赋能企业高质量发展的内外联动机理框架。其次，从发展事实的角度出发，对人工智能赋能企业高质量发展的逻辑缘起、现实基础、范式特征等进行了分析，并在人工智能与企业高质量发展的内涵与逻辑关系的基础上，采用文本挖掘方法测度了企业人工智能发展水平，并从不同角度分析其发展特征；同时，以创新驱动、绿色发展、开放合作、效益增长和社会共享五个方面为逻辑主线构建了企业高质量发展的测度体系，并对其测度结果从整体、时间、空间和行业不同维度进行了归纳与分析。再次，从实证论证角度，以马克思主义政治经济学、产业经济学、区域经济学、统计学以及计量经济学等不同学科的知识为基础，借助科学合理的量化工具和方法，对人工智能赋能企业高质量发展的作用机制和影响效果进行系统的实证分析。最后，在理论阐述、基础事实与实证分析的基础上，为智能时代企业实现高质量发展目标提出了针对性的政策建议。本书总共分十大章对上述内容进行分析，论文各章节的具体内容安排如下。

第一章是绪论。首先，从研究背景出发，提出本书将要聚焦的核心问题，并对本项研究的理论意义和现实意义予以介绍和说明。其次，介绍本书的研究架构，包括研究思路、研究方法和研究内容。最后，总结概括本书的主要创新点和可能的不足。

第二章是相关概念界定与理论基础。本章通过梳理人工智能与高质量发展的相关文献，人工智能与企业高质量发展的相关概念、重要理论和理论依据，旨在为后文理论机理和实证分析做好铺垫。首先，基于前文相关文献的总结，对本书人工智能和高质量发展相关核心概念进行界定。其次，回顾了与本书相关的经典理论，如生产要素理论、技术创新理论、内生增长理论、交易成本理论等。最后，分别从马克思主义的科技创新理论和中国科技创新事业的重要依据角度阐述了本书的理论依据。

第三章是世界各国人工智能发展历程及政策梳理。本章首先梳理了全球主要人工智能发展强国的历程及其在人工智能方面的战略政策。其次，介绍了我国人工智能发展历程及现状。最后，梳理了我国国家级和省级层面的人工智能相关政策。

第四章是人工智能赋能企业高质量发展的机理分析。本章旨在从多角度探讨人工智能赋能企业高质量发展的理论机理，从而为后文实证分析提供扎实的理论支撑体系。首先，从人工智能赋能企业高质量发展的经济机理角度，分别对人工智能赋能企业高质量发展内生机理、动力机理和传导机理进行了系统分析。其次，从人工智能赋能企业高质量发展的机理模型角度，构建了包括通用产品部门、行业产品部门和研发部门的基本模型，并分别对这三个部门的模型进行优化，得出了人工智能赋能企业高质量发展的数理逻辑。最后,从企业内部智能化转型和外部产业政策推动的角度构建了人工智能赋能企业高质量发展的内外联动理论分析框架。

第五章是人工智能与企业高质量发展的特征事实。本章旨在深入挖掘人工智能赋能企业高质量发展的必要性,并科学精准地对企业智能化发展水平和高质量发展水平进行测算评估,以期为后文实证分析提供可靠的数据支撑。首先,从人工智能与企业高质量发展的逻辑缘起、现实基础与范式特征进行详细分析,力求给人工智能赋能我国企业高质量发展提供现实依据。其次,基于人工智能发展的特殊性,对企业智能化发展水平进行测度,主要是以企业年报文本为原始数据,通过 Python 等数据挖掘软件对年报中与人工智能发展相关的关键词进行词频统计分析以获取企业基础层、技术层和应用层的智能化发展水平相关指标数据,并根据智能化总指数和分项指数从整体、时空、行业不同层面进行特征分析,归纳我国企业人工智能发展的特征事实。最后,从创新驱动、绿色发展、开放合作、效益增长和社会共享五个方面归纳企业高质量发展的逻辑主线,并以此构建企业高质量发展水平评价指标体系,根据综合指数和分项指数的测度结果运用描述分析法揭示我国企业高质量发展水平的动态演变规律及地区、行业差异。

第六章是人工智能赋能企业高质量发展的基准分析。本章主要就人工智能对企业高质量发展的驱动效应及不同子样本的驱动效应差异进行实证研究,主要从以下几个方面进行分析:首先,构建人工智能对企业高质量发展的计量模型,实证检验人工智能对企业高质量发展的影响。其次,采用更换解释变量、增加控制变量、更换研究样本等方法分析人工智能对企业高质量发展影响的稳健性,并采用工具变量方法处理人工智能与企业高质量发展的内生性问题。最后,本章还考虑了子样本的异质性特征,进一步从高质量发展不同维度、人工智能发展不同维度和不同时期、企业所在区域、企业所处行业、企业所有制类型和企业规模等角度进行分样本实证检验,深入分析了人工智能对企业高质量发展的异质性影响。

第七章是人工智能赋能企业高质量发展的机理检验。本章旨在探讨人工智能通过何种途径对企业高质量发展产生影响。首先,基于规模扩大机制,分别从企业规模和集聚规模的角度对这一传导机制进行验证,具体地,以资产规模、人员规模和营收规模衡量企业规模,以专业化集聚和多样化集聚衡量产业集聚规模,并分别从这五个方面实证考察人工智能赋能企业高质量发展的规模扩大机制。其次，基于效率提升机制，分别从单要素生产率和全要素生产率的角度对这一传导机制进行验证，具体地，以劳动生产率衡量单要素生产率，以 LP 估计法测度全要素生产率，并分别从这两个方面实证考察人工智能赋能企业高质量发展的效率提升机制，同时还发现，由于"新索洛悖论"的影响，人工智能对企业生产率的影响存在一定时滞性。最后，基于融资改善机制，分别从企业融资结构和融资约束的角度对这一传导机制进行验证，具体地，分别从内源融资、外源融资和融资约束三个方面实证考察人工智能赋能企业高质量发展的融资改善机制。

第八章是人工智能产业政策影响企业高质量发展的实证剖析。本章旨在从宏观外部角度，评估现有人工智能产业政策对企业高质量发展的驱动效果。具体地，以 2017 年国务院印发的《新一代人工智能发展规划》作为准自然实验，以政策提出时间为分界点，选取 2017 年及以前的年份为对照期，2017 年以后的年份为实验期，利用双重差分法较为全面地评估了人工智能产业政策对企业高质量发展的影响效果。同时，本章还特别关注了不同生命周期阶段下产业政策对企业高质量发展影响的差异性。

第九章是人工智能赋能企业高质量发展的领域探讨。当前，人工智能在各个领域都取得了重要的应用拓展，本章分别从"AI + 制造""AI + 金融""AI + 教育""AI + 交通""AI + 旅游""AI + 医疗""AI + 家居"等七大领域介绍人工智能应用的场景和案例。

第十章是人工智能赋能企业高质量发展的路径和展望。首先，总结人工智能赋能企业高质量发展过程中可能存在的问题。其次，在前书的基础上，探讨人工智能赋能企业高质量发展的路径。最后，分析了人工智能赋能企业高质量发展的趋势和展望。

第三节　研究创新与不足

一、创新之处

在研究视角上，从企业角度切入，为人工智能与高质量发展关系的经济学研究提供了一个较为新颖的视角。首先，无论是人工智能问题，还是高质量发展问题，均是目前各领域的关注焦点，学术界对二者之间的关联研究也在不断增多,但当前从企业背景将二者结合起来的成果比较少见。智能化时代的到来,人工智能在促进产业变革的同时,能否赋能企业高质量发展?如果事实如此,人工智能赋能企业高质量发展的作用机制是什么?在现行人工智能产业政策下,能否为企业高质量发展带来技术红利?本书通过对以上问题的探讨,为人工智能与高质量发展的经济学研究提供了有益补充。其次,在高质量发展的测度方面,现有研究大多停留在区域或行业层面,对如何测度企业高质量发展水平并未达成共识。本书结合现阶段企业存在的实际问题和创新、协调、绿色、开放、共享的新发展理念,从创新驱动、绿色发展、开放合作、效益增长和社会共享五个方面构建了一套适用性和可比性较强的企业高质量发展评价指标体系。最后,本书还进一步从高质量发展不同维度、人工智能发展的不同维度和不同时期、企业所在区域、企业所处行业、企业所有制类型和企业规模等多维视角探究人工智能对企业高质量发展的差异化影响,从而得到更为全面丰富的研究成果。

在理论拓展上,构建了人工智能赋能企业高质量发展的内外联动理论分析框架,丰富了技术进步与高质量发展的相关理论研究。首先,结合现有经典理论和企业发展事实,从经济机理的角度构建"内生—动力—传导"三维机理框架归纳演绎人工智能对企业高质量发展的影响机理,以此厘清两者之间的内在逻辑。其次,基于熊彼特内生增长理论模型,将人工智能技术纳入各部门厂商的生产活动中,通过构建通用产品部门、行业产品部门和研发部门的三部门经济增长模型,数理演绎人工智能对各部门生产活动和企业发展的影响,得出人工智能赋能企业高质量发展的数理逻辑。最后,基于两者的经济机理和数理逻辑,从企业内部智能化转型和外部产业政策推动的角度构建了一个人工智能驱动企业高质量发展的内外联动分析框架。因此,本书提出的人工智能赋能企业高质量发展的系统性框架,既属于传统经典理论的延续,也属于现有经济机理的拓展。

在方法应用上,将机器学习和传统计量研究方法有效结合进行创新性研究。限于人工智能数据的可得性,本书另辟蹊径利用目前较为流行的文本挖掘和词频统计等方法,从基础层、技术层和应用层三个方面来测算企业人工智能发展水平,并将测算结果纳入面板数据模型进行计量分析,以满足传统计量模型中对科研数据的要求。具体地,本书基于机器学习获取的变量测度结果,结合面板固定效应模型分析人工智能与企业高质量发展的关系。同时,本书还通过更换解释变量、增加控制变量、更换研究样本等方法对纳入这一变量的基准回归进行了稳健性检验。除了二者关系的研究,本书还使用面板分位数模型、动态面板模型、Tobit 模型等探讨了人工智能赋能企业高质量发展的作用机制。此外,在对人工智能产业政策的效果评估中,本书采用双重差分模型评估了《新一代人工智能发展规划》对企业高质量发展的赋能影响,并对其进行了平行趋势检验、安慰剂检验等,这一举措也有效避免了常规指标可能存在的测量误差问题,弥补了该领域现有实证研究中使用局部数据带来的缺陷。

二、不足之处

虽然本书在研究方法、研究框架及变量设计上有一定的创新之处,但鉴于笔者的研究能力有限,在研究过程中仍然存在着一些不足。一方面,由于目前我国人工智能处于初步发展阶段,部分领域对于智能化的应用并没有完全达到通用技术的要求,因而本书实证部分主要选择资本较为雄厚的 A 股上市公司进行分析。另一方面,限于数据的可获性和实地调研的困难性,并没有考虑市场结构中最为活跃的中小企业,从而无法利用时间更长、范围更广的企业数据进行更为细致深入的研究。

第二章　相关概念界定与理论基础

第一节　国内外文献综述

一、人工智能相关研究

（一）人工智能的内涵研究

作为第四次工业革命的核心技术，人工智能被公认为是21世纪的三大尖端技术之一。实际上，早在20世纪四五十年代，人工智能就已经开始被不同领域的学者们关注。1950年，具有“人工智能之父”之称的Turing就预测了智能机器人的可能性，并提出了“机器是否能思考”这一问题，即著名的“图灵测试”。1956年，在达特茅斯会议上，“人工智能（Artificial Intelligence）”这一提法首次被正式提出，标志着人工智能作为一个科学学科正式诞生。此后人工智能在不同领域逐渐活跃，其概念内涵也在不断延伸和拓展。因此，对人工智能做出一个清晰的定义并不容易，学术界对于人工智能的概念内涵也尚未统一。

关于人工智能的内涵，现有观点主要从两个方面进行探讨：一是强调人工智能是一种通用技术，即实现可持续的普惠过程。这一过程主要是借助机器来执行人类的思维想法，替代人类进行重复性活动（Kusiak，1990），通过设计计算机程序，在各类常规任务中进行人脑的分析与决策，无须借助劳动力进行控制，就能模拟人类活动、思考以及实现目标的行为（Aghion et al.，2017），从而帮助人类的思维构想成为现实（Korinek and Stiglitz，2017）。类似地，国内部分学者认为人工智能是将技术相关理论应用于计划、组织、管理、控制等制造活动的各个环节，旨在将先进技术与生产过程相融合，通过借助一定实物载体对人类行为进行逐渐取代，并可以根据特定的环境，进行自感知、自决策，从而帮助人类实现提前设定的生产计划目标（杨伟国等，2018）。二是更加关注人工智能的实际用途。根据人工智能的不同应用前景和涉及的不同学科，对其进行归纳与拓展，可以将人工智能分为专用人工智能、通用人工智能以及超级人工智能（任保平、宋文月，2019）。如以区块链、大数据、人工智能等技术为代表的金融科技应用（赵胜民、屠堃泰，2022）；利用人工智能提升税收风险管理水平（刘昊，2020）；在人工智能支撑下实现数据、业务、协同和交互能力的智能化升级的平台型政府（孟庆国、鞠京芮，2021）；以人工智能技术实现多要素协同互动，构建的新型电力系统等（王继业，2022）；还有灾害智能监测预警，智能地质填图、成矿预测等地质领域的应用场景（李灿锋等，2022）。

（二）人工智能的测度研究

随着社会各界对人工智能关注度的提升，对人工智能的测度研究也逐渐增多，现有研究一般采用单一指标法和综合指标法对人工智能发展水平进行测算，近期也有少量学者采用文本挖掘方法筛选并提取智能化组合关键词，从词频统计角度来刻画企业智能化发展。

单一指标法是较为简单的人工智能指标体系，仅由一级指标构成，较为常见的是选用工业机器人来表征智能化水平（Acemoglu and Restrepo，2017；Dauth et al.，2017；Graetz and Michaels，2018；王永钦和董雯，2020；闫雪凌等，2020；唐晓华、迟子茗，2021；李志强、刘英，2022）。此外，也有部分学者选择全要素生产率（Autor and Salomons，2018）、人工智能技术专利（Fujii and Managi，2018）、智能化改造核心部件费用占企业工业产值比重（韩会朝、徐康宁，2020）、全球计算机制造业和信息服务业在我国所有行业中的直接消耗系数（杨飞，2022）、海关机器人进口数量（李磊、徐大策，2020）、信息通信技术投资（Thomas，2017）等作为代理变量。

综合指标法则是通过构建多维度的智能化评价体系进行测度，主要是以孙早、侯玉琳（2019），李廉水等（2019）为代表，根据《智能制造发展规划（2016—2020 年）》制定的发展目标与评估原则，从基础建设、生产应用、竞争力和市场效益等方面对人工智能发展水平进行测算，之后越来越多的学者沿用这一思路，对智能化指标体系进行拓展（陈宗胜、赵源，2021；王林辉等，2022）。也有学者从智能技术、智能应用、智能效益、基础环境、产业竞争力、产业准备度、知识创造力等不同角度对智能化水平进行了测度研究（耿子恒等，2021；顾国达、马文景，2021）。

现有关于人工智能测度的文献，单一指标仅拘泥于智能化发展的某一维度，往往覆盖信息不足，有时难以全面准确地反映人工智能发展水平，从而损失大量重要信息，造成指标刻画不全面等问题。而现有综合指标虽然能在一定程度上缓解单一指标造成的信息损失，但由于大部分指标是依据特定目标构造，往往指向性过强，使得部分非智能化指标可能会掩盖智能化特性。人工智能作为一门综合性较强的科学技术，具有更新速度快、涉及内容多、涵盖范围广等特点，因而数据采集阻力巨大，且其“类人性”特征很难具体量化，导致现有使用传统方法测度的文献并未形成统一的结论。词频统计是近年来较为流行的一种数据提取方法，在衡量不同领域的发展水平研究中广受欢迎，如赵胜民、屠堃泰（2022）利用文本挖掘方法，基于金融科技词库搜索银行金融科技文本，然后通过处理文本信息来测度银行的金融科技发展指标。类似地，张远、李焕杰（2022）通过使用 Python 软件编写代码从深交所和上交所官方网站上下载制造业公司的企业年报，对获取智能化转型相关的关键词进行词频统计，进而对制造业上市公司发展情况进行深入分析。这一指标获取方法能够有效避免单一指标刻画不全、多维指标遮掩度高等问题，通过借助爬虫技术、文本挖掘等方法，利用特定关键词的相关词频统计构建相关文本指标，从而科学精准地把握企业智能化发展现状（吴非等，2021；黄大禹等，2021）。

（三）人工智能对经济社会的影响研究

人工智能的出现给人类带来了一场前所未有的科技变革，社会各界对人工智能的关注度与日俱增，有关人工智能对就业、收入不平等、产业结构、经济增长等方面影响的文献也层出不穷。

1. 人工智能对就业的影响

“抑制论”强调智能技术应用的就业替代效应。这类文献通常认为在人工智能时代大量传统岗位将会被机器替代，“机器换人”现象可能会给劳动力市场带来毁灭性的冲击。“工业 4.0”的到来，自动化技术影响了超过 50

个国家57%的工作①,不少学者纷纷对不同国家的岗位可被自动化替代的程度进行了定量测算,发现在短期内机器将会替代美国47%的职业(Frey and Osborne,2017),日本企业受智能技术影响有55%的岗位可能被扼杀(David,2017)。Arntz等(2016)通过对OECD国家岗位自动化替代程度进行测量,得出韩国将有6%的工作被自动化替代,而奥地利的比例将达到12%。在国内,也有学者基于不同情境,如区域、行业、个人等视角(王永钦、董雯,2020;周广肃等,2021),验证了人工智能技术会在短期内引起大量失业,对"机器换人"现象产生了一定担忧。

"促进论"肯定智能技术应用对就业的创造效应。这类学者认为智能化不仅仅是"机器换人",相反"机器扩人"现象会更为明显。相关研究指出,新兴技术在取代现有劳动密集型工作的同时,也会展现出新技术红利,带来更多全新的、更复杂的工作机会(Acemoglu and Restrepo,2018)。当市场产品需求弹性很大时,智能化生产可以通过降本增效压低产品价格,进而扩大产品需求,实现生产规模的扩大,最终抵消自动化带来的部分冲击(Bessen,2019)。国内部分学者对人工智能引发的劳动力市场变革也持积极态度,当城市智能化发展水平较高时,对就业的影响并非想象中的悲观,劳动力并没有被大量挤出市场,相反,智能化创造的岗位将吸引更多移民进入该城市就业,因此人工智能技术能够从总体上提升企业对劳动力的需求(魏下海等,2020)。

"不确定论"人群更多的是持中立态度,认为智能化对劳动力市场影响的总效应是不确定的,替代效应和创造效应可能会最终达到平衡。在人工智能及自动化的推进过程中,生产效率明显提高,使得企业有条件扩大再生产,从而对相关产业的需求增加,推动联动产业规模扩大,进而可以催生更多的就业岗位,表现出一种"溢出效应"(Gregory et al.,2018)。因此,短期内新技术对低端行业的就业冲击是毋庸置疑的,甚至可能导致失业率上升,但人工智能所带来的长期"技术红利"不会削弱劳动力的总需求,对就业总量的影响并不明显(隆云滔等,2020)。总的来看,无论是"机器换人"还是"机器扩人",随着人工智能的不断发展,智能技术对就业带来的综合影响将基

---

① Mckinsey Global Institute:《Jobs Lost, Jobs Gained: Workforce Transitions in a Time of Automation》,2017。

本维持稳定(蔡跃洲和陈楠,2019)。

2. 人工智能对收入不平等的影响

从技能溢价来看,人工智能打破了原有固定的生产方式,通过对常规任务的分解与重组,可以帮助机器释放更多的生产力。人工智能通过对传统生产方式进行颠覆改变,带来的最大变化就是调整原有的工作岗位,根据劳动力流动理论,“机器替人”使得原有的重复性、机械性工作岗位受到严重压制,甚至逐渐消失,导致原有岗位结构不断调整,市场将对技术要求较高的岗位更具偏好。因而市场对高学历技术工人的需求将不断增加,而低学历、低技能工人的就业前景正急剧萎缩(Binder and Bound,2019),产生这一现象的原因在于,那些低学历、低技能工人已经难以达到市场对核心技能岗位的严格要求,逐渐失去了与高技能人才的抗衡能力(Agrawal et al.,2019)。与此同时,技术变革引发的岗位结构调整,将不断替代低技能工人的岗位,可能导致部分工人的饭碗岌岌可危,进而出现大规模失业现象(Autor,2019;Acemoglu and Restrepo,2020)。劳动力市场对工人的技能要求将进一步提高,此时拥有高技能的工人会选择流向收入较高的行业和岗位。这既是对原有劳动力转型升级的要求,也是人工智能技术在不同部门对劳动力冲击的结果。同时,为凸显高技能工人的“含金量”,帮助他们提升自身幸福感和获得感,让他们能以更加饱满的热情投入工作岗位中,拥有这类群体的部门会选择提高薪酬,让高技能工人们感受到因技能而获利,这可能进一步拉大高技能部门工人与其他部门工人之间的工资差距,进而引发更为严重的收入不平等现象。这一现象聚焦到企业层面也是如此,少数掌握核心技术的“明星”企业具有极大的先发优势,能够占据更多的市场份额和利润。由于拥有更大的市场话语权,这些企业将会试图改变市场结构,借助核心技术对资本和劳动重新进行分配,从而改变以往资本与劳动的固有比例,最大限度地减少劳动力投入(Autor et al.,2020)。因此,在技术较为集中的部门或行业,生产自动化将带来更大幅度的生产力增长,在这样的市场范围内劳动力份额也将大幅下降,而聚集在这些领域的高技能工人通过彼此激励、相互合作,逐渐形成了工作合力,组建了工作队伍,使得高工资行业的进入壁垒不断加强(Song et al.,2019)。总的来说,“能者多得”的分配机制已经逐渐成为劳动力市场的基本共识,在这种“高压”筛选机制下,工人为满足市场需求不得不选择提升自己的技能。

从性别工资差距来看,现有研究基于"资本—技能互补"特征发现人工智能等有偏技术进步会改变不同技能红利,从而影响性别工资差距(李志强、刘英,2022)。从20世纪80年代开始,美国及其他一些OECD国家逐渐出现了性别工资差距缩小的现象,一些学者认为是技能偏向的技术变革所引致(Yamaguchi,2018;Beaudry and Lewis,2014)。男性和女性在劳动力市场中归属于不同群体,男性天生肌肉发达表现为运动技能优势,而女性天生心思细腻表现为认知技能更加突出(Welch,2000),这两类群体基于各自的相对优势,职位分配也会有所不同。因而,越来越多的学者认为有偏技术进步在一定程度上能够缓解性别工资差距。Allen(2001)发现在技术要求越高的行业中,资本越聚集,性别工资差距的收敛效果也更显著,说明技术进步有利于缩小性别工资差距。国内现有文献从人工智能等技术进步的角度研究性别工资差距的文章较少,但从鲜有的几篇文献可以看出,技能偏向型技术进步确实能促使性别工资差距收敛,无论是生产线升级还是机器人引进均可以给女性带来更多的工资增长,进而逐渐缩小男性和女性之间的工资差异(魏下海等,2018;李志强、刘英,2022)。

3. 人工智能对产业结构的影响

从产业结构看,人工智能可以通过提高要素配置效率和加速技术融合等渠道推动产业结构不断优化。智能技术的引进能够实现对非生产性时间的节约,促使生产要素跨部门流动(郭凯明,2019),使得不同生产环节效率均得到了很大提高,进而导致各部门对技术红利的敏感度上升(Miyazaki et al.,2012)。产业内部会加大对技术的投入,通过优化各产业的要素配置,进一步替代更多常规性生产任务,进而在综合层面促进产业结构转型和升级(师博,2019;孙早、侯玉琳,2021)。除了提高要素配置效率,人工智能还可以通过技术融合创造新业态来实现产业结构的升级与优化。现阶段,智能技术最明显的特征就是劳动力的替代效益和补偿效益,在智能技术引进的过程中最先受影响的便是第二产业,生产效率的提高会替代部分劳动力,倒逼其转向其他行业,尤其是服务业(Acemoglu and Restrepo,2017)。同时,人工智能可以通过扩大生产规模产生补偿效应,推动行业扩张,引致更多消费、服务需求,加速服务行业发展(Autor,2015)。因此,人工智能对服务业的颠覆效应将更加明显,通过增进产业间有效关联以及新业态、新模式的职位创造促进服务业结构升级(王文等,2020)。

4. 人工智能对生产率和经济增长的影响

目前在人工智能对生产率和经济增长影响的研究文献中，较为普遍的观点是人工智能可以对经济社会发展产生较大的积极影响。部分学者从理论层面对人工智能与经济增长关系进行了探讨，Zeira（1998）基于内生经济增长模型，推演了自动化技术对经济增长的影响机理。在此基础上，Aghion等（2017）引入了“Baumol 成本病”思想，将生产任务分为自动化任务和非自动化任务，发现人工智能会导致一些行业比重上升，另外一些行业下降。还有学者通过引进其他变量也得到了一致结论，陈彦斌等（2019）基于老龄化背景对人工智能和经济增长的关系进行分析，通过模型演绎发现人工智能可以通过替代劳动力、提高资本回报率和全要素生产率的路径来缓解老龄化对劳动力市场的冲击，进而确保经济增长。类似地，Acemoglu 和 Restrepo（2017）指出在人口增长率较低的发达国家，人工智能技术对于减缓经济下滑大有裨益。也有学者基于实证层面对人工智能与经济增长关系进行了论证，Graetz 和 Michaels（2018）以 17 个发达国家为研究样本，从国家工业机器人的应用角度证实了智能化应用对经济产出和生产效率具有促进作用，李磊和徐大策（2020）利用中国工业企业数据和海关贸易数据也得到了类似结论。但也有少部分学者发现机器对经济社会的影响并不是千篇一律，Guerreiro 等（2017）发现在不同时期人机协同带来的经济增长效应并不一致，短期内“机器替人”引致的工资率问题可以通过对机器人征税挽回经济损失，但长期来看，当自动化发展步入完善阶段时，对机器人征税并不能得偿所愿。

二、高质量发展相关研究

（一）高质量发展内涵研究

高质量发展是一个涵盖宏观、中观、微观三个层面的理论体系。宏观层面的高质量发展一般是指国民经济整体质量和效益的全面提升，是高质量发展的目标和导向，如经济平稳增长、区域平衡发展等。中观层面的高质量发展一般是指产业经济效益的全面提升，是高质量发展的支撑和主体，具体表现为产业布局、产业结构、生产方式的不断优化和升级。而微观层面的高质量发展一般是指产品和服务质量的全面提升，是整个高质量发展体系的基础和动力，包括企业创新能力、市场竞争力、品牌影响力等的提升（鲁继通，2018；王一鸣，2018）。接下来，本书分别从宏观、中观、微观视角梳理高质量发展内涵的相关研究成果。

宏观视角下，高质量发展是在新发展理念下的一种经济发展质量状态，是一种持续不断的动态发展（任保平、文丰安，2018）。高质量发展以质量和效益为价值取向（田秋生，2018），其本质内涵将比传统追求速度与数量的发展更为丰富，是以人民为中心、优化资源配置、同资源环境承载能力相适应的发展，是经济建设、政治建设、文化建设、社会建设、生态文明建设五位一体的协调发展（张军扩等，2019）。高质量发展意味着我国发展进入一个新的阶段，在这个阶段人们关注的重点将从数量与规模的快速扩张，转换到质的提升和变革（张涛，2020）。从发展方式转变和社会主要矛盾看，质量追赶、结构升级、创新驱动、共同富裕和绿色发展将成为高质量发展阶段的突出特征（王一鸣，2020），因而其发展内涵应该与社会主要矛盾的转化紧密关联、严格耦合（高帆，2021）。

不少学者对高质量发展的理解进行了外延，选择从中观视角，如制造业（刘震、潘雨晨，2022）、农业（夏显力等，2019）、服务业（姜长云，2019）进行解释，也有学者从更为细致的行业，如旅游产业、文化产业等（于法稳等，2020；陆建栖、任文龙，2022）来理解其内涵特征。余东华、王梅娟（2022）提出高质量发展应该兼具多维性和时代性，曲立等（2021）将制造业高质量发展内涵定义为创新、绿色、开放、共享、高效和风险控制六个维度。曹亮等（2022）认为行业高质量发展与生产积极性以及上游投入行业的高质量发展密切相关。

比较而言，目前从微观视角探讨高质量发展的文献较少，很少有文献对企业高质量发展做出直接定义。鲜有几篇文献均是将研究范围聚焦于特定类别企业对高质量发展进行界定，黄速建等（2018）从国有企业角度基于目标状态和发展范式两个维度对企业高质量发展进行了界定，并提出实现国有企业个体层面和整体层面高质量发展的核心途径。同样地，周健君、胡有林（2021）立足于国有企业的特殊性，提出了国有企业"四个统一"的发展内涵，即发展过程与发展结果的统一、发展水平与未来发展潜力的统一、经济价值与社会价值的统一、数量突破与质量升级的统一。除了国有企业，还有学者从民营企业的角度对企业高质量发展进行研究（张志元和马永凡，

2022)，王欣(2022)提出民营企业发展呈现“数量”“质量”“动能”“地位”四面齐升的演进格局。

（二）高质量发展特征研究

高质量发展在宏观、中观、微观三个层面的内涵均十分丰富，实际上，创新、协调、绿色、开放、共享新发展理念基本涵盖了高质量发展的本质特征。

从创新维度看，创新是高质量发展的核心动力。作为创新意识极强的发展中国家，我国始终把创新作为提升国际竞争优势的重要支撑，并坚持科技创新与制度创新“双轮驱动”(刘思明等,2019)。从宏观角度来看，科技创新驱动经济高质量发展是一个复杂而系统的过程(王慧艳等,2019)，对转变区域经济发展模式和提升区域经济发展水平有着重要作用(孙艺璇等,2021)。从微观角度看，科技创新是企业技术创新战略投入产出路线图中的隐藏要素，企业可以通过技术创新撬动新的经济增长点，从而加速创新驱动战略落地(李静等,2019)。不可否认，制度创新对于现阶段的高质量发展而言也尤为紧迫，因此，除了将科技创新落到实处，还应将制度创新放在突出位置，才能更好地落实创新驱动战略(刘思明等,2019)。

从协调维度看，协调是高质量发展的内生特征。旧有发展模式主要依赖于大规模要素投入以追求经济增长(魏敏和李书昊,2018)，但这种依靠速度和规模实现的数量成效极易引致不平衡不协调问题，如社会有机体的不平衡、区域不平衡等，这些不平衡将严重阻碍中国潜能的释放(王大树,2022)。因此，在新时代，协调将成为高质量发展的内生特点，这不仅要求经济同政治、文化、社会和生态等方面的协调发展，还要求城乡之间、区域之间的差距不断缩小，最终实现全面平衡(魏敏、李书昊,2018)。

从绿色维度看，绿色是高质量发展的普遍形态。“斧斤以时入山林，材木不可胜用也”，早在中国古代就提出了丰富的生态伦理思想，其核心是发展应遵循人与自然的和谐统一。在现代化建设中，绿色发展将成为一种普遍形态，高质量发展与以往高消耗、高污染的高速增长是相对立的，更加强调节能环保，因此，在节能环保和经济发展的两轮驱动下，绿色发展对新阶段的高质量发展至关重要(梁丹丹,2022)。但在现有高质量发展的总基调下，生态短板仍较为突出，关成华(2019)提出要以绿色产业推动绿色发展，应该从加大国际合作力度、推行绿色消费方式、加强环境保护等角度补齐生态短板。

从开放维度看，开放是高质量发展的必由之路。"四海之内皆兄弟"是古人天下共处、合作共赢的思想观念，改革开放以来，我国经济成绩斐然，互利合作水平不断提高。开放合作已经成为驱动国内高质量发展的有力抓手，也是参与国际大循环的必由之路。放眼世界，全球产业链、供应链布局正加速调整，将在更大范围、更宽领域、更高层次释放新一轮开放红利（张瑾等，2019）。但不可否认，近年来，世界各国经济屡遭打击，叠加保护主义思潮抬头，国际经济大循环对我国经济发展的拉动作用明显减弱，在这样的背景下，应该发挥国内经济大循环对经济发展的主体作用，构建以国内大循环为主体、国内国际双循环的国际竞争新优势（任保平、豆渊博，2021）。

从共享维度看，共享是高质量发展的根本目的。从古人的"鳏寡孤独废疾者皆有所养""古之人与民偕乐，故能乐也"到现代的"以人民为中心""构建人类命运共同体"无不体现着共享发展的价值追求。伴随我国社会主要矛盾的转变，共享发展将成为实现高质量发展的根本遵循，必然要求发展为了人民，一切发展成果由广大人民群众共享（任保平、王思琛，2018）。因此，中国式现代化价值遵循的最终目的是要求在高质量发展中满足人民日益增长的美好生活需要，最终实现共同富裕（王一鸣，2020）。

（三）高质量发展测度研究

现有研究对高质量发展的内涵进行了大量探讨，但值得注意的是，由于不同学者对高质量发展内涵理解存在差异性，学术界对高质量发展测度并未达成一致的分析框架。目前在关于高质量发展的测度研究中，鉴于量化目标和衡量范围的不同，不同学者对高质量发展的基础度量指标和具体测度方法存在一定差异，接下来将从指标体系和测度方法两个方面，系统梳理当前学术界的相关研究成果。

关于高质量发展的测度指标，一些学者采用单一指标，如全要素生产率（陈昭、刘映曼，2019）、增加值率（陈丽姗、傅元海，2019）、劳动生产率（王业斌、许雪芳，2019）、人均实际 GDP（陈诗一、陈登科，2018）等来衡量高质量发展水平，从全要素生产率的角度看，仅从静态角度考虑生产要素带来的影响而忽略生产要素的长期效应，可能会造成高质量发展测度结果与实际存在较大偏差（郑玉歆，2007）。从增加值率的角度看，如果仅从增加值的角度考虑增长质量而忽略指标的门槛上限也会造成与实际情况背离（范金等，2017）。同样地，其他单一经济指标虽然能单方面反映发展水平，但结果具有极大的片面性，难以达到全面测度高质量发展水平的效果。

为了改善单一指标的局限性，不少学者选择从多维的角度探讨高质量发展内涵，通过构建多维指标体系来测度高质量发展水平。较为常见的是以新发展理念为指引，基于五大发展理念维度的基础性指标构建高质量发展指标体系（李梦欣、任保平，2019；曲立等，2021）。部分学者将新发展理念与实际目标相结合构建高质量发展总指数，如刘亚雪等（2020）构建的世界经济高质量发展指标体系，就是同时考虑了五大发展理念和稳定发展目标，最终结果显示，中国的经济高质量发展综合水平表现最为强劲，但相比其他国家，国内绿色发展和协调发展水平还相对不足，而绿色发展和共享发展是实现高质量发展不可或缺的重要维度（詹新宇、崔培培，2016），因此，要实现高质量发展我国还亟须补齐这些突出短板。还有学者从经济和社会两个基本面构建高质量发展测度体系（师博、韩雪莹，2020），然而这只能反映经济和社会的基本情况，没有考虑其他方面的发展。除此之外，越来越多的学者基于对高质量发展内涵的不同理解，选择从其他层面构建评价指标体系（李金昌等，2019；滕磊、马德功，2020），如赵涛等（2020）从城市视角构建了包含产业结构、包容性 TFP、技术创新、居民生活和生态环境等多维度的经济高质量发展评价体系。马茹等（2019）提出要从供给、需求、效率、运行和开放五个维度，全面推进高质量发展，并从这五个方面对我国区域经济高质量发展总体和不同维度的情况进行了测度。也有学者以高质量发展测度的思想遵循为参考，注重全国一盘棋的系统观念，构建了宏中微观一体化测度体系（鲁继通，2018；张涛，2020），宏观的指标注重国民经济增长与分配、宏观调控等，中观的指标侧重产业结构、城乡与区域平衡，微观的指标着眼于产品质量、企业生产等（张丽伟，2019），但一体化测度指标涉及面广，数据不易获取，可行性不高。尤其是目前聚焦于微观企业测度的研究中，除了用单一指标替代外，大部分仅停留在多维体系的构建设想。

就测度方法而言，目前学术界对高质量发展的测度主要使用主成分分析法（吕承超、崔悦，2020）、熵权法（魏敏、李书昊，2018；王静、方德斌，2022）、均等权重法（马茹等，2019；杨耀武、张平，2021）、纵横向拉开档次法

（聂长飞、简新华，2020）、BP 神经网络（李梦欣、任保平，2019）和“VHSD－EM”组合模型（唐晓彬等，2020）等，通过对指标进行赋权并计算相应的指数来展开对高质量发展的统计测度。

（四）高质量发展影响因素研究

1. 宏观因素

国内外关于高质量发展宏观影响因素的研究中，主要体现在经济因素、环境因素、制度因素、技术因素、产业因素等。

从经济因素看，一些宏观经济变量对高质量发展会产生积极影响，如外商直接投资（李娜娜、杨仁发，2019）、研发投资（谷军健、赵玉林，2020）、基础设施投资（潘雅茹、罗良文，2020）、关税减让（曹亮等，2022）等。也有研究发现相比于总量进口，技术密集型货物进口和生产性服务进口对高质量发展的影响效果更为显著（陶爱萍、吴文韬，2020）。

从环境因素看，雾霾污染、环境分权对经济高质量发展体现为负向作用（陈诗一、陈登科，2018；屈小娥、刘柳，2021），而碳总量控制、环境规制可以在一定程度上推动高质量发展（上官绪明、葛斌华，2020）。值得注意的是，当环境规制超过一定门槛值时，对高质量发展的促进作用并不明显（周清香、何爱平，2020）。肖黎明、李秀清（2022）指出资源的合理利用对高质量发展至关重要，但生态足迹广度和足迹深度带来的影响效果并不同步，资源利用程度对高质量发展的影响也不是简单的线性关系。

从制度因素看，宏观经济政策也可能对高质量发展产生影响。比如财政分权可以显著促进经济高质量发展（郭健等，2021），根据中国财政分权体制的特点，相比财政收入分权，财政支出分权对经济高质量发展的正向效应更为明显（张瑞等，2020）。但也有研究不支持这一结论，认为财政分权激励效应的逐渐失灵会阻碍高质量发展进程（杨志安、邱国庆，2019）。其他宏观经济政策，如区域一体化战略、关税减让在一定程度上也有助于推动高质量发展（张跃等，2021；曹亮等，2022），但政府补贴并不能促进企业高质量发展，只能通过企业创新的遮掩效应进而影响企业发展质量（陈昭和刘映曼，2019）。

从技术因素看，一直以来，科技创新对高质量发展都发挥着支撑引领作用（陈丽姗、傅元海，2019；王慧艳等，2019；刘思明等，2019），部分学者提出人工智能(师博,2020;程文,2021;刘松竹等,2022)、数字技术(荆文君和孙宝文,2019;任保平,2020;滕磊、马德功,2020;赵涛等,2020;余东华、王梅娟,2022;肖土盛等,2022)、大数据技术(李辉,2019;蔡跃洲、马文君,2021)等新兴技术与社会再生产相融合可有效助力高质量发展。马晓河、胡拥军(2020)提出"互联网+"对农村经济高质量发展发挥着重要作用,鉴于农村发展的特殊性,"互联网+"应用起步晚、底子差,可以通过"网络链接""数字赋能"等渠道颠覆农村生产模式,进而推动经济循环畅通,赋能农村高质量发展(马晓河、胡拥军,2020)。但也有不少学者担忧"索洛悖论"的存在可能并不能给经济高质量发展带来理想的技术预期,这是因为在技术引进初期,技术进步对经济高质量发展的赋能效应可能并不能得偿所愿(唐晓华、迟子茗,2021)。

从产业因素看,产业集聚对我国经济发展质量具有较大的正外部性(刘新智等,2022),在环境约束日趋紧张的背景下,可以借助"竞争激励"效应和"规模经济"优势促进区域经济发展质量的提升(黄庆华等,2020)。同时,产业结构升级也是实现高质量发展的必要路径(朱风慧、刘立峰,2020),当前我国产业结构的服务化发展趋势愈加明显,与制造业的生产率差距正逐渐收敛,服务业已经成为我国经济增长换挡的重要支撑(张月友等,2018),但也有学者提出在经济高质量发展过程中应该保持适度的产业结构转换,只有结构转换度处于阈值左侧时才有利于产业结构优化,而结构转换度超过这一阈值时会引发产业空心化,并不符合高质量发展要求(刘志彪、凌永辉,2020)。

2. 微观因素

关于高质量发展的微观影响因素,现有文献主要从企业内部和企业外部两个角度展开分析。从内部因素看,董事高管责任(张曾莲、徐方圆,2021)、现金持有率(常媛等,2022)、营商环境(周泽将等,2022)、同事关系(李粮,2021)等因素都可以促进企业高质量发展,但也有学者认为当企业杠杆率达到一定临界值时,对高质量发展的积极影响并不能得偿所愿(施本植、汤海滨,2019)。还有学者发现虽然企业社会资本投资有利于研发创新,但单纯依靠社会资本并不能保持企业长期稳定的发展(林志帆和龙小宁,2021)。从外部因素看,减税降费、环保约谈、高铁开通等因素均是推动企业高质量发展的有力工具(王业斌、许雪芳,2019;胡浩志、孙立雪,2021;吕康娟等,2022)。政府补贴虽抑制了企业发展质量的提升,但是也可以通过激励企业创新进而对企业发展质量产生正向影响(陈昭、刘映曼,2019)。整体上,数字化转型可以驱动企业全要素生产率提升,但这种赋能效应在达到一定程度后对企业的驱动作用并不明显,会呈现非线性的"哭泣曲线"(武常岐,2022)。

三、人工智能与高质量发展相关研究

随着智能时代的到来,人工智能逐渐成为实现经济高质量发展不可或缺的新动能。接下来本书将从理论研究和实证研究两个方面,系统梳理当前学术界关于人工智能与高质量发展的相关研究成果。

(一)人工智能与高质量发展的理论研究

从通用技术的角度看,人工智能具备通用技术的所有特征,实际上,通用技术对经济增长的影响效应是一个值得长期研究的话题,学术界关于这一方面的理论研究也起步较早。现有大部分研究是基于数理推演来分析自动化通用技术对经济相关指标的影响,如聚焦于技术进步对就业和工资影响的偏向型技术进步理论(Directed Technological Change)、任务法(Task - Based Approach)等。

"偏向型技术进步"是指能够增加被偏向的生产要素的生产效率及其需求量的技术进步(Acemoglu,2002)。其中,受到学术界广泛关注的理论是"技能偏向型技术进步(SBTC)"(Katz and Murphy,1992),这一理论重点强调了企业在增加技术投入的过程中对高技能劳动者的需求也会随之增加,同时对低技能劳动者的依赖会不断削减,从而促使大量劳动力向技能密集型的行业部门聚集(Katz and Autor,1999)。随着技术的不断变化,中等技术水平和收入阶层的就业人员将被大量替代,进而引起就业和工资的两极分化现象(Goos et al.,2014)。此时传统的技能偏向型技术进步理论可能无法对此做出合理解释,因此关于劳动力市场就业和工资的两极分化现象的理论解释,就让渡于由 Autor 等(2003)(简称 ALM 模型)提出的更细致的解释版本,即"任务偏向型技术变革(TBTC)"。随后许多研究者在此理论的基础上对其进行了拓展,如国内学者余玲铮等(2021)从理论和实证的角度均证明了智能机器所包含的技术变革更加符合任务偏向型技术变革,而非传统意义的偏向型技术进步。与此同时，郭凯明、罗敏（2021）提出这种有偏技术进步的引进不仅会让不同技能劳动之间互相替代，还会加剧产品市场的替代效应，从而改变不同产业的要素密集程度和产品相互依赖程度。

“任务法”主张最终产品的形成是基于不同生产要素通过一系列任务组合完成。这一理论渊源来源于 Roy（1951）对技能劳动和非技能劳动的生产效率和收入分配问题的探讨。Zeira（1998）借鉴“任务法”的研究思路，构建了资本与劳动关系的经济增长模型，此后，“任务法”被广泛应用于资本对劳动的替代、收入分配不均等经济社会问题的研究。如孙早、侯玉琳（2019）基于任务模型，将人工智能这种前沿技术与生活成本和传统的技能劳动结合在一起，以揭示不同区域的智能化程度和生活成本对不同劳动力就业的理论逻辑。类似地，袁冬梅等（2021）在这种理论模型的基础上纳入自主创新这一重要指标，分析自主创新对不同劳动力就业需求的影响，发现现阶段加大自主创新投入会导致高技能劳动力需求明显增加，中低技能劳动力需求下降。相反，陈宗胜、赵源（2021）也将这种智能化前沿技术引入任务模型，并从不同技术密度部门的角度研究了智能化升级带来的就业效应，发现无论是高技术密度部门还是低技术密度部门，智能化均能带动就业效应增加。

现有多数理论模型的成立是在微观企业或部门的角度下展开，并设定了诸多前提假设，学者们开始逐渐尝试从经济机理的一般传导机制展开理论分析。智能化发展是大势所趋，在新一代信息技术的引领下，人工智能可以撬动质量变革、效率变革、动力变革，进而推动我国经济高质量发展（任保平，2020）。其中，在微观层面，任保平、何厚聪（2022）提出可通过规模经济、范围经济和网络经济促进高质量发展。原因在于，智能化产品在大规模的生产与传播过程中会产生正反馈机制，可以通过提高产品的创新速度和提升市场需求的精准度，从而吸引更多的消费者聚集，形成网络效应，进而实现供需两端的规模经济。同时，实体企业可以通过与智能技术相结合提高企业的生产效率，进而形成低成本优势，拓宽产品与服务的范围，实现范围经济（陆建栖、任文龙，2022）。在中观层面，人工智能可以通过产业转型升级助推不同产业实现高质量发展（任保平、何厚聪，2022）。郭朝先、方澳（2021）提出经济社会产业是由核心产业、融合产业和潜在关联产业三大产业构成，从三大产业的角度看，人工智能可分别通过扩张效应、赋能效应和活化效应促进经济高质量发展。也有学者从农业、工业和服务业的角度进行了论述，在这三类产业的发展过程中，人工智能可以通过革新农业生产方式、增添工业新动能和催生服务新业态的渠道推动产业高质量发展（曾世宏、高晨，2022）。从宏观角度看，荆文君、孙宝文（2019）认为新兴技术主要通过以下三条路径促进经济高质量发展：一是通过增加新的要素投入和调整要素占比的渠道促进经济增长；二是提高新的资源配置效率促进经济增长；三是通过经济增长的"常规路径"即提高全要素生产率促进经济增长。蒲晓晔、黄鑫（2021）从需求动力结构重塑与供给动力结构再造两个维度对中国经济高质量发展的动力问题进行了研究，得出人工智能可以通过优化投资结构、驱动消费结构升级和重塑贸易格局等途径调整需求动力结构，同时，还可以从优化要素禀赋、优化制度安排、赋能技术创新等途径进行供给动力结构再造。师博（2020）认为与五大发展理念相契合，人工智能主要通过社会再生产各环节的转型升级助推经济实现高质量发展。

（二）人工智能与高质量发展的实证研究

关于人工智能与高质量发展的实证研究并不多见，现有文献主要聚焦于新一代信息技术（大数据、区块链、数字经济等）对高质量发展的直接影响。就研究过程来看，新一代信息技术对高质量发展的影响具体分为直接影响和间接影响。就研究结论来看，大多数研究结果均显示人工智能等新兴技术可以对高质量发展产生积极影响，但也有少量文献证实了人工智能时代"新索洛悖论"的存在性。

从新兴技术的角度出发，已有大量文献论证了新一代信息技术对高质量发展的直接影响，发现新一代信息技术对高质量发展存在显著且稳健的促进作用（刘思明等，2019；赵涛等，2020；刘松竹等，2022）。各行各业都意识到这种新通用技术能够释放巨大的赋能效果，纷纷借助一系列信息技术向高质量发展目标看齐，如金融业借助数字技术进行金融体系改革，为金融行业高质量发展注入了重要力量（滕磊、马德功，2020）。实际上，人工智能对各地区、各行业的赋能效果并不是千篇一律的，存在一定的异质性，说明"技术鸿沟"仍然存在，因而需要根据不同区域、不同产业、不同企业的差异性，制定具体的人工智能应用方案才能全面发挥其功效（耿子恒等，2021）。从目前人工智能的发展现状来看，区域"技术鸿沟"现象较为明显，东部地区的人工智能赋能效果明显最优，而东北地区的人工智能赋能效果最低（王慧艳等,2019),相反,余东华、王梅娟(2022)从制造业的角度得出的结论却是这种前沿技术对中西部地区的赋能作用更大。同样地,肖土盛等(2022)基于企业数据进行实证分析,得出在不同产业、不同区域和不同企业数字化对企业创新的促进作用也并不一致。

从间接影响看,宏观上,人工智能与高质量发展可以通过人才、技术等要素连接形成"高耦合、良协调"的互动格局(王裕瑾、李梦玉,2023)。刘维林、王艺斌(2022)基于中国地级及以上城市的面板数据实证检验了这种前沿技术可以通过优化产业结构、激发创新能力和提升公众认知三重叠加机制影响城市高质量发展。也有学者发现这些新兴技术还可以通过营商环境、教育水平、资本水平等渠道显著促进中国经济增长与高质量发展(范合君、吴婷,2021;罗斌元、陈艳霞,2022)。此外,除了在本地释放智能化红利,智能技术对周围区域也存在明显的赋能效果,能够促进相邻地区的经济高质量发展(陈昭等,2022)。中观维度上,新一代信息技术可以通过加大人力资本积累、激发创业活力、优化劳动力结构、提升生产效率以及改善产品质量等路径驱动各大产业高质量发展(唐晓华、迟子茗,2021;惠宁、杨昕,2022)。而在微观企业里,新一代信息技术可以通过技术变革、技术创新、人力资本提升、企业家精神、公司治理等渠道来影响我国企业高质量发展(刘松竹等,2022;余东华、王梅娟,2022;刘艳霞,2022)。

也有少数学者对两者关系持不同观点,认为人工智能可以显著促进高质量发展,但在初期存在抑制作用,即人工智能与高质量发展之间呈现"U型"关系(唐晓华、迟子茗,2021)。人工智能作为一种通用目的技术,如同传统信息技术对生产率的影响,存在新"索洛悖论"(陈楠、蔡跃洲,2022)。程文(2021)从生产率的视角出发,证实了智能时代新"索洛悖论"的存在,通过揭示"索洛悖论"的形成及其演化背后的经济机制,发现在短期内人工智能并不能对生产率产生明显的推动作用,但长期内却能够明显促进生产率增长。

四、文献述评

从已有研究可以看出,经过国内外学者的长期研究,学者们在人工智能、高质量发展以及人工智能与高质量发展关系等方面做了深入探讨,取得了很多研究成果。特别是近些年来,随着人工智能的快速发展,一些学者在理论、实证研究等方面也取得了新的突破，这些成果为本书研究提供了极为重要的参考。但同时，从文献梳理中也注意到目前的研究还需要在以下几个方面进一步地深入和探明。

第一，现有关于人工智能对经济社会的影响研究主要从人工智能对经济产出、劳动力就业、收入分配、产业结构变动等方面的影响展开，而关于人工智能对高质量发展影响的文献非常稀缺，尤其是人工智能影响企业高质量发展的研究较为少见。在智能时代，企业是否可以将人工智能作为其高质量发展的一种新动能？如果事实如此，企业可以通过何种途径作用于高质量发展，即影响机制是什么？人工智能对企业高质量发展的赋能效果是否存在异质性？这些问题为本书研究提供了一个难得的视角。因此，本书可以从这些问题切入，对人工智能赋能企业高质量发展的影响进行深入研究。

第二，现有研究对人工智能的测度并未形成共识。人工智能概念框架涉及的内容繁多，涵盖范围复杂，且“智力”这种隐含属性难以直观测度，使研究数据的可得性受限，并未形成统一的结论。一般而言，使用工业机器人、全要素生产率、技术专利等指标往往只能表征人工智能的某一侧面，且单一维度的指标易使测度结果出现偏误。随着智能技术的快速发展，人工智能包含的内容逐渐广泛，采用单一指标法无法描述人工智能的真正内涵。虽然学者们尝试从不同角度构建人工智能发展水平指标体系，但由于学者学科背景不同，现有综合指标体系由于其依据特定的研究对象构造，侧重点不一样，没有形成统一的认识，且受限于数据可获性，往往只能涵盖某些宏观特征指标，从微观视角的测度研究很少。人工智能作为新一轮科技革命和产业变革的重要驱动力量，正加速与千行百业融合深化，是现阶段企业转型升级的关键赛道，这类具有智能意识的价值信息更容易体现在企业具有总结和指导性质的年报中，从而折射出企业对智能化转型的战略布局和未来展望。因此，可以从企业角度入手，进一步拓展相关研究，对我国企业智能化转型的整体规划和战略选择具有重要意义。

第三，在高质量发展的测度方面，现有研究大多停留在区域或产业层面，未能将指标体系触及经济发展的微观方面。而不论是宏观或中观层面的经济高质量发展，都需要依赖微观企业主体的高质量发展才能得以实现。从宏观经济发展到中观的产业发展，再到企业内部自身发展，最终都会以企业高质量发展为落脚点。虽然直观上人们似乎可以意会到企业高质量发展的含义，但真正科学界定其内涵可能并不容易，学术界对企业高质量发展概念也并无统一的定论。因此，迫切需要从微观层面探究企业高质量发展的概念，并建立一套科学的评价体系对其进行专门的系统性测度研究，以帮助企业及时发现短板，进而以高质量发展为导向，早日做出相应的战略规划与行动部署。

第四，人工智能赋能企业高质量发展的影响机制还需进一步探明。现有多数学者是从数理推演的角度来奠定人工智能对高质量发展的理论基础，但部分理论模型成立是在微观企业或部门的角度下展开，设定了诸多前提假设，并没有具体探讨其传导机制。虽然也有文献对其经济机理的一般传导机制展开了具体分析，但对人工智能驱动高质量发展的机制较为单一和分散，且缺乏联系，体系性不强，尤其是在智能化发展背景下，现有文献并未能在人工智能驱动企业高质量发展的实现机理和具体路径上做出新时代背景下更为系统的理论阐释。因此，对人工智能影响企业高质量发展的具体路径还需进行深入探讨，以此明确人工智能和企业高质量发展之间的关系与传导机制，厘清两者之间的内在逻辑。

第二节　人工智能概念和特征

一、人工智能

（一）人工智能的定义与特征

人工智能作为一门前沿的交叉性、综合性技术，自 1956 年首次提出以来，各方根据其关注角度和研究情景的不同对其概念一直存在着不同的观点。赛迪研究院将人工智能视为计算机科学的一个分支领域，并指出人工智能存在着强人工智能和弱人工智能之分，在日常工作生活中可以通过借助智能机器物化人类思维，帮助人类参与学习、推理等工作。清华大学人工智能研究院认为人工智能可以通过构造人工系统来研究人类学习、计算、思考等智能行为的规律，从而帮助人类完成“智能”工作。通过梳理这些不同概念，可以看出人工智能的核心内容，即人工智能可以通过与机器学习、大数据等结合，对人类行为进行学习、模拟或延伸，进而在生产活动中帮助人类做出思维过程的决策模拟。由于本书主要是从企业角度研究我国人工智能对高质量发展的影响，因此本书将跳出各种不同角度及情境下的概念定义，从产业链结构的角度出发，对人工智能重新进行界定。实际上，历经几十年的发展，我国人工智能产业链已经初具规模，从产业链的结构来看，已经初步形成了包括上游基础层、中间技术层和下游应用层的产业链条。上游基础层是整个人工智能产业的基础，主要包括数据、算力、算法，是推动企业高质量发展的必要资源。其中，数据是人工智能产业创新发展的基石，基于巨量数据的模型训练，可以催生更多面向海量数据存储、计算、处理等专门的技术和服务，从而可以更加适应广泛的下游任务。此外，在人工智能基础层的三要素中，算力是驱动产业发展的关键，作为集成逻辑与硬件的载体，芯片已成为产业发展的焦点。同样地，人工智能的快速发展离不开算法的突破，当算法能够“应对自如”时，才能促成智能产业的“繁茂”，在算法层面，超大规模预训练模型等已经成为最近备受关注的热点之一。中游技术层作为人工智能产业发展的核心，主要以模拟人类思维特征为出发点，致力于突破更多“卡脖子”技术瓶颈。如目前较为火热的计算机视觉、自然语言处理等关键技术，以及机器学习、知识图谱等通用技术，这些核心技术对企业的支撑作用将不断强化，促使企业更快实现高质量发展。下游应用层是人工智能产业的延伸，通过面向特定应用场景将人工智能技术与社会发展深度融合，如目前智能教育、智能制造、智能家居、智能投顾等呈现全方位爆发态势，各行业致力于通过降本增效寻找行业的增量空间，实现产业的升级换代，进而催生更多新的经济增长点，助力企业实现全方位高质量发展。

人工智能不仅具有一般通用技术的渗透性、替代性和协同性的基本技术—经济特征，还具备独特的创造性特征，能够在一定程度上替代人类的脑力工作（蔡跃洲、陈楠，2019；郭朝先、方澳，2021）。首先，作为一种具备使能效应的通用技术，从技术扩散的角度而言，人工智能具有与国民经济各大产业相结合的潜力，这种可以广泛应用于经济社会各行业的特征就是一般 ICT 所具有的渗透性。其次，随着人工智能与实体经济的渗透融合，智能化转型将对企业提出更高要求，为了应对智能化市场环境，企业需要优化生产线、调整商业模式，这一过程会对其他资本要素、劳动要素进行替代，但总体上对企业发展的支撑作用也在不断加强。再次，从协同性的角度看，人工智能不仅能在供给端为生产者提高资本、劳动、技术等要素的匹配度，加强生产环节的协同，加速运营效率，还能在需求端为消费者匹配个性化需求产品，提高上下游产业链相关企业的信息透明度，从而释放更多的消费潜力。最后，除了通用技术具备的渗透性、替代性和协同性，人工智能具有对人类思维和决策过程近似模拟的独特创造性特征，能够展现人脑之外的创造力量，这种力量可以颠覆传统生产方式，创造更多的新产品、新模式、新市场以及催生大量新就业岗位。因此，具备了以上技术—经济特征的人工智能可以进一步为企业高质量发展“添薪续力”。

（二）人工智能的演进过程

人工智能自诞生以来已有60多个春秋，在其曲折发展过程中经历了多次低谷与热潮，但整体呈现螺旋式上升态势。1956年，在达特茅斯会议上，“人工智能”一词被正式提出，掀起了人工智能的第一次发展浪潮，此后10余年间，人工智能取得了突破性进展，发明了神经网络算法感知器、开发了“通用解题器”程序、提出了“微世界”概念等，相关成果层出不穷。1974年，人工智能经历了第一次发展之殇，原因在于，当时的计算机内存和处理速度几乎不能解决任何有关人工智能的实际问题，早期人工智能程序并不具备真正学习的“能力”，难以满足研究者们过高的要求。由于缺乏进展，英国政府和美国相关部门陆续停止对部分人工智能研究的资助①。直到1980年，第一个“专家系统”开发，缓解了早期人工智能计算能力受限的问题，使得人工智能再次受到关注，英国、美国等为抢占这一波热潮，开始大量投入人工智能专项资金，推动人工智能走向了第二个发展繁荣期。在这期间也取得了不少瞩目成就，如CMU设计了XCON专家系统、程序Cyc问世、提出BP算法并得到推广等。但这一高峰仅维持不到10年，随着专家系统的广泛应用，各种问题也逐渐显露，加之Apple和IBM生产的个人电脑性能不断提升，相关权威机构也将资金拨至那些产出较为容易的项目，1987年人工智能又一次步入寒冬，而这次“冬天”长达20年。直到2006年，深度学习方法在卷积神经网络等模型和参数训练技巧等方面取得突破，人工智能借助大数据时代的东风，获得了全新的发展机遇，引发了新一轮人工智能发展浪潮，

① 参考《人工智能发展简史》，中共中央网络安全和信息化委员会办公室（cac. gov. cn）。

受互联网、大数据、5G通信、云计算等新兴技术影响，人工智能呈现加速发展态势。回顾六十多年的发展历程，人工智能历经多轮潮起潮落，取得了一些里程碑式的成果，但整体上，当前人工智能仍处于面向特定领域的弱人工智能阶段，只是处理特定领域问题的专用智能①。

二、发展

从哲学层面看，发展是事物不断前进的过程，是一种前进、上升的运动变化。实际上，发展是整个人类社会永恒的主题，是一个历史范畴，随着人类社会的不断进步，人们对发展规律的认识不断深化，内涵也会随着时代发展而变化。中国共产党发展观的演变历程就是很好的证明。改革开放以来，中国共产党带领全国人民在创造幸福生活的过程中，对当代中国的发展问题进行了积极探索，创造了一个又一个的发展奇迹。根据时代的要求和经济社会的不断发展，在不同时期均形成了与时俱进的发展理念。1978年党的十一届三中全会将党的工作重心转移到了社会主义现代化建设上来，做出了改革开放的重大历史决策，在经济建设过程中，提出了“发展才是硬道理”的发展思想。在经济建设为中心的发展理念的指导下，我国在短时间内便创造了“中国奇迹”，国家经济实力快速增长，国家地位、国际影响力也在日益提升。但长期高投入的经济增长方式造成了资源的严重浪费和环境的严重破坏，国际经济摩擦也日益增多，经济和社会不协调问题逐渐显现。党的十三届四中全会以后，根据我国经济社会发展的新形势、新变化和新要求，提出了“发展是党执政兴国的第一要务”。这一理念立足国情，顺应了时代潮流，将发展目标范围拓展到了经济社会整体。根据世界经济发展趋势和我国经济发展阶段的要求，我国对经济发展基础地位的认识绝对不能动摇，要把主动权握在自己手里，不断解放和发展生产力。随着改革进入深水区，中国经济形势发生了重大变化，发展“不平衡、不协调、不可持续”等问题逐渐显现，导致与人密切相关的众多社会领域发展滞后，现存的社会矛盾对我国社会主义现代化建设提出了新要求和挑战，迫切需要转变发展方式。党的十六届三中全会顺应时代要求，第一次提出了“科学发展观”，指出要坚持以人为本，树立全面、协调、可持续的发展观，促进经济社会和人的全面发

① 数据来源：中国信息通信研究院安全研究所。

展。这种由“物”到“人”的根本性转变,对我国未来经济社会健康发展产生了深远影响,也为新发展理念的形成提供了重要的理论基础。历经几十年的快速发展,我国进入了新发展阶段,社会经济发展面临着更加复杂的局面,为了更好地把握发展机遇、应对发展所面临的挑战,党的十八届五中全会提出了“创新、协调、绿色、开放、共享”的新发展理念。新发展理念是从发展动力到发展目的的完整科学体系,是我国现代化建设的重大理论创新。以史为鉴,可以知兴衰。在大历史观的视角下对中国特色社会主义发展观的历史嬗变进行梳理,可以看出发展是历史的、具体的,也是永恒和与时俱进的。

三、高质量发展

改革开放以来,从侧重经济发展到追求经济社会发展,再到凸显“人”的价值和地位的科学发展,再到以人民为中心的发展理念,体现了我国从经济短缺,到经济高速增长,再到高质量发展的阶段性特征转变。自“高质量发展”提出以来,各方高度关注,已经成为社会各界的关注焦点。在党的二十大报告中,高质量发展被赋予了极其重要的地位,高质量发展不仅完美体现了新时代下我国经济发展的鲜明特征,同时也是新阶段发展的必然选择,是未来很长一段时期我国经济社会发展的主题。受历史因素影响,前期的经济增长,主要表现为“数量增长”和“规模扩张”,依靠传统的钢铁、煤炭等产业产能的大规模扩张和人口、土地、资源等要素的高强度投入以填补“数量缺口”实现“数量追赶”(王一鸣,2020)。但不容忽视的是,这种依靠数量追赶模式的经济体只有在快速追赶期结束并顺利跨入高收入行列后,才能迈向发展质量新台阶,如果在快速追赶阶段结束后并不能顺利跨入高收入行列,此时经济体的发展质量就不能得到明显提升。因此,为了早日并入高收入行列,我国必须推动发展质量迈上新台阶,才能避免落入中等收入陷阱(张军扩等,2019)。高质量发展是发展质量与发展数量的统一,传统的产业大规模扩张阶段已基本结束,我国利用技术后发优势超额完成了“数量追赶”目标,那么在新发展阶段的主要任务是实现“质量追赶”,也即完成从“总量扩张”到“结构优化”的转变。在这一阶段,传统的低技术含量产品已经难以满足市场需求,这些产能过剩的领域应紧跟市场需求步伐,加速转向能够满足人民不断增长的真实需求领域。同时,随着人口红利削弱,资源紧缺日益突出，传统的要素驱动难以解决发展质量和效益提升的问题，这就要求补齐短板，实现从要素投入型向创新驱动型跃迁。科技创新能力和水平不仅要能够达到同期世界主流水平，还要能够突破更多"卡脖子"技术瓶颈，注入更多发展新动能，开辟更多新领域、新赛道，从而提升国际竞争的优势。此外，不可忽视的是，"以人为本"的高质量发展围绕的是"以人民为中心，坚持人民主体地位"的发展，不仅要形成高效率的生产供应链以满足人民群众需要，还要解决前期遗留的发展不平衡问题，形成共享包容的分配体系，夯实人与自然和谐共生的根基，同行中国式现代化新道路。

四、企业高质量发展

"高质量发展"概念缘起于社会主义现代化国家规划，最初归属于宏观概念。自这一概念提出以来，学术界对"高质量发展"的研究多立足于宏观经济层面的研究，这在一定程度上拓宽了"高质量发展"的内涵，但由于研究角度和侧重点的异同，至今尚未做出权威的定义。随着关注度的白热化，有学者提出应从宏观、中观、微观三个层面全面系统地理解高质量发展内涵（鲁继通，2018；张涛，2020）。实际上，无论是产业高质量发展还是宏观经济高质量发展均需要立足于企业高质量发展才能予以实现，因此，厘清企业高质量发展内涵并对企业高质量发展做出清晰的界定是全方位实现高质量发展的重中之重。企业作为重要的市场主体，在相关政策披露之后，会想方设法从不同角度针对高质量发展做出相应的战略部署，由于企业高质量发展提法相对较新，目前对企业高质量发展的定义并不多见，未形成统一共识。本书认为对企业高质量发展的界定可以从两个方面进行分析，一是依据新常态下的经济高质量发展进行界定，二是从企业发展的自身特点进行探讨。

一方面，从新发展阶段看，我国目前所处的高质量发展阶段与以往的高速增长是截然不同的两种经济发展方式，因而可以依据现阶段的发展目标，从新常态下的发展理念来理解企业高质量发展内涵。和宏观经济发展类似，企业发展也会随着时代的变迁而不断变化，在早期发展阶段，企业凭借传统的要素驱动以追求企业的大规模扩张，实现短期生产价值的提高，这种浮于表面的绝对经济价值的生产方式，更注重企业的发展"速度"。随着经济进入新发展阶段，传统粗放式的发展模式已经达到瓶颈期，对企业的发展要求也应从以往单一的经济追求转向更加多维的发展方式，这与新发展理念相契合,也就是说企业高质量发展应该是朝着新发展理念的大方向发展。具体来讲,对于高质量发展企业:一是要注重创新和自主研发;二是要满足自身与社会的协调发展;三是要注重降低能耗,践行绿色理念;四是要具备发展内外联动的能力,开拓与外界联系的视野;五是要把开放合作作为企业发展的手段,做到组团发展,互利共赢。另一方面,企业高质量发展是企业发展的新状态,不能完全等同于经济高质量发展,应该根据企业自身特点,进行一定的改进。在顺应新发展理念的同时,也要具有完善的运行机制、具备吸收新技术的能力,还应当践行更多的社会责任,树立良好的企业形象,以提升自身的综合价值。总的来讲,企业高质量发展应当是能够突破传统要素驱动的生产瓶颈,在追求经济价值增值的同时,兼顾"创新、协调、绿色、开放、共享"和"质量第一,效益优先"的发展理念,能够在持续成长和持续创造价值的过程中实现创新驱动、绿色发展、开放合作、效益增长和社会共享的一种新发展范式。

第三节　相关重要理论

一、生产要素理论

生产要素属于经济学领域中的一个基本概念,随着时代不断地变化和发展,人们对于生产要素的理解也在发生改变。1662 年,威廉 · 配第(William Petty)——英国古典政治经济学之父,在其著名的经济学经典著作《关于税收与捐献的论文》中,首次提出"土地为财富之母,而劳动则为财富之父和能动的要素"的重要价值理论,由此形成了生产要素二元论的雏形。实际上,二元论到 1889 年才由奥地利经济学家 Böhm - Bawerk 正式提出,他否认资本是与劳动和自然并列的第三种生产要素(徐斌、李燕芳,2006)。与之相反,法国经济学家 Say 把土地、劳动和资本列为生产的三个要素,这一观点也被当时大部分西方经济学家认同。但也有学者持有不同观点,如英国经济学家 Senior 将"节制"替代资本作为第三种生产要素。英国经济学家 Marshall 肯定了以上生产要素三元论,同时也指出应该将组织作为第四种生产要素,与土地、劳动、资本共同构成生产的四大要素,这一生产要素在后来也被称为"企业家才能"。进入 20 世纪后,随着科技的飞速发展,Kuznets、Solow 等人提出技术是经济增长的动力之一,于是又将技术列为第五大生产要素,由此生产要素理论拓展为土地、劳动、资本、企业家才能、技术五元素。20 世纪 80 年代,国内学者徐寿波首次提出了劳动与生产的六个必备条件和六种必备资源,其中,“六要素”理论的本质正是这六种资源。随着人工智能技术在各领域的不断推进,数据开始逐渐出现在经济体系当中,成为一种新型生产要素。中央文件也明确指出要将数据作为一种生产要素,并且参与分配当中,提出包括土地、劳动、资本、知识、技术、管理、数据并列的生产要素七元论,这是生产要素理论发展过程中的一次飞跃,也是智能时代对生产要素体系的完善和拓展。从生产要素组合视角来看,人工智能是一种拥有技术集群的生产要素,可以通过重构现有生产要素体系,带动其他生产要素产生连锁反应,从而形成新的要素体系。

二、技术创新理论

著名经济学家 Schumpeter 被誉为创新理论的鼻祖,这缘于 1912 年他在《经济发展理论》中首次提出“创新”这一概念,他认为“创新”就是一种区别于传统生产函数的新生产方式,这种生产方式可以通过对现有的市场均衡展开创造性破坏,从而使企业获得超额利润,这一过程主要通过加入新的生产要素来重新构造新的生产关系。从“创新”概念的提出到创新经济学理论体系的形成历经了将近 30 年,其中标志性事件为 1939 年《经济周期》的出版以及 1942 年《资本主义、社会主义与民主》的出版,作者 Schumpeter 在这两本经典论著中对创新理论进行了完善和补充,对后来学者在技术创新理论方面的研究具有很强的引导作用。实际上,“技术进步与经济增长的关系”一直是学术界研究的热点,特别是当新技术革命兴起后,该领域的研究学者不断增多,并由此产生了四个学派分支,分别为新古典学派、新熊彼特学派、制度创新学派和国家创新系统学派。其中,新古典学派主要以 Solow 等人为代表,他们通过分析美国 1909—1949 年总产出的增长因素,推算出除了要素数量增加引起的经济增长外,还有约 88% 是由技术变化引起的经济增长(Solow,1956;Solow,1957)。以 Mansfield、Stoneman、Kamien、Schwartz 等人为代表的新熊彼特学派继承和拓展了 Schumpeter 的“创造性破坏”思想,进一步发展了技术创新理论,提出了技术创新扩散、创新周期等模型(Mansfield,1971;Stoneman,1983)。Kamien 和 Schwartz(1982)对技术创新与市场结构的关系进行了具体的分析，发现对于处在垄断和完全竞争之间的这种市场结构的企业来说，适当的竞争可以激发企业的技术创新。制度创新学派以 Davids、North 等人为主要代表，他们尝试对技术创新环境进行制度分析，提出一个合适的制度设计对技术创新能够起到促进作用。反之，不好的制度设计则会对技术创新产生阻碍作用。创新系统学派以 Freeman、Nelson 等人为代表，这类学者认为创新主体是国家创新发展的关键所在，国家创新发展的动力主要来自系统中制度规定下创新主体的相互作用。因此，随着技术创新理论的发展，对技术创新的理解也一直在推陈出新。

三、内生增长理论

内生增长理论也叫现代经济增长理论，从理论上来讲，它是对新古典增长理论的继承和延伸，是一种新的经济增长理论。新古典增长理论中有这样一个观点：在短时间内，劳动和资本可以归属为经济增长的关键影响因素，而从长远来看，技术进步决定了经济增长，但技术进步出自何处并没有做出具体说明。直到 20 世纪 80 年代，出现了以 Romer 等为代表的经济学家，他们通过对新古典增长理论重新进行梳理与思考，发现经济能够持续增长的决定因素不在于外部力量，而在于内生因素，特别是技术进步这一内生因素，它展现出了与传统理论不一样的新的经济增长机制，即内生增长理论。内生增长理论将技术因素纳入经济增长模型中，在技术进步的过程中通过知识、人力资本等要素显现的外溢特征，为企业规模报酬递增提供了可能。因此，内生增长理论较好地揭示了不同经济行为主体经济增长的差异，为本书理解人工智能影响企业高质量发展提供了很好的借鉴意义。在智能化转型过程中，企业对智能技术的开发与应用、对相关知识的学习与吸收以及对人工智能人才的培育都会带来技术进步，可以为企业高质量发展提供新的知识和人力资本积累。一方面，人工智能可以将知识和数据结合起来，通过利用数据、算法、算力等多要素协同，驱动新知识加速产生和积累，促使企业关键核心技术不断迭代强化，使得前沿领域技术呈现爆炸式增长，确保企业在智能时代能够保持长效生命力，以应对外部环境变化，实现高质量发展。另一方面，随着人工智能的快速发展，企业现有创新活动的任何一个环节都需要以人力资本为依托，创新的成功与否将越来越依赖人力资本，人力资本已经成为驱动现代经济发展的重要生产要素。但不可否认，企业的智能化转型并不是由机器自动自发完成,也并非仅是物质资本扩展的产物,而是在一群拥有高技能、高素质人才的正确指挥下,巧妙运用智能技术和物质资本助力企业快速发展。在这一过程中,企业可以通过事前准备、事中优化等手段充分发挥人力资本效应,实现人力资本持续积累。如企业可以结合员工的个性和职业发展规律借助大数据技术提前预测员工的职业倾向,从而提高人力资本投入的精准性。在日常的培训中,可以利用大数据技术分析不同员工在能力、技能等方面的差距,以取长补短提升人力资本价值。企业通过知识积累与人力资本积累互通融合形成良性循环,成倍放大智能技术对知识和人力资本积累的推动作用,与其他生产要素相比,新的知识和人力资本可以不受边际收益递减规律的约束,成为推动经济持续增长的动力。

四、交易成本理论

交易成本理论最早是由 Coase(1937)提出,他认为交易成本是市场中不可缺少的重要组成部分,传统理论忽视的市场机制代价便是交易成本,它会出现在经济活动的各个环节,如果没有考虑交易成本,经济系统出现的许多问题就很难给出合理解释。在这一基础上,Williamson(1985)建立和发展了交易成本理论,并对这一理论做出了丰富而成熟的贡献,成为交易成本理论的重要推动者(Rindfleisch,2020)。学术界对交易成本理论做出了两个非常关键的行为假设,其中一个是有限理性假设,另一个则为机会主义行为假设(Simon,1947;Williamson,1985)。有限理性指的是个体会基于其掌握的知识、信息等制定理性的决策,但个体并非无所不知,掌握的信息往往是有限的,只能在有限的范围内进行决策,无法预知未来所有的突发事件,更无法长期做出最优方案。机会主义行为的根源在于经济人的逐利本性,若能够逃脱处罚,将会视规则为腐儒之论,尽最大能力保护和增加自己的利益。同时,交易成本理论认为由于交易具有不同属性,出现各种契约关系,Williamson(1985)就将衡量交易的标尺分为三种交易特性因素,一是市场不确定性,二是资产专用性,三是交易频率。其中,在一个经济组织中,资产专用性特别重要,它具体涵盖了场地资产、物质资产、人力资产和特殊资产四个方面的专用性特征,在确定了资产的专业用途后很难再转作他用。当这些人的因素和交易特征因素被考虑在内时,市场交易将变得微妙而复杂,因此,交易成本理论的精髓在于企业可以根据不同交易的特征选择适合的交易对象，通过尽可能降低交易成本，做出最佳匹配。由于交易成本泛指交易双方为确保交易活动正常进行而形成的成本，因而不同交易产生的交易成本类型很难进行明确的界定。基于此，Williamson（1985）把交易成本划分为两类：一是事先的交易成本，包括了签约、谈判等过程中产生的费用；二是事后的交易成本，主要指的是在合同签署之后产生的费用。伴随着人工智能的不断发展，企业不再处于传统的“数据孤岛”，获取有效价值信息的途径将更为宽广，所面临的不确定性也会增强，会对不同交易环节的成本造成影响，如从要约发出到合同审批再到合同缔结的过程中可以省去繁冗重复的工作，提高办事效率，极大地削减了传统合同中固有的边际成本。在交易的履行过程中，典型的表现为人工智能可以促使交易双方快速达成共识、建立互信系统，通过高效的物流配置畅通各交易主体的物质循环，精准把控相关企业生产运作，从而赋能企业发展。

第四节 相关理论依据

一、马克思主义的科技创新理论

马克思的科技创新理论作为马克思主义的重要组成部分，对智能时代科技创新及其应用具有重要的指导作用。虽然在马克思众多经典论著中没有明确提出“科技创新”这一表述，但诸如“机器发明”“科学发现”等词的频繁出现，无一不表明了马克思科技创新的思想范畴，并从多维度论述了科技创新所蕴含的实际意义。究其本质，科技创新一般指的是科学创新和技术创新这两个部分，并且这两个部分是相互关联的。其中，科学创新一般包括发现新的科学规律、新的科学思想等，而技术创新通常表现为新产品、新事物的诞生。比如达尔文的进化论，它是对原有神创论和物种不变论的颠覆，属于科学创新。18 世纪 60 年代，英国珍妮纺纱机的创造和发明则为技术创新，是对原有技术设备的改进。

马克思主义的科技创新理论内涵丰富，具有多种鲜明特征。从整体性看，虽然马克思没有就科技创新思想进行专门探讨，但其形散神聚的写作手法却紧扣了科技创新活动的主题。从科技创新的主体、科技创新的类型、科技创新的动力以及科技创新的结果这些方面进行论述，完整体现了科技创新的内在逻辑。从时代性看，马克思主义的科技创新理论充分展现了时代的发展趋势。从马克思论著中经常出现的具体用词，如“机械方面的新发明”“轮船的行驶”“铁路的通行”“电报的使用”等，可以形象生动地感受到第一次工业革命的时代印迹。从辩证性看，科技创新对社会发展的影响有利也有弊，在造福社会的同时，也会产生不少消极影响。机器的发明和使用可以极大解放双手，提高劳动生产率，但也给工人带来了负面影响，工人要随时面临下岗的危险。从创造性看，不断进行创新是科技创新活动的根本源泉。科技创新实质上是一种基于现有物质基础和知识结构对未知世界不断进行探索和创造新事物的过程，它所带来的力量会对人类发展产生巨大影响，进而推动产业结构大变革。

人工智能作为第四次工业革命的产物，其渗透性、替代性、协同性和创造性等特性汇聚了上述科技创新理论的所有特征。人工智能通过与千行百业和各类差异化场景深度融合，给经济社会发展带来的影响是全局性和整体性的。与以往科技创新不同，算力、算法、数据三驾马车赋予了智能技术鲜明的“人机共生”时代特征，让人工智能充满了无尽的可能性。同样地，也要用辩证的思维对待人工智能带来的替代效应和创造效应。人工智能作为改变世界的新生产要素，在某些场合会挤兑部分劳动和资本要素，所以在一些传统工作岗位上将导致工人失业，甚至引发一些产业的颠覆性变革。但不可否认，人工智能所具有的知识创造能力，能够为经济社会发展注入强劲动力，通过衍生新产品、新业态、新模式创造更多的就业机会。

二、中国科技创新事业的重要依据

新中国成立之初，人才凋零、百废待兴，科技发展几乎为空白，远落后于西方发达国家。以毛泽东同志为核心的党的第一代中央领导集体，在充分意识到科学技术落后所带来的弊端之后，就对全党全军喊出了“向科学进军”的宏伟口号，主张学习与独创相结合，要求在学习和引进国外先进技术的同时也要符合中国实际，开辟一条中国科技创新发展的独特道路。正是这种决心和魄力，在几年时间里我国在一穷二白的国土上连续取得了“两弹一星”辉煌成绩，不仅为我国科技创新打下了牢固根基，也极大促进了民族自信心和自豪感。改革开放时期，经济全球化给中国既带来了机遇也迎来了挑战，各国间的资源流动愈加频繁，中国能够引进和吸收更多的科学技术,但也导致南北差距和分歧进一步扩大,使得国内技术水平跟不上世界发展的脚步。为了紧跟世界先进水平,我国先后提出了“863 计划”“火炬计划”,促使我国科技发展的潜力进一步释放,激发了更多科技创新的市场发展活力,形成了庞大又富有实力和生长潜力的高新技术企业群体。随着时代的不断发展,在总结我国科技发展历史经验的基础上,党中央提出了别具一格的科技创新体系,将实施科教兴国战略列为中国特色社会主义现代化建设的重要方针之一。之后又提出要坚持走中国特色自主创新道路,建设创新型国家。进入新时代,以习近平同志为核心的党中央多次强调核心技术的重要性,多次提到我国要将关键核心技术掌握在自己的手里。纵观国际社会,人工智能发展是大势所趋,成为科技强国的必争之地。第四次工业革命给中国带来了巨大历史机遇,中国优势已逐渐显露,在载人航天、探月探火、量子信息、核电技术、新能源技术、生物医药等方面取得了重大成果,我国已进入创新型国家行列,正向人工智能强国不断迈进。

本章小结

本章首先对本书涉及的相关概念进行了详细的界定,厘清了核心概念“人工智能”和“企业高质量发展”。其次,阐明了本书研究的四大基础理论,即生产要素理论、技术创新理论、内生增长理论、交易成本理论,为本书后续研究提供了理论基础和观点来源。最后,梳理了马克思主义的科技创新理论和中国科技创新事业的重要依据:一是从整体性、时代性、辩证性、创造性等不同角度阐述了马克思主义的科技创新理论的基本特征;二是从中国科技创新事业的重要依据的角度,分析了我国在 70 多年的时间里从一穷二白到科技强国跨越的伟大奇迹,为本书研究提供了重要理论依据。

第三章　世界各国人工智能发展历程及政策梳理

第一节　主要人工智能强国发展历程及相关产业政策

一、美国人工智能发展历程及相关产业政策

人工智能发源于美国，1956 年在美国 Dartmouth 学院的一次历史性的聚会被认为是人工智能学科正式诞生的标志，从此在美国开始形成了以人工智能为研究目标的几个研究组，“让机器来模仿人类学习以及其他方面的智能”也成了人工智能要实现的根本目标。1966 年，美国麻省理工学院（MIT）的魏泽鲍姆发布了世界上第一个聊天机器人 ELIZA，其智能之处在于它能够通过脚本理解简单的自然语言，并能产生类似人类的互动。1968 年，美国斯坦福研究所（SRI）研发出了首台人工智能机器人 Shakey，它能够自主感知、分析环境、规划行为并执行任务，可以根据人的指令发现并抓取积木，这种机器人拥有类似人类的感觉，比如触觉、听觉等。但在 20 世纪 70 年代后美国人工智能技术进入了研究瓶颈期，并逐渐被日本和德国赶超了，主要表现为美国当时在工业机器人产业的竞争力在下降，当时美国更强调基础研究，对人工智能技术同经济、社会现实结合不够紧密。到 20 世纪 80 年代初，人工智能的研究有了些许好转。1984 年，在美国人道格拉斯·莱纳特的带领下，启动了 Cyc 项目，目标是使人工智能的应用能够以类似人类推理的方式工作。可以看到，1980 年后人工智能产品逐渐多元化，而不仅仅限于机器

人。之后,随着技术的发展,人工智能开始向更高层次的智能演进。1997年,IBM公司的“深蓝”计算机战胜了国际象棋世界冠军卡斯帕罗夫,成为人工智能史上的一个重要里程碑。后来因为深度学习、神经网络和自然语言的快速发展,人工智能技术也得到了充分发展。值得关注的是,2016年由GoogleDeepMind开发的人工智能软件AlphaGo战胜了世界顶级围棋棋手李世石,标志着人工智能的发展进入了新高度。

美国作为全球人工智能技术的领先国家之一,一直重视人工智能的发展与应用。近年来,美国政府在多个层面制定了人工智能相关政策(见表3.1)。在国家级层面,美国发布了《人工智能倡议法案》《国家人工智能研发战略计划》等,旨在促进人工智能技术的研发和应用,同时加强人工智能领域的国际合作。此外,美国还成立了专门的人工智能委员会,负责协调各政府部门在人工智能领域的工作,并推动相关政策的制定和实施。

表3.1　美国人工智能相关政策

政策名称	主要内容
《维护美国在人工智能时代的领导地位》	(1)加大人工智能研发投入。该计划通过命令联邦机构在其研发任务中优先考虑人工智能投资的方式,保持美国对高回报、基础性人工智能研发的长期且强有力的重视。这些投资将增强和利用美国独特的、充满活力的研发生态系统,包括工业、学术界和政府等,并将联邦人工智能支出优先放在能够直接造福美国人民的前沿理论上。 (2)开放人工智能资源。该倡议指导相关机构将联邦数据、模型向美国人工智能和计算资源研发专家、研究人员和产业开放,增强公众对人工智能技术的信任,提高这些资源对人工智能研发专家的价值,同时确保数据安全、保护公民自由与隐私权又不失机密性。这一行动将推动美国顶尖人工智能研究走向新的技术突破,促进科学新成果的发现、增强经济竞争力、巩固国家安全。这些努力将与美国总统的管理议程相配合,制定开放的、数字化的和必要的(公开)政府数据法案。 (3)设定人工智能治理标准。作为美国人工智能计划的一部分,联邦机构将通过建立适用于不同领域的技术工业部门的人工智能发展指南来增强公众对人工智能系统的信任,帮助联邦监管机构制定一套人工智能技术的治理方法。该倡议还要求美国国家标准与技术研究所领导制定人工智能系统的适当技术标准,使其可靠、安全、便捷、可互操作。

续表

政策名称	主要内容
	(4)培养人工智能劳动力。为了使美国劳动力拥有在人工智能时代能够很好适应且茁壮成长的技能,倡议要求机构优先设立奖学金和培训计划,通过学徒培训、技能项目、计算机科学领域的教学,帮助美国工人获得人工智能相关技能。这一行动将有助于培养美国需要的人工智能研发人员,以创造和利用新的人工智能技术。 (5)国际参与和保护美国人工智能优势。特朗普政府致力于营造一个支持人工智能研发、能为美国人工智能产业打开市场的国际环境,同时确保技术的开发符合美国国家价值观和利益。联邦机构还将制定并实施一项行动计划,以保护美国在人工智能和其他对美国国家和经济安全利益至关重要的技术优势,使其免受战略竞争对手和外国对手的侵犯。
美国《国家人工智能研发战略计划》	(1)对基础和负责任的人工智能研究进行长期投资。推进以数据为中心的知识发现方法;促进联邦机器学习方法(Federated ML);了解人工智能的理论能力和局限性;开展可扩展的通用目的人工智能系统研究;在物理和虚拟环境中开发人工智能系统和仿真模拟;增强人工智能系统的感知能力;开发功能更强大、更可靠的机器人;改进硬件以促进人工智能;创建改进硬件的人工智能系统;拥抱可持续的人工智能和计算系统。 (2)开发人—人工智能协作的有效方法。发展人类与人工智能合作的科学;改进协作模型和性能指标;培养人智交互的信任;追求对人智系统的更深入理解;开发人工智能交互和协作的新范式。 (3)理解并解决人工智能的伦理、法律和社会影响。投资基础研究,包括通过社会技术系统设计来提升核心价值观以及研究人工智能的伦理、法律和社会影响;理解和减轻人工智能的社会和道德风险;使用人工智能解决道德、法律和社会问题;了解人工智能的更广泛影响。 (4)确保安全的人工智能和人工智能的安全。构建安全的人工智能和确保人工智能系统的安全性。 (5)开发用于人工智能训练和测试的共享公共数据集和环境。开发并提供可访问的数据集,以满足各种人工智能应用的需求;开发共享的大规模和专业的先进计算和硬件资源;使测试资源响应商业和公共利益;开发开源软件库和工具包。 (6)通过标准和基准衡量和评估人工智能技术。制定广泛的人工智能标准;建立人工智能技术基准;增加人工智能测试平台的可用性;让人工智能社区参与标准和基准制定;制定人工智能系统审计和监控标准。

续表

政策名称	主要内容
	(7)更好地了解国家人工智能研发劳动力需求。描述和评估人工智能劳动力;制定各学习阶段的人工智能教学材料;支持人工智能高等教育人员;培训/再培训劳动力;探索多元化和多学科专业知识的影响;识别和吸引世界上最优秀的人才;发展区域人工智能专业知识,兼顾弱势区域的均衡发展;研究加强联邦政府人工智能劳动力的方案;将伦理、法律和社会影响纳入人工智能教育和培训;向外部利益相关者传达联邦政府劳动力的优先事项。 (8)扩展公私合作以加速人工智能发展。将公私合作伙伴关系的协同效应利益最大化;扩大与更多不同利益相关者的伙伴关系;改进、扩大和创建研发合作机制。 (9)为人工智能研究的国际合作建立有原则和可协调的方法。为开发和使用可信赖人工智能培育全球文化,发展全球伙伴关系;支持全球人工智能系统、标准和框架的发展;促进思想和专业知识的国际交流;鼓励人工智能朝着造福全球目的发展。
美国国务院发布《人工智能战略》	(1)利用安全的AI基础设施。①实现人工智能技术集成。为建立和扩展各种人工智能技术,将把有影响力的人工智能技术整合到可持续的人工智能基础设施中,并把安全作为重中之重。②充分利用基础设施,在部门范围内采用人工智能。将依靠强大的技术基础设施,进一步实现人工智能技术的计算、开发、测试、部署和持续监控,同时确保数据安全。③实现人工智能工具采购的现代化。国务院的IT采购部门将与首席数据官和人工智能官(CDAO)、人工智能负责官员(RAIO)、首席创新官(CIO)及其他人员合作,根据适用的法律法规,努力简化优先人工智能技术的审批和采购,以满足最强大的潜在需求。 (2)培育AI文化。①提供人工智能培训和支持服务。将开发专门的人工智能学习机会,以满足其员工队伍的不同需求,提高人工智能素养,鼓励和教育负责任地使用人工智能,并确保用户能够充分降低与人工智能工具相关的一些风险。②为人工智能人才开发新的机会。将招聘和雇用目前在其员工队伍中代表性不足的人工智能专业人员,特别是那些了解人工智能技术、工艺、原则和道德规范的人员,他们可以在我们采用负责任的人工智能方面发挥关键作用。③促进负责任地使用人工智能。在采用人工智能的早期阶段,必须与大量未知因素作斗争,在确保负责任的人工智能实践(包括通过尊重和促进安全、隐私、公平和其他核心原则)的同时,驾驭机遇之路。

续表

政策名称	主要内容
	(4)创新。①发现机会。将利用人工智能推进美国的外交工作,以创业的方式磨炼其识别人工智能机遇的能力。②促进负责任的实验。负责任的创业实验将为在采用人工智能方面取得长期和具有成本效益的成功奠定基础。③扩大成功规模。随着该部人员对人工智能用例的尝试和识别,某些用例将被证明具有广泛价值,值得在更大范围内复制。
《关于安全、可靠和可信的AI行政命令》	(1)建立AI安全的新标准。①要求最强大的AI系统开发商与美国政府分享其安全测试结果和其他关键信息。②制定标准、工具和测试,以确保AI系统安全、可靠和可信。③制定强有力的生物合成筛选新标准,防范利用AI设计危险生物材料的风险。④建立检测AI生成内容和认证官方内容的标准及最佳实践,保护民众免受AI带来的欺诈和欺骗。⑤在美国政府正在进行的“AI网络挑战”(AI Cyber Challenge)的基础上,建立一个先进的网络安全计划,开发AI工具来查找和修复关键软件中的漏洞。⑥下令由美国国家安全委员会和白宫办公厅主任制定一份国家安全备忘录,指导有关AI和安全的进一步行动。 (2)保护美国民众的隐私。①支持并加快开发和使用隐私保护技术,以保护美国民众的隐私,包括使用尖端AI技术,以及训练AI系统的同时保护训练数据隐私的技术。②增强隐私保护研究和技术,如保护个人隐私的加密工具,为研究协调网络(Research Coordination Network)提供资金,以推动快速突破和发展。③评估各机构如何收集和使用商业可用信息,包括从数据代理那里获得的信息,并加强对联邦机构的隐私指导,以考虑到AI风险。④为联邦机构制定指导方针,以评估隐私保护技术的有效性,包括在AI系统中使用的技术。 (3)促进公平和公民权利。①为业主、联邦福利计划和联邦承包商提供明确指导,防止AI算法被用于加剧歧视。②解决算法歧视问题,通过培训、技术援助,以及美国司法部和联邦民权办公室之间就与AI有关的侵犯民权事件进行协调工作。③确保整个刑事司法系统的公平性,制定量刑、假释和缓刑、审前释放和拘留、风险评估、监视、犯罪预测和预测性警务以及法医分析中使用AI的最佳做法。 (4)维护消费者、病患和学生的权益。①推动在医疗保健领域负责任地使用AI,开发负担得起的药物。②通过创造资源来支持教育工作者部署AI教育工具,如学校中的个性化辅导,从而发挥AI改变教育的潜力。

续表

政策名称	主要内容
	(5)支持劳动者。①制定原则和最佳实践,通过解决工作岗位流失问题,减轻AI对劳动者的伤害并最大限度地提高其利益,如劳动标准,工作场所公平、健康和安全,以及数据收集等。②编写AI对劳动力市场潜在影响的报告,研究并确定加强联邦对面临劳动力中断的劳动者的支持方案。 (6)促进创新和竞争。①通过"国家AI研究资源"(National AI Research Resource)的试点,促进全美的AI研究。②为小型开发者和企业家提供技术援助和资源,帮助小企业实现AI的商业化突破,并鼓励联邦贸易委员会行使其权力,从而促进公平、开放和有竞争力的AI生态系统。③现代化和简化签证标准、面试和审查,扩大在关键领域拥有专业知识的高技能移民和非移民在美国学习、居留和工作的能力。 (7)提升美国在海外的领导力。①扩大双边、多边和多方利益相关者的参与,就AI开展合作。②与国际合作伙伴和标准组织一起加快制定和实施重要的AI标准,确保技术安全、可靠、可信和可互操作。③促进AI在海外安全、负责任和明确权利的开发和部署,以解决全球挑战,如推进可持续发展和减轻关键基础设施面临的危险。 (8)确保美国政府负责任且有效地使用AI。①发布各机构使用AI的指南,包括保护权利和安全的明确标准,改善AI采购,加强AI部署。②更高效地签订合同,帮助各机构更快、更便宜、更有效地获得特定的AI产品和服务。③加快招聘AI专业人才,作为由人事管理办公室(the Office of Personnel Management)、美国数字服务部(U.S. Digital Service)、美国数字军团(U.S. Digital Corps)和总统创新奖学金(Presidential Innovation Fellowship)领导的全政府AI人才激增计划的一部分,各机构将为相关领域的各级员工提供AI培训。
《推动美国在AI领域的创新:参议院AI政策路线图》	(1)促进人工智能创新。《路线图》指出,促进人工智能创新是关键政策之一。通过资助国家人工智能研究资源,确保高等教育机构和各种规模的公司能够在人工智能创新方面竞争。这包括提供资金支持,鼓励企业和学术机构在AI技术研发方面进行大胆的探索和创新。这有助于保持美国在人工智能领域的全球竞争力,并推动相关技术的进步。 (2)优先大幅增加投资研究和开发。在研究与开发投资方面,《路线图》优先考虑大幅增加美国对人工智能研究与开发的资金投入。国家安全人工智能委员会报告提出,具体目标是每年至少投入320亿美元到非国防人工智能创新。这些资金将用于支持基础研究、应用研究和技术开发,确保美国在AI领域的持续领先。

续表

政策名称	主要内容
	(3)培训AI背景下的劳动力。在劳动力发展方面,《路线图》提到要实施培训项目,使工人具备在AI驱动经济中茁壮成长所需的技能,并解决潜在的工作岗位流失问题。这对于确保劳动力能够适应人工智能带来的变革至关重要。通过这种方式,可以减轻AI技术对传统就业市场的冲击,并为未来的工作环境做好准备。 (4)制定和执行人工智能法律和指南。《路线图》建议,建立伦理指南并确保现有法律的执行,解决人工智能技术负责任的发展和部署问题,包括偏见、测试、隐私、透明度和可解释性等方面的考虑。这将有助于在技术应用中保护用户权益,并促进AI系统的公正和透明。 (5)考虑加强知识产权保护。从知识产权的方面来看,《路线图》评估是否需要立法,以保护在符合第一修正案(First Amendment of the Constitution)原则的前提下,防止未经授权使用个人的姓名、形象、肖像和声音。这点与AI生成内容的合法性和伦理性密切相关。 (6)选举和民主保护。《路线图》也非常关注选举和民主的保护,提出要应对包括"深度伪造"在内的操纵技术对选举内容和非自愿亲密图像的挑战,并研究AI对内容创作者的影响。这显示出在数字时代,保护选举完整性和信息真实性的重要性。 (7)加强隐私保护。联邦数据隐私法将更全面地解决这一问题。这有助于在AI应用中维护用户隐私。《路线图》强调,隐私问题和安全问题应在高影响力的AI中得到解决,并支持确保数据安全。 (8)管理与人工智能相关的风险。在风险管理方面,《路线图》支持风险测试和评估方法及机制的开发和标准化,包括红队演练和商业AI审计。这些措施将有助于在AI技术发展中提前识别和管理潜在风险。 (9)加强国家网络安全。《路线图》也提到,利用新兴的人工智能技术来加强国家安全,解决国家安全威胁和风险。AI技术将应用于国家防御和安全领域,提升国家的整体安全水平。

二、欧洲多国人工智能发展历程及相关产业政策

欧洲在人工智能领域也制定了全面的政策框架。欧洲议会通过了《人工智能法案》,该法案对人工智能的监管框架进行了全面规定,旨在确保人

工智能技术的开发和应用符合伦理和法律要求，同时保护公民的基本权利和自由。此外，欧洲还成立了人工智能伦理委员会，负责研究和制定人工智能领域的伦理准则，以指导人工智能技术的健康发展。

作为欧洲的技术强国，英国和德国对人工智能产业布局均较早。英国政府提出了建立"人工智能超级大国"的愿景，也有借自身技术优势提升国际影响力的愿望，在 2021 年出台了《人工智能国家战略》；德国为了在人工智能研究中保持卓越，并成为欧洲引领者，政府在2023 年11 月出台了《人工智能行动计划》（详见表 3.2）。

表 3.2　欧洲多国人工智能相关政策

政策名称	主要内容
英国《国家人工智能战略》	部分重要措施如下： （1）启动国家人工智能研究和创新计划，促进英国研究人员间的协调与合作，在提升英国人工智能能力的同时，提高商业和公共部门对人工智能技术的使用率及将其推向市场的能力。 （2）启动人工智能联合办公室（OAI）和英国研究与创新（UKRI）计划，继续在伦敦和东南部以外的区域发展人工智能，并侧重于人工智能的商业化，例如政府可以将投资、研究人员和开发人员集中在目前使用人工智能技术不多但潜力巨大的领域，如能源和农业。 （3）与 UKRI 联合审查英国研究人员和机构的算力可用性和容量，包括推动人工智能技术大规模推广所需的物理硬件。审查还将考虑人工智能商业化和部署的更广泛需求，包括其环境影响。 （4）通过知识产权局（IPO）发起人工智能版权和专利磋商，确保英国在版权和专利制度下更好地支持人工智能的开发和使用。此次磋商还将重点关注如何保护由人工智能产生的发明，并采取措施帮助研究人员在人工智能开发中更容易利用受版权保护的材料。 （5）试建人工智能标准中心协助英国政府参与制定全球规则，与阿兰·图灵研究所合作更新适用于人工智能的道德原则和安全指南，并创建实用工具确保人工智能技术的使用符合道德规范。
英国《人工智能路线图》	（1）研发与创新。①将阿兰·图灵研究所打造成全国性机构，通过一系列投资，汲取英国各机构的优势。同时充分利用人员、学科和部门优势，塑造英国的研究系统。②挑战创新。解决"可解释的人工智能"等项目面临的挑战，选择更成熟的领域促进人工智能应用，同时结合基础研究和应用研究以及跨域研究和系统开发等多个

续表

政策名称	主要内容
	学科,加速人工智能在学科和研发部门之间的整合。③人工智能将改变研发和创新。人工智能在促进跨学科研究的过程中,将通过创建通用语言来开发数据科学项目或数据集之间的互操作性,从而推动智能协作。此外,人工智能与其他形式的数据科学的潜在影响,正开始被纳入所有形式的知识创造中,包括社会科学和人文科学。 (2)技能与多样性。①扩大人工智能研发规模,未来10年持续投资高水平人工智能技术项目。②优先考虑人工智能研发人员的多样性,以数据为导向确定投资方向。③向公众传递人工智能研发面临的风险与机遇。 (3)数据、基础设施和公众信任。①巩固和加快新增基础设施建设。为人工智能获取数据,对相关机构进行投资,将一般原则与具体应用联系起来,并采取措施推动创新,实现安全数据共享。②领导开发数据管理及使用。制定适当的标准,为未来的数据管理制定框架。英国已启动"国家数字孪生计划",旨在建立信息管理框架,鼓励更广泛地使用开放的合成数据,在许多特定的潜在应用中开发人工智能。③通过公众监督确保公众信任,让公众能够监督研发并参与决策。公众参与、透明度措施以及企业在人工智能业务的整个寿命周期中负责任的研究和创新,是有效管理人工智能环境的一部分。健全的监管体系对于建立公众对人工智能的信任和信心至关重要。④英国应衡量与其他主要人工智能国家的关系。依托自身优势,在管理、制定标准和框架方面成为全球领导者,持续巩固其强大的国际地位,并加强与美国和中国等国家的双边合作,适时采取有效的战略行动,塑造全球人工智能格局。 (4)采取国家、跨部门举措。①提高所有行业和所有规模公司对人工智能的信心和研发能力。支持英国国内项目投资,以实现创新,并提高人工智能创新所需的数据成熟度。②支持英国的人工智能初创企业,使其能够获取数据、基础设施、技能、计算、专业知识和资金。③促进公共部门对人工智能的大力投资,提高数据、分析和人工智能的使用能力,以确保将人工智能的智能采购作为公共利益项目的一部分。④使用人工智能来应对净零碳排放的挑战。⑤使用人工智能来帮助维护国家安全。与政府部门/机构、国防公司合作,确保人工智能用于评估和应对国防威胁。⑥以英国医疗服务数字部门和其他机构的工作为基础,利用人工智能改善医疗体系。
德国《人工智能行动计划》	(1)持续加强基础研究。支持德国在人工智能论文发表方面超越英国,成为欧洲第一;构建人工智能能力中心,并将其打造为欧洲领先的研究机构;在人工智能透明度和可信度方面取得显著进展;在生成式人工智能大模型方面占据领先地位,并建立独特优势;加强机器学习与其他学科领域和应用领域的融合。

续表

政策名称	主要内容
	(2)瞄准新趋势制定研究议程。重点支持混合人工智能系统研究;有针对性地推动能够有效应对数据稀缺的人工智能系统、能够提高能源效率的人工智能系统、联邦学习、边缘人工智能、小型人工智能模型的研究和应用;加强人工智能与信息安全领域的交叉研究,打造安全的人工智能和基于人工智能的安全解决方案;尽快将人工智能研究与神经形态计算、量子计算等新型计算相关研究融合起来;推动人工智能相关硬件和软件开发。 (3)发展人工智能基础设施。发展具备国际竞争力的高性能计算基础设施,重点服务学术界和产业界的人工智能相关科研人员;大幅增加在德国和欧洲高性能计算系统上使用人工智能的用户数量;加强高质量数据建设;为企业(特别是中小企业和初创企业)提供算力和数据相关服务;推动德国和欧洲研发人工智能大模型。 (4)加强人工智能能力建设。贯穿整个教育链条加强人工智能相关知识和能力建设;吸引和留住世界各地最优秀的人工智能青年人才;推动跨领域、跨地域、跨行业的人工智能相关力量的交流合作,促进教育和研究;建立人工智能学术人才培养计划,其中女性的比例应不低于50%。 (5)支持人工智能在经济领域的应用。建立有国际影响力、面向人工智能重要应用场景的区域创新生态系统;大幅提高人工智能应用范围,提高使用人工智能技术的企业的比例;促进经过验证的人工智能方法和模型在产业界的使用,尤其是在中小企业的使用;充分利用人工智能机器人的创新潜力;使德国人工智能专利数量达到日本和韩国同等水平;提高学术界孵化的人工智能初创企业数量。 (6)支持人工智能在医疗领域的应用。加强医疗和护理领域的人工智能研究;培养医疗领域人工智能人才,应对人口老龄化问题;扩建医疗数据基础设施,增强生物医学数据的应用。 (7)支持人工智能在科学和社会领域的应用。继续推动人工智能在科研活动、可持续发展、适应气候变化、保护生物多样性、维护公共安全等方面的应用;支持将人工智能视为科研活动的标准工具,推广其在科研机构中的应用。 (8)支持人工智能在教育领域的应用。推动研究,为教育系统应对和应用人工智能提供知识基础;提升学生和教师的人工智能能力;促进人工智能在教育领域应用的同时,也要制定相关管理策略,包括隐私保护、数据管理、责任归属等。 (9)进一步加强欧洲层面和国际层面的合作。未来,加强国际合作将成为德国人工智能生态系统的发展目标之一,尤其要帮助青年科研人员形成国际合作网络,并积极参与欧洲和国际范围内关于人工智能的对话。

续表

政策名称	主要内容
	(10)推动社会对话和跨学科人工智能研究。创建基于科学的社会讨论平台;推进跨学科研究,将不同视角融入人工智能方法和系统开发;通过基于数据的分析,研判人工智能的国际发展现状和德国所处的地位;研究人工智能对个人和社会的影响,并制定应对方案。 (11)出台恰当、灵活且有利于创新的监管措施。进一步促进研究和创新,特别是支持中小企业、初创企业等的发展;从应用层面开展人工智能监管,而不是研究层面;基于人工智能研发情况制定规范和标准,并将科研人员融入验证和认证过程之中。
俄罗斯《2030 年人工智能发展国家战略》	(1)新的挑战。计算能力不足,人工智能领域的国产解决方案发展不够;缺乏高水平人才和人工智能创新;国家公共管理中,人工智能技术的应用水平较低;保障人工智能技术大规模应用的人才短缺;对人工智能领域公司的资金支持不够,缺乏私人投资;存在阻碍人工智能技术在部分经济部门应用的法律壁垒;开发和使用人工智能技术时必须保证安全;创建和训练人工智能模型时必须保护个人隐私数据和其他受限信息以及知识产权对象;开发、研制和使用人工智能技术领域出现的新型信息安全威胁,对其他信息技术使用领域构成非典型威胁;阻碍人工智能技术在俄罗斯发展、非友好国家个人和单位限制开展国际合作的壁垒。 (2)新的目标。到 2030 年,俄罗斯境内所有采用人工智能技术的超级计算机总算力将从 2022 年的 0.073exaflops(每秒浮点运算百亿亿次)至少提升到 1exaflops;到 2030 年,人工智能技术对国内生产总值的贡献应从 2022 年的 0.2 万亿卢布(21.89 亿美元)至少提升到 11.2 万亿卢布(1226 亿美元);2030 年人工智能解决方案研发和应用服务规模应从 2022 年的 120 亿卢布(1.3 亿美元)至少提升到 600 亿卢布(6.56 亿美元);2030 年人工智能领域 A*级大会上,俄罗斯作者的文章数量从 2022 年的 113 篇至少提升到 450 篇;2030 年在"白名单"杂志(俄罗斯科学教育部制定的高影响因子杂志名单)前 25 名上俄罗斯作者发表的文章数量从 2022 年的 103 篇至少提升到 450 篇;与人工智能领域相关的高校毕业生数量应该从 3048 人/年提高至 1.55 万人/年;拥有人工智能技术使用技能的员工数量在员工总数的比重从 2022 年的 5% 提升到 80%;民众对人工智能技术的信任率应从 55% 提升至 80%;2030 年做好人工智能应用准备的优先经济部门比重应从 2022 年的 12% 提升至 95%;2030 年各单位在引入和使用人工智能技术的支出总额将从 2022 年的 1230 亿卢布(13.46亿美元)提升到 8500 亿卢布(93 亿美元)。

续表

政策名称	主要内容
荷兰《人工智能战略行动计划》	（1）充分利用人工智能创造的社会与经济机会。荷兰要充分利用人工智能在应对安全、医疗、农业、食品等领域的社会挑战方面的优势，如应用人工智能为医疗带去新的可能性、利用人工智能预测交通拥堵情况等；重点发展公私合作伙伴关系，加强政府与企业、机构等的合作；整合并鼓励人工智能相关企业开发人工智能应用程序。 （2）创造活跃的人工智能环境，以加快荷兰人工智能的发展。其中的关键要素包括优质的研究与创新，拥有相关知识技能、能够开发和使用人工智能的劳动力群体，充足且高质量的数据以及智能化的数字连接。 （3）强化人工智能的发展基础。荷兰政府将从公民的基本权利及恰当的道德与法律框架、民众对人工智能的信任、竞争与开放性市场、国家安全四个方面着手巩固这一发展基础。

三、亚洲多国人工智能发展历程及相关产业政策

在人工智能快速发展的大背景下，亚洲各国也纷纷加入了人工智能赛道，相继颁布了各项相关政策助力人工智能发展。2022 年，日本政府在第 11 届综合创新战略推进会上正式发布《人工智能战略 2022》，作为指导其未来人工智能（AI）技术发展的宏观战略。2023 年，新加坡发布了更新后的《国家人工智能战略 2.0》，对 2019 年发布的《国家人工智能战略》进行替代，提出在未来三到五年内提升新加坡的经济发展水平和社会发展潜力。同年，韩国个人信息保护委员会（PIPC）发布了《人工智能时代个人信息安全使用指南》。这是 PIPC 发布的首份人工智能领域指南，旨在帮助降低人工智能在隐私和数据保护方面的潜在风险，同时促进数据的安全使用与人工智能生态系统的进一步创新和发展（详见表 3.3）。

表 3.3　亚洲人工智能相关政策

政策名称	主要内容
日本发布《人工智能战略 2022》	(1)战略目标。①构建符合时代需求的人才培养体系,培养 AI 时代各类人才。②运用 AI 技术强化产业竞争力,使日本成为全球产业的领跑者。③确立一体化的 AI 技术体系,实现多样性、可持续发展的社会。④发挥引领作用,构建国际化的 AI 研究教育、社会基础网络。 (2)促进措施。①建立"具有国家复原力的人工智能",应对国家层面的危机。在"人工智能促进全球复原力"方面建立领导地位。在"强大而负责任的人工智能"方面建立领导地位。②促进人工智能技术的社会应用。具体措施包括:开发收集、分析和分发高精度遥感数据的技术;收集和建立日语相关的数据集,开发大规模语言模型;开发保密的分布式处理技术,研究多模态联合和跨模态的人工智能技术;促进年轻研究人员的国际交流和学习;研究和开发多语种同声传译技术;开发和展示模仿大脑机制的人工智能节能技术;利用人工智能自动提取异常情况,对基础设施进行先进、高效的维护和管理。 (3)未来深入推进的领域。①教育改革。②研发体制改革。③整合数据基础。④数字化管理。⑤支持中小企业和初创企业。⑥伦理。
新加坡发布《国家人工智能战略 2.0》	(1)战略目标。一是卓越。新加坡将有选择地开发人工智能领域的卓越高峰,以推动并最大限度地发展人工智能以创造价值。新加坡将引导人工智能解决当前的需求和挑战,例如人口健康和气候变化等重要领域。二是赋权。新加坡将培养个人、企业和社区自信、敏锐、信任地使用人工智能,将人工智能作为一个助力器,为员工和企业提供技术能力和相关资源,以促使其在人工智能驱动的时代中蓬勃发展。 (2)战略体系。①系统一:针对该系统提出了行业、政府、科研机构三大抓手。②系统二:针对该系统提出了人才、能力、社区构建三大抓手。③系统三:针对该系统提出了计算、数据、可信环境、意见与行动领袖四大抓手。
韩国个人信息保护委员会发布《AI 时代个人信息安全使用指南》	(1)减少法律监管不确定性的新方法。PIPC 将成立"人工智能隐私小组",负责解释数据保护法律法规、审查企业是否符合适用监管沙盒的资格标准,以及进行"充分性事前评估"(Prior Assessment of Adequacy)。 (2)针对人工智能服务和产品不同开发和部署阶段的具体保障措施。在第一阶段进行系统、产品和服务的开发设计时,就应提

续表

政策名称	主要内容
	前考虑隐私风险；在数据收集的第二阶段，根据不同数据类型采取不同的数据处理原则；在模型建立和训练的第三阶段，采取适当的安全措施，例如包括合成数据在内的隐私增强技术；在提供人工智能服务的第四阶段，应注重透明度和数据主体的权利。 （3）计划根据具体需要制定更多指南。由来自不同领域的利益方组成的“人工智能隐私政策咨询委员会”（Policy Advisory Council for AI Privacy）将于10月份成立。PIPC将结合其建议制定更多具体指南。此外，PIPC计划在2025年开发出一套系统的人工智能风险识别和评估机制。 （4）国际协调与合作。PIPC将加强与世界各地的数据隐私监管机构和国际组织的合作，实现更高水平的国际协调。
越南总理签发《关于加强半导体芯片、人工智能和云计算领域高素质人力资源培训政府令》	（1）越南教育培训部需指示高校和机构研究和建立重点培养半导体、人工智能和云计算等领域人才的专门单位（学校、院系、教研室等）；引导高校重新核查和创新课程，为半导体、人工智能、云计算等领域的讲师、研究人员和学生制订培训计划；加强科技尤其是人工智能在教学中的应用；促进半导体、人工智能、云计算等领域的校企合作与国际合作。教育培训部需抓紧完成并建议总理批准服务高新技术和基础产业发展的高素质人力资源培训项目，为总理草拟关于指导、引导和促进半导体、人工智能和云计算领域人力资源培训的政府令。 （2）计投部需抓紧完成并提交总理批准《2030年半导体行业人力资源开发和2050年愿景提案》，其中需涵盖人工智能和云计算内容；推动半导体、人工智能、云计算等领域创新中心、孵化器、创新网络等生态系统的形成和发展。 （3）科技部需主动核查并优先安排半导体、人工智能、云计算等与高校和机构人才培养和教育相关的科研项目；与有关部委研究完善吸引半导体、人工智能、云计算等领域人才的特殊机制和政策。 （4）通讯传媒需紧急完成并提请总理批准《至2030年越南半导体产业发展战略和2050年愿景》；制定优先发展大数据计算中心的战略实施方案，支持高校培养半导体、人工智能、云计算等领域高素质人才。 （5）各部委需支持高校和机构培养各领域高素质人才，特别是半导体芯片、人工智能、云计算等领域人才。各省市人委会需积极主动开展半导体、人工智能、云计算等领域的招商引资活动；加强国家、高校和企业间合作，提高半导体、人工智能、云计算领域培训效率；为半导体、人工智能、云计算等高科技领域高素质人才培养提供支持。

第二节 中国人工智能发展历程及相关产业政策

一、中国人工智能发展历程

相比国外人工智能的发展，我国人工智能的研究起步较晚，人工智能诞生的前 20 年(1956—1976 年)我国尚处于对控制论、信息论和人工智能早期思想的翻译介绍阶段，并且受“文化大革命”影响经历了曲折艰难的发展过程，直到改革开放以后，我国人工智能才开始真正发展起来。因此，以改革开放为起点，我国人工智能的发展历程主要分为以下三个阶段：

(一)艰难起步阶段(1978—2000 年)

1978 年，我国进入人工智能技术的艰难起步和初步探索阶段，逐渐开始进行人工智能的一些基础性研究工作。20 世纪 80 年代初，国内部分学者倡导进行人工智能的相关研究，使得中国的人工智能研究获得进一步的发展。1980 年开始，中国派遣大批的留学生赴西方发达国家学习先进的科学技术，其中就涉及人工智能领域的学习研究，这为我国人工智能的研究与发展提供了新鲜血液和中坚力量。1981 年，中国人工智能学会(CAAI)在长沙成立，随后，中国首份人工智能刊物《人工智能学报》也在长沙创刊。与此同时，人工智能相关的一些研究项目也逐渐被纳入国家科研计划当中。如 1978 年，将智能模拟计划纳入国家科研技术中，并且在当年召开的中国自动化年会上，就出现了与人工智能相关的研究成果，包括光学文字识别系统、手写体数字识别、生物控制论等，这些成果表明我国人工智能的相关研究工作已经在逐步展开。

1984 年，邓小平在深圳和上海等地观看儿童与计算机下棋时，指出计算机普及要从娃娃抓起，此后，我国人工智能研究的状况才开始好转，逐渐走上稳步发展的道路。国防科学技术工业委员会相继召开了全国智能计算机及其系统学术研讨会和全国首届第五代计算机研讨会等全国性会议，后来又将智能计算机系统、智能机器人以及智能信息处理等人工智能相关的重要研究项目纳入国家高技术研究发展计划，又称“863”计划。1987 年，清华大学出版社公开出版了《人工智能及其应用》，该著作是国内第一部具有自主知识产权的人工智能领域的专著，该著作的问世对我国人工智能的发展具有里程碑式的意义。1989 年，中国首次人工智能联合会议（CJCAI）召开，此外，还连续召开多次中国机器人学联合会议。1993 年，智能控制和智能自动化等研究项目被加入国家科技攀登计划。这一系列措施均证明我国人工智能的研究工作开始逐渐步入正轨，获得了国家和社会各界的有力支持。

（二）探索研发阶段（2001—2012 年）

21 世纪以来，越来越多的人工智能研究项目获得国家自然社会科学基金、国家高技术研究发展计划、国家重点基础研究发展计划以及科技部科技攻关项目等国家宏观战略层面的大力支持，并且与经济进步和科技发展的现实需求相结合，努力为促进国家的发展与进步做出实质性贡献。

人工智能相关的研究方向多种多样，主要包括智能计算机系统、中文智能搜索引擎技术、智能化农业专家系统、语音识别、人机交互等方面的研究。2006 年 8 月，中国人工智能学会召开"庆祝人工智能学科诞生 50 周年"大型庆祝活动，主要包括人工智能国际会议、首届中国象棋计算机博弈锦标赛、首届中国象棋人机大战等。同年，继《人工智能学报》和《模式识别与人工智能》之后，我国第三份人工智能的专业期刊——《智能系统学报》创立。这些年会的召开与期刊的创立都为我国人工智能理论的学习与交流提供了平台，并且促进了中国人工智能的发展与应用。2009 年，中国人工智能协会联合其他单位，向国家学位委员会和教育部申请设置"智能科学与技术"学位授权一级学科，该学科的建立对我国人工智能的发展具有重要的意义，不仅为我国人工智能的研究与发展提供了专业的高级技术人才，也有助于我国实现从现代信息化向智能化的转变。

（三）蓬勃发展阶段（2013 年至今）

近年来，在互联网技术、信息技术以及大数据的支持下，我国人工智能开始蓬勃发展，人工智能的相关领域也迅猛发展起来，人工智能的应用领域越来越广泛。中国整体的创新能力不断提高，人工智能领域已然迈入了世界先进国家范畴。在我国人工智能发展所形成的产业链中，虽然有很多企业的成立时间较短，大部分都是初创型企业，但是这些企业发展势头较好，具有很大的发展潜力和应用前景，部分企业凭借自身在技术、资金、数据等方面的优势,发展成为优秀的人工智能企业,中国的公司如百度、腾讯、阿里巴巴等在人工智能领域有着举足轻重的地位。

此外,从宏观战略层面来看,我国人工智能的发展也获得了国家层面的认可和大力支持,各级政府充分肯定了人工智能在经济社会发展中的重要地位。从国务院到各部委再到各省市发布的人工智能政策来看,人工智能已经成为国家非常重视的技术发展领域,同时也成为推动经济发展的新动力、提升国家竞争力的新焦点、保障民生的新手段。

二、中国人工智能发展现状

近年来,我国人工智能在数据、算力、算法和应用领域等方面均取得了较大的进展,人工智能行业竞争力进入全球第一方阵。我国人工智能产业布局和投入都在增加,截至2023年11月,我国人工智能存量企业71754家,同比增加9.82%。有上市企业1115家,金字塔顶部占比1.55%。2023年,人工智能融资环比增加11.79%,整个产业发生融资3000多笔。

目前,我国人工智能的应用已经渗透到各个行业和领域,为社会发展带来了重要机遇。在制造业领域,人工智能在智能制造、自动化生产和质量控制等方面发挥着重要作用,提升了生产效率和产品质量。在金融领域,人工智能应用于风险评估、投资决策和智能客服等,使金融服务更加智能化和个性化。在医疗健康领域,人工智能可以辅助医生进行诊断,提供精准治疗方案,促进医疗资源优化配置。此外,人工智能还在交通、教育、安防等领域展现出巨大的潜力和广阔的应用前景。另外,政府在人工智能领域给予了高度重视和支持,为人工智能的发展提供了有力保障。

三、中国人工智能相关产业政策

(一)国家人工智能相关政策

国家人工智能政策近年来得到了国务院和国家各部委的高度重视和国家产业政策的重点支持。这些政策主要聚焦于人工智能的发展战略、技术研发、产业发展以及与其他领域的融合应用等方面。自2015年7月1日国务院印发《关于积极推进"互联网+"行动的指导意见》以来,国务院及国家各部委陆续发布了《新一代人工智能发展规划》《高等学校人工智能创新行动计划》《关于开展人工智能助推教师队伍建设行动试点工作的通知》《国家新一代人工智能创新发展试验区建设工作指引》《关于“双一流”建设高校促进学科融合 加快人工智能领域研究生培养的若干意见》《生成式人工智能服务管理暂行办法》等多份文件，其中包含系列支持我国人工智能发展的政策及规划，表3.4为我国人工智能部分相关政策情况。

表3.4　国家人工智能相关政策

政策名称	主要内容
《国务院关于积极推进“互联网+”行动的指导意见》国发〔2015〕40号	（1）“互联网+”创业创新。充分发挥互联网的创新驱动作用，以促进创业创新为重点，推动各类要素资源聚集、开放和共享，大力发展众创空间、开放式创新等，引导和推动全社会形成大众创业、万众创新的浓厚氛围，打造经济发展新引擎。 （2）“互联网+”协同制造。推动互联网与制造业融合，提升制造业数字化、网络化、智能化水平，加强产业链协作，发展基于互联网的协同制造新模式。在重点领域推进智能制造、大规模个性化定制、网络化协同制造和服务型制造，打造一批网络化协同制造公共服务平台，加快形成制造业网络化产业生态体系。 （3）“互联网+”现代农业。利用互联网提升农业生产、经营、管理和服务水平，培育一批网络化、智能化、精细化的现代“种养加”生态农业新模式，形成示范带动效应，加快完善新型农业生产经营体系，培育多样化农业互联网管理服务模式，逐步建立农副产品、农资质量安全追溯体系，促进农业现代化水平明显提升。 （4）“互联网+”智慧能源。通过互联网促进能源系统扁平化，推进能源生产与消费模式革命，提高能源利用效率，推动节能减排。加强分布式能源网络建设，提高可再生能源占比，促进能源利用结构优化。加快发电设施、用电设施和电网智能化改造，提高电力系统的安全性、稳定性和可靠性。 （5）“互联网+”普惠金融。促进互联网金融健康发展，全面提升互联网金融服务能力和普惠水平，鼓励互联网与银行、证券、保险、基金的融合创新，为大众提供丰富、安全、便捷的金融产品和服务，更好满足不同层次实体经济的投融资需求，培育一批具有行业影响力的互联网金融创新型企业。 （6）“互联网+”益民服务。充分发挥互联网的高效、便捷优势，提高资源利用效率，降低服务消费成本。大力发展以互联网为载体、线上线下互动的新兴消费，加快发展基于互联网的医疗、健康、养老、教育、旅游、社会保障等新兴服务，创新政府服务模式，提升政府科学决策能力和管理水平。

续表

政策名称	主要内容
	(7)“互联网+”高效物流。加快建设跨行业、跨区域的物流信息服务平台,提高物流供需信息对接和使用效率。鼓励大数据、云计算在物流领域的应用,建设智能仓储体系,优化物流运作流程,提升物流仓储的自动化、智能化水平和运转效率,降低物流成本。 (8)“互联网+”电子商务。巩固和增强我国电子商务发展领先优势,大力发展农村电商、行业电商和跨境电商,进一步扩大电子商务发展空间。电子商务与其他产业的融合不断深化,网络化生产、流通、消费更加普及,标准规范、公共服务等支撑环境基本完善。 (9)“互联网+”便捷交通。加快互联网与交通运输领域的深度融合,通过基础设施、运输工具、运行信息等互联网化,推进基于互联网平台的便捷化交通运输服务发展,显著提高交通运输资源利用效率和管理精细化水平,全面提升交通运输行业服务品质和科学治理能力。 (10)“互联网+”绿色生态。推动互联网与生态文明建设深度融合,完善污染物监测及信息发布系统,形成覆盖主要生态要素的资源环境承载能力动态监测网络,实现生态环境数据互联互通和开放共享。充分发挥互联网在逆向物流回收体系中的平台作用,促进再生资源交易利用便捷化、互动化、透明化,促进生产生活方式绿色化。 (11)“互联网+”人工智能。依托互联网平台提供人工智能公共创新服务,加快人工智能核心技术突破,促进人工智能在智能家居、智能终端、智能汽车、机器人等领域的推广应用,培育若干引领全球人工智能发展的骨干企业和创新团队,形成创新活跃、开放合作、协同发展的产业生态。
国务院《新一代人工智能发展规划》国发〔2017〕35号	(1)构建开放协同的人工智能科技创新体系。围绕增加人工智能创新的源头供给,从前沿基础理论、关键共性技术、基础平台、人才队伍等方面强化部署,促进开源共享,系统提升持续创新能力,确保我国人工智能科技水平跻身世界前列,为世界人工智能发展作出更多贡献。 (2)培育高端高效的智能经济。加快培育具有重大引领带动作用的人工智能产业,促进人工智能与各产业领域深度融合,形成数据驱动、人机协同、跨界融合、共创分享的智能经济形态。数据和知识成为经济增长的第一要素,人机协同成为主流生产和服务方式,跨界融合成为重要经济模式,共创分享成为经济生态基本特征,个性化需求与定制成为消费新潮流,生产率大幅提升,引领产业向价值链高端迈进,有力支撑实体经济发展,全面提升经济发展质量和效益。

续表

政策名称	主要内容
	(3)建设安全便捷的智能社会。围绕提高人民生活水平和质量的目标,加快人工智能深度应用,形成无时不有、无处不在的智能化环境,全社会的智能化水平大幅提升。越来越多的简单性、重复性、危险性任务由人工智能完成,个体创造力得到极大发挥,形成更多高质量和高舒适度的就业岗位;精准化智能服务更加丰富多样,人们能够最大限度享受高质量服务和便捷生活;社会治理智能化水平大幅提升,社会运行更加安全高效。 (4)加强人工智能领域军民融合。深入贯彻落实军民融合发展战略,推动形成全要素、多领域、高效益的人工智能军民融合格局。以军民共享共用为导向部署新一代人工智能基础理论和关键共性技术研发,建立科研院所、高校、企业和军工单位的常态化沟通协调机制。促进人工智能技术军民双向转化,强化新一代人工智能技术对指挥决策、军事推演、国防装备等的有力支撑,引导国防领域人工智能科技成果向民用领域转化应用。鼓励优势民口科研力量参与国防领域人工智能重大科技创新任务,推动各类人工智能技术快速嵌入国防创新领域。加强军民人工智能技术通用标准体系建设,推进科技创新平台基地的统筹布局和开放共享。 (5)构建泛在安全高效的智能化基础设施体系。大力推动智能化信息基础设施建设,提升传统基础设施的智能化水平,形成适应智能经济、智能社会和国防建设需要的基础设施体系。加快推动以信息传输为核心的数字化、网络化信息基础设施,向集融合感知、传输、存储、计算、处理于一体的智能化信息基础设施转变。优化升级网络基础设施,研发布局第五代移动通信(5G)系统,完善物联网基础设施,加快天地一体化信息网络建设,提高低时延、高通量的传输能力。统筹利用大数据基础设施,强化数据安全与隐私保护,为人工智能研发和广泛应用提供海量数据支撑。建设高效能计算基础设施,提升超级计算中心对人工智能应用的服务支撑能力。建设分布式高效能源互联网,形成支撑多能源协调互补、及时有效接入的新型能源网络,推广智能储能设施、智能用电设施,实现能源供需信息的实时匹配和智能化响应。 (6)前瞻布局新一代人工智能重大科技项目。针对我国人工智能发展的迫切需求和薄弱环节,设立新一代人工智能重大科技项目。加强整体统筹,明确任务边界和研发重点,形成以新一代人工智能重大科技项目为核心、现有研发布局为支撑的“1+N”人工智能项目群。

续表

政策名称	主要内容
教育部关于印发《高等学校人工智能创新行动计划》的通知(教技〔2018〕3号)	(1)加强组织实施。教育部成立人工智能科技创新战略专家委员会,指导和协调计划的实施;各有关司局积极研究具体落实措施,确保各项任务落到实处;各省(区、市)教育主管部门和高等学校要以服务国家重大需求为目标,统筹各类资源、加大探索力度,用好增量、盘活存量,支持人工智能领域交叉学科建设、人才培养、科技创新和成果转化应用等工作。 (2)优化资源配置。面向国家重大战略需求适当增加研究生招生指标;探索建立以高校面向国家重大战略部署所承担的国家重大科技任务、国家级创新平台、省部级创新平台等为支撑,强化高层次人才培养的模式,全面提高研究生特别是博士生培养质量,为人工智能创新发展提供所需人才;在"长江学者奖励计划"等国家重大人才工程中,加大向人工智能领域优秀人才的倾斜力度。 (3)加大引导培育。通过教育部科学事业费,重点开展重大创新平台顶层设计与培育、重大科技项目生成、重大科技战略与政策研究等工作,加快建设一批教育部创新平台,加大国家重大科技项目和国家级科技创新平台的培育,引导高校开展跨学科探索性研究,实现前瞻性基础研究、引领性原创成果重大突破。 (4)加强宣传推广。教育部通过中国高校科技成果交易会等方式加强对高校重大科技成果的宣传和推广。省(区、市)教育主管部门、教育部直属高校要及时总结报送本校或本地高校人才培养、服务国家重大项目实施、理论技术新突破和重大科技成果转化等情况。
科技部关于印发《国家新一代人工智能创新发展试验区建设工作指引(修订版)》的通知(国科发规〔2020〕254号)	(1)开展人工智能技术研发和应用示范,探索促进人工智能与经济社会发展深度融合的新路径。把握人工智能技术前沿趋势和提升产业竞争力需求,加大人工智能基础理论、前沿技术和关键核心技术研发力度。聚焦地方经济发展和民生改善的迫切需求,在制造、农业农村、物流、金融、商务、家居、医疗、教育、政务、交通、环保、安防、城市管理、助残养老、家政服务等领域开展人工智能技术研发和应用示范,促进人工智能与5G、工业互联网、区块链等的融合应用,拓展应用场景,加快推进人工智能与实体经济深度融合,促进人工智能在社会民生领域的广泛应用。 (2)开展人工智能政策试验,营造有利于人工智能创新发展的制度环境。围绕数据开放与保护、成果转化、知识产权、安全管理、伦理规范、人才引育、财税金融、社会保障、国际合作等方面开展政策先行先试,探索建立支持人工智能原始创新的体制机制,形成适应人工智能发展的政策框架和法规标准体系,为人工智能科学研究、技术开发、产品创新、产业发展和社会应用营造良好环境。

续表

政策名称	主要内容
	（3）开展人工智能社会实验，探索智能时代政府治理的新方法、新手段。开展长周期、跨学科的实证研究，从个人、组织、社会等维度对人工智能的综合影响进行持续观测、科学记录和综合分析。加强社会实验理论、方法和数据积累，精准识别人工智能挑战，把握人工智能时代社会演进的规律，提升智能时代政府治理的精准化、科学化水平。 （4）推进人工智能基础设施建设，强化人工智能创新发展的条件支撑。加强通信网络、大数据中心、计算中心等智能化基础设施建设，提升传统基础设施的智能化程度，形成支撑新一代人工智能广泛应用的高水平基础设施体系。建设人工智能研发基地和开放创新平台。推动公共数据安全有序开放，大幅降低算力成本。
《生成式人工智能服务管理暂行办法》	（1）鼓励生成式人工智能技术在各行业、各领域的创新应用，生成积极健康、向上向善的优质内容，探索优化应用场景，构建应用生态体系。支持行业组织、企业、教育和科研机构、公共文化机构、有关专业机构等在生成式人工智能技术创新、数据资源建设、转化应用、风险防范等方面开展协作。 （2）鼓励生成式人工智能算法、框架、芯片及配套软件平台等基础技术的自主创新，平等互利开展国际交流与合作，参与生成式人工智能相关国际规则制定。推动生成式人工智能基础设施和公共训练数据资源平台建设。促进算力资源协同共享，提升算力资源利用效能。推动公共数据分类分级有序开放，扩展高质量的公共训练数据资源。鼓励采用安全可信的芯片、软件、工具、算力和数据资源。

（二）典型省份人工智能相关政策

我国人工智能发展较好的省市主要包括北京、广东、上海、浙江和江苏等，相关政策见表3.5。这些地区在人工智能产业链企业的区域分布上相对较为全面，涵盖了上中下游的代表性企业。同时，从人工智能技术合作关系来看，这些地区也构成了我国人工智能产业集群发展的技术中心，具有较强的产业集群竞争力和创新能力。

例如，北京市在人工智能领域具有显著优势，连续多年稳居“中国AI城市排行榜”榜首，拥有众多知名的人工智能企业和研究机构。广东省和上海市在人工智能产业的发展上也表现出色，拥有丰富的人才资源和创新环境。浙江省和江苏省在人工智能技术的应用和产业化方面也取得了重要进展。

表 3.5　典型省份人工智能相关政策

政策名称	主要内容
《北京市通用人工智能产业创新伙伴计划》	“伙伴计划”旨在搭建人工智能大模型的开放合作平台，建立协同合作机制，寻找利益契合点和最大公约数，推进合作伙伴协同联动，实现资源供给充裕、技术自主创新、应用落地见效、合作机制灵活的良性发展态势。 （1）算力伙伴。算力伙伴提供多元化高质量算力资源，保障本市大模型企业和 AIGC 企业产品研发和技术创新，优先为本市大模型团队和创新企业提供优质算力服务，提供一系列的人工智能开发增值服务工具，降低中小企业和个人开发者的算力使用门槛，扩大本市大模型发展集聚引领优势。 （2）数据伙伴。数据伙伴是数据要素市场中包括数据提供方、数据服务方、数据交易方在内的市场主体。针对大模型训练所需的高质量数据，发挥数据提供方海量数据资源优势，基于数据交易方搭建的流通交易平台和数据服务方的技术支撑，实现训练数据的有效供给及合规高效、安全有序地流动。 （3）模型伙伴。模型伙伴是服务政务、工业、医疗、交通、金融、教育、文旅等行业的解决方案服务商，通过行业典型场景牵引，在通用大模型的基础上开发行业模型，落地行业应用并提供日常服务，打通模型即服务的最后一公里，并以行业模型反哺通用大模型技术的迭代。 （4）应用伙伴。应用伙伴是指应用大模型能力支撑业务发展的各类行业用户，通过开放自身典型场景，支撑打造基于行业数据的精准模型，带动业务发展，实现差异化竞争优势。 （5）投资伙伴。投资伙伴以资本赋能通用人工智能产业发展，发挥孵化、引导、带动作用，驱动科技创新、培育标杆企业、促进项目落地，推动数字经济高质量发展。
《北京市加快建设具有全球影响力的人工智能创新策源地实施方案（2023—2025年）》	（1）布局一批前沿方向，技术创新实现新引领。在人工智能基础理论方面取得突破，人工智能理论框架体系基本形成，通用人工智能雏形显现。自然语言、通用视觉、多模态交互大模型等形成完整技术栈，关键算法技术达到国内领先、国际先进水平。人工智能技术创新和应用发展水平全国领先，部分关键核心技术与应用研究实现全球高水平引领。 （2）推动一批国产替代，技术攻坚取得新突破。人工智能算力布局初步形成，国产人工智能芯片和深度学习框架等基础软硬件产品市场占比显著提升，算力芯片等基本实现自主可控。国产硬件比例显著提高，全面兼容国产深度学习框架。人工智能算力资源并网互联，推动基础软硬件实现高质量自主可控。

续表

政策名称	主要内容
	(3)构建一批产业方阵,产业能级完成新跃升。人工智能核心产业规模达到3000亿元,持续保持10%以上增长,辐射产业规模超过1万亿元。人工智能领军企业科研投入持续增加,初创企业数量不断增长,企业总数保持国内领先,新培育独角兽企业5—10家。人工智能应用深度广度进一步提升,生成式产品成为国内市场主流应用和生态平台,推动产业高端化发展。 (4)塑造一批示范标杆,场景赋能驱动新应用。发挥各区产业特色和资源优势,结合人工智能技术特点,围绕经济社会发展、科学研究发现、重大民生需求等,形成一批示范性强、影响力大、带动性广的重大应用场景。探索具有首都特点的场景开放政策,形成技术供给和场景需求互动演进的持续创新体系,高品质牵引人工智能关键技术和系统平台优化升级。 (5)营造一流创新环境,生态构建形成新成效。建设一批具有世界级影响力的人工智能科研机构,引进培育国际一流创新人才团队,国际引才取得新突破。高水平学者数量超万人,国内占比保持领先。在人工智能相关政策措施、伦理安全、技术标准等方面取得重要进展,促进人工智能理性健康发展。
北京市经济和信息化局关于印发《人工智能算力券实施方案(2023—2025年)》的通知	(1)支持对象。人工智能算力券实施方案支持在京注册的软件信息服务业企业和制造业企业(以下简称企业),租用非关联方的智能算力资源(不包括存储、网络、安全等其他服务),在工业、政务、医疗、金融、教育、法务、交通、文旅、科学研究、城市管理、便民服务等领域进行行业人工智能大模型训练和应用。 (2)支持内容。凡符合以上条件的企业,2023年9月1日及以后签订的智能算力服务合同(合同周期为一年及以内),均可享受智能算力合同额一定比例的算力券补贴。企业凭已签订的算力服务合同向市经济和信息化局申领算力券;完成与智能算力供给方的结算后,凭发票和智能算力交付凭证向市经济和信息化局申请兑付算力券。 (3)支持标准。企业与智能算力供给方签订智能算力服务合同后,向市经济和信息化局申领算力券,单次申领算力券金额最高不超过智能算力合同额的20%,同一企业每个自然年度累计申领和兑付算力券金额不超过200万元,同一合同仅能申领一次算力券。 企业与多家智能算力供给方签订智能算力服务合同的,可在合同签订后分批登记申领、使用算力券,每个自然年度申领、使用限额累计计算。

续表

政策名称	主要内容
	企业与智能算力供给方签订智能算力服务合同期限应在本实施方案执行期间内，超过执行期限的部分，不作为算力券支持额度的核定依据。
天津市算力产业发展实施方案（2024—2026年）	（1）加快优化算力供给结构。①加大智能算力供给。②提升超级算力应用率。③集约发展通用算力。 （2）强化国产自主可控技术创新。①提升关键技术创新能力。②加快算法模型发展。③构建可信流通利用数据基础设施。④打造人工智能应用行业数据集。 （3）拓展算力赋能领域。①智能制造。②智能网联汽车。③智慧港口。④智慧教育。⑤智慧文旅。⑥智慧医疗。⑦智慧金融。⑧新型消费。⑨科技创新。⑩主题园区。 （4）加强算力资源调度运营。①建设市级算力交易平台。②推动国家超算互联网平台建设。③推动京津冀算力互联互通。 （5）统筹优化算力空间布局。①滨海新区。结合国家人工智能创新应用先导区建设，坚持超级算力引领发展，加快智算中心布局，提供多层次智能算力服务。②武清区。聚焦承接北京外溢智能算力需求，优化布局高村科技创新园等智算中心集聚区。③河北区。依托天津市人工智能计算中心，全力打造公共算力服务平台、应用创新孵化平台、产业聚合发展平台、科研合作和人才培养平台。④其他各区。发挥本市高校、科研院所资源集中优势，重点依托天开高教科创园，推动园区企业与高校、科研院所共同搭建算力相关创新平台。 （6）推动算力绿色低碳安全发展。①提升新建数据中心能效。②提高数据中心安全保障水平。
《上海市促进人工智能产业发展条例》（2022年9月22日上海市第十五届人民代表大会常务委员会第四十四次会议通过）	重点促进： （1）本市应当根据全球人工智能技术和产业发展趋势，结合本市产业优势和发展基础，通过加大政策支持、建设创新体系、推动集群发展等方式，促进基础硬件、关键软件、智能产品等方面高质量发展。 （2）本市支持相关主体开展基于先进架构的高效能智能芯片设计创新，研制云端芯片和云端智能服务器，布局类脑芯片，强化软硬件协同适配，支持联合建设研发测试和应用平台，加强技术协同和芯片架构互联互通，提升智能芯片产品和技术竞争力，培育智能芯片应用生态体系。 （3）本市支持相关主体加强人工智能框架软件的研发和应用，研制引擎框架工具体系，深化人工智能框架与平台应用，强化人工

续表

政策名称	主要内容
	智能框架软件和芯片等硬件相互适配、性能优化和应用推广。 (4)本市推动智能机器人软硬件系统标准化和模块化建设,支持培育智能机器人系统集成商,鼓励相关企业、产品使用方与金融机构采用产品租赁、服务采购等方式,拓展智能机器人应用场景。 (5)本市支持开展智能网联汽车关键技术、操作系统、专属芯片和核心零部件的自主研发和产业应用。 (6)本市鼓励无人机产业发展,支持建设民用无人驾驶航空试验基地(试验区)、无人机起降点及通用机场、无人机运行管理服务平台,加强多部门协同监管,通过运行管理服务平台提供航路航线规划、电子围栏设置等服务,支持拓展无人机应用场景。 (7)本市支持相关主体开展人工智能医疗器械关键技术研发,在智能辅助诊断算法、手术定位导航、融合脑机接口等方面加强攻关突破;加强人工智能医疗器械注册审批相关指导服务,支持相关创新产品进入国家创新医疗器械特别审批程序;支持探索符合条件的人工智能医疗器械在临床应用中的收费模式。
关于印发《上海市推动人工智能大模型创新发展若干措施(2023—2025年)》的通知(沪经信智〔2023〕608号)	(1)着力支持大模型创新能力。①实施大模型创新扶持计划。②建立大模型测试评估中心。 (2)提升创新要素供给能级。①实施大模型智能算力加速计划。②构建智能芯片软硬协同生态。③语料数据资源共建共享。 (3)推进大模型创新应用。①实施大模型示范应用推进计划。②推进科学智能大模型应用。 (4)营造一流创新环境。①打造企业、人才集聚的大模型创新高地。②推进大模型应用生态建设。③建立常态化服务机制。④加大投入力度。
上海市人民政府办公厅印发《关于本市推动新一代人工智能发展的实施意见》的通知(沪府办发〔2017〕66号)	(1)发展目标。到2020年,人工智能对上海创新驱动发展、经济转型升级和社会精细化治理的引领带动效能显著提升,基本建成国家人工智能发展高地,成为全国领先的人工智能创新策源地、应用示范地、产业集聚地和人才高地,局部领域达到全球先进水平。到2030年,人工智能总体发展水平进入国际先进行列,初步建成具有全球影响力的人工智能发展高地,为迈向卓越的全球城市奠定坚实基础。 (2)拓展人工智能融合应用场景。围绕智慧城市建设和上海超大型城市有序治理需求,加快人工智能在经济发展、城市治理和公共服务重点领域的深度应用,提升全员劳动生产率、公共服务能力和市民获得感。

续表

政策名称	主要内容
	(3)加强人工智能科研前瞻布局。推进产学研用深度合作,加强前沿基础研究、关键共性技术攻关、功能型平台建设,抢占关键领域人工智能技术制高点。 (4)推动人工智能产业集聚发展。坚持人工智能装备、产品与核心部件、系统协同发展,积极培育以智能驾驶、智能机器人、智能硬件为重点的人工智能新兴产业,着力提高以智能传感器、智能芯片、智能软件为重点的产业核心基础能力。 (5)营造人工智能多元创新生态。大力培育开放、包容、多元的创新创业生态,充分激发市场主体的创新活力,着力打造各方资源汇聚融合的人工智能创新生态圈,促进人工智能持续健康发展。
广东省人民政府关于印发广东省新一代人工智能发展规划的通知(粤府〔2018〕64号)	(1)发展目标。①到2020年,广东人工智能产业规模、技术创新能力和应用示范均处于国内领先水平,部分领域关键核心技术取得重大突破,一批具有地域特色的开放创新平台成为行业标杆,人工智能成为助推广东产业创新发展的重要引擎,形成广东经济新的增长点。②到2025年,广东人工智能基础理论取得重大突破,部分技术与应用研究达到世界先进水平,开放创新平台成为引领人工智能发展的标杆,有力支撑广东建设国家科技产业创新中心。③到2030年,人工智能基础层、技术层和应用层实现全链条重大突破,总体创新能力处于国际先进水平,聚集一批高水平人才队伍和创新创业团队,人工智能产业发展进入全球价值链高端环节,人工智能产业成为引领国家科技产业创新中心和粤港澳大湾区建设的重要引擎。新一代人工智能技术和产品在各领域得到广泛应用,建成一大批人工智能科技创新创业平台载体,成为全球人工智能产业科技创新前沿阵地,智能经济与智能社会取得跨越式发展。基本建立较完善的人工智能法规、伦理规范和政策体系,形成较强大的人工智能安全评估和管控能力。 (2)强化人工智能科研前瞻布局。①加强前沿与应用基础理论研究。②着力突破应用关键技术瓶颈。③着重加强数据支撑共性技术攻关。④大力推动关键部件和系统研发。 (3)构建开放协同的创新平台体系。①打造若干人工智能开放创新平台。②推进深度学习计算服务平台建设。③推进开源软硬件基础平台建设。④推进产学研协同创新平台建设。⑤推进行业公共服务平台建设。⑥加快人工智能多领域多场景示范应用。 (4)推动人工智能产业集约集聚发展。①促进人工智能产业园区蓬勃发展。②加快打造人工智能小镇。③推动人工智能企业“专精特新”发展。④孵化人工智能创新创业企业。⑤引进具有创新活力的龙头企业。

续表

政策名称	主要内容
	(5)营造良好的人工智能多元创新生态。①加强与先进国家和地区的合作发展。②推动粤港澳大湾区共创共赢。③促进省际创新要素协同联动。④提升基础配套服务能力。⑤加快数据资源开放共享。⑥加大科技金融支持力度。⑦构建标准规范和知识产权体系。⑧健全法规和安全监管体系。
广东省人民政府关于加快建设通用人工智能产业创新引领地的实施意见(粤府〔2023〕90号)	(1)构建全国智能算力枢纽中心。①打造通用人工智能算力生态。②打造国家算力网络枢纽节点。③打造与国际接轨的城市级算力平台。 (2)强化通用人工智能技术创新能力。①加强大模型关键技术攻关。②加强前沿及共性关键技术研究。③加强评测保障技术研究。 (3)打造大湾区可信数据融合发展区。①着力打造粤港澳大湾区数据特区。②着力构建高质量多模态中文数据集。③着力完善可信可控的数字安全体系。 (4)打造通用人工智能产业集聚区。①持续优化区域发展布局。②持续推动人工智能产业基地建设。③持续培育具有国际竞争力的领军企业。④持续发挥人工智能平台载体引领作用。⑤持续支持软硬件产品创新。⑥持续加快技术创新场景应用。 (5)打造通用人工智能创新生态圈。①强化科技金融支撑作用。②加大开放合作力度。③建设算力算法交易平台。
广东省人民政府办公厅印发广东省关于人工智能赋能千行百业若干措施的通知	(1)夯实人工智能产业底座,加快形成新质生产力。①加大人工智能核心芯片器件供给。包括建立人工智能芯片生态体系;打造智能感知产业体系。②推进人工智能软件迭代升级。包括加强智能软件研发创新;拓宽智能软件应用广度。③系统构建算法产业矩阵。包括建设高质量中文数据集;加快算法产品供给;建设大模型开源社区。④适度超前部署算力网络建设。包括加快智能算力基础设施建设;强化算力集约供给;推进算力网络布局优化。 (2)构筑智能终端产品新高地,塑造广东品牌新形象。①提智做强高端装备。包括推进智能机器人创新发展;加快高端装备智能化升级;智能网联支撑新能源汽车。②赋智壮大消费终端。包括创新操作系统打造人工智能手机;部署专属模型打造人工智能计算机;聚焦“一老一小”强化智能保育康复产品;融合跨界提质智能家电产品;丰富虚拟现实智能终端。 (3)打造智能融合应用新引擎,形成经济增长新风口。①赋能实体经济新动力。包括推进工业数字化智能化转型;深度集成推动

续表

政策名称	主要内容
	智能建造；智能系统驱动智慧农业；智慧交通打造现代运输体系；多方融合共建智慧能源。②赋能智慧民生新体验。包括智能辅助提质教育教学；互联共享提升医疗服务能力；智慧养老助推银发经济；智慧定制助推全民健身；智能家政打造生活助手。③赋能社会治理新效能。包括惠企利民建设智慧政府；智慧建设释放城市新活力；全流程辅助提升司法效率；智慧安全提升保障能力；智慧环保共创美好家园。④赋能数字消费新业态。包括智能商务激发商业潜能；智慧金融提升金融服务；创新体验升级旅游发展模式；智能交互丰富文化娱乐生活。⑤赋能各行各业新领域。包括全面推进智能场景应用。
浙江省人民政府办公厅关于加快人工智能产业发展的指导意见（浙政办发〔2023〕65号）	（1）加快核心技术突破，打造人工智能技术创新策源地。①强化前沿基础研究。②加强核心技术攻关。③提升企业创新能力。 （2）强化核心要素供给，打造人工智能基础支撑最优地。①优化提升算力供给能力。②推动大模型技术开源与开放。③加快算法模型创新应用。④推动高质量数据集建设。⑤加快培育数据要素市场。 （3）加速创新场景赋能，打造人工智能创新应用先行地。①赋能科技创新发展。②赋能实体经济高质量发展。③赋能社会智能化发展。④赋能城市现代化治理。 （4）推动融合集群发展，打造人工智能产业发展聚集地。①做强人工智能产业链。②培育人工智能融合产业集群。 （5）构建最优产业生态，打造人工智能创新创业首选地。①建设人才聚集地。②优化投融资环境。③加强知识产权保护。④加强安全和伦理治理。
湖南省人工智能产业发展三年行动计划（2024—2026年）	（1）加强基础支撑。①加快发展智能算力。②发展智能软件。③发展智能芯片和传感器。④建设高质量数据集。 （2）突破关键技术。①加快发展大模型技术。②大力发展应用技术。 （3）发展智能产品。①发展智能机器人。②发展智能运载工具。③发展智能移动终端。④发展数字人。 （4）纵深推进“智赋万企”行动。①推动关键环节智能化升级。②提升重点行业智能化水平。③深入推动“人工智能+”。④提升安全应用水平。

续表

政策名称	主要内容
湖北省人工智能产业“十四五”发展规划	(1)发展目标。①产业实力不断增强。基本形成涵盖核心技术、关键系统、支撑平台和智能应用的完备产业链和高端产业群,人工智能产业规模达到1000亿元。②赋能水平显著提升。建设高水平武汉国家人工智能创新应用先导区、武汉国家新一代人工智能创新发展试验区。在智能制造、智慧医疗、智慧教育、智慧城市等重点领域打造100个以上应用示范场景,推广应用一批典型行业解决方案。③企业培育成效显著。培育引进5—10家龙头企业,培育100家以上专精特新“小巨人”企业,集聚500家以上创新企业。 (2)发展重点与空间布局。①发展重点。加快人工智能关键技术研发及产业化,促进技术集成与商业模式创新,推动重点领域智能产品创新,积极培育人工智能新兴业态,推动产业高端发展,打造具有国际竞争力的人工智能产业集群。②空间布局。深入推进“一主引领、两翼驱动、全域协同”区域发展布局,推动形成由点及面、以强带弱、协同共进的人工智能产业发展格局,助力打造中部区域协调发展示范区。 (3)重点任务。①强化科研前瞻布局。包括强化前沿基础研究;加强关键共性技术攻关;推进功能型平台建设。②夯实产业基础支撑。建设基础支撑平台;建设行业公共服务平台。③构建梯次企业集群。包括引育一批人工智能领军企业;培育一批人工智能专精特新“小巨人”企业;孵化一批人工智能创业企业。④强化基础设施保障。包括建设信息基础设施;推动数据开放共享;提升信息安全保障能力。⑤加快产业融合应用。包括加快产业智能化升级;拓展民生领域应用示范;助推社会治理智能化。
山西省人民政府办公厅关于印发山西省促进先进算力与人工智能融合发展若干措施的通知 晋政办发〔2024〕35号	(1)支持算力高质量发展。①支持智算中心建设。②支持云服务发展。③支持边缘算力建设。④支持算力资源高效绿色发展。⑤支持算力调度和监测平台建设。⑥支持自主可控数据中心建设。⑦支持算力纳入战略性新兴产业支持范围。⑧壮大算力产业链。 (2)支持提高算力应用水平。①出台“算力券”。②支持算力资源对外输出。③支持行业算力应用创新。 (3)支持人工智能大模型发展。①支持大模型关键技术攻关。②支持大模型产业化应用。③支持人工智能企业发展。 (4)加强能源人才土地供给。①强化电力保障。②加强人才支撑。③保障土地供应。

续表

政策名称	主要内容
加快数字人才培育支撑数字经济发展行动方案(2024—2026年)	(1)实施数字技术工程师培育项目。重点围绕大数据、人工智能、智能制造、集成电路、数据安全等数字领域新职业,以技术创新为核心,以数据赋能为关键,制定颁布国家职业标准,开发培训教程,分职业、分专业、分等级开展规范化培训、社会化评价,取得专业技术等级证书的可衔接认定相应职称。在项目实施基础上,构建科学规范培训体系,开辟数字人才自主培养新赛道。 (2)推进数字技能提升行动。适应数字产业发展和企业转型升级需求,大力培养数字技能人才。加快开发一批数字职业(工种)的国家职业标准、基本职业培训包、教材课程等,依托互联网平台加大数字培训资源开放共享力度。全面推行工学一体化技能人才培养模式,深入推进产教融合,支持行业企业、职业院校(含技工院校,下同)、职业培训机构、公共实训基地、技能大师工作室等,加强创新型、实用型数字技能人才培养培训。推进"新八级工"职业技能等级制度,依托龙头企业、职业院校、行业协会、社会培训评价组织等开展数字职业技能等级认定。 (3)开展数字人才国际交流活动。加大对数字人才倾斜力度,引进一批海外高层次数字人才,支持一批留学回国数字人才创新创业,组织一批海外高层次数字人才回国服务。加强留学人员创业园建设,支持数字人才在园内创新创业。推进引才引智工作,支持开展高层次数字人才出国(境)培训交流,加强与共建"一带一路"国家数字人才国际交流,培养一批具有国际视野的骨干人才。 (4)开展数字人才创新创业行动。支持建设一批数字经济创业载体、创业学院,深度融合创新、产业、资金、人才等资源链条,加大数字人才创业培训力度,促进数字人才在人工智能、信息技术、智能制造、电子商务等数字经济领域创新创业。积极培育数字经济细分领域专业投资机构,投成一批数字经济专精特新"小巨人"企业,重点支持数字经济"硬科技"和未来产业领域发展。加快建设一批数字经济领域专业性国家级人才市场,支持北京、上海、粤港澳大湾区等科学中心和创新高地建设数字人才孵化器、产业园、人力资源服务园,培育发展一批数字化人力资源服务企业,为数字人才流动、求职、就业提供人事档案基本公共服务。 (5)开展数字人才赋能产业发展行动。紧贴企业发展需求开设订单、订制、定向培训班,培养一批既懂产业技术又懂数字技术的复合型人才,不断提升从业人员数字素养和专业水平,助力产业数字化转型和高质量发展。发挥专业技术人员继续教育基地、数字卓越工程师实践基地、高技能人才培训基地、产教融合实训基地、

续表

政策名称	主要内容
	国家软件与集成电路人才国际培训基地作用，利用国内外优质培训资源，开展高层次数字人才高级研修和学术技术交流活动，加快产学合作协同育人。专业技术人才知识更新工程、高技能领军人才培育计划等人才工程向数字领域倾斜。加强数字领域博士后科研流动站、工作站建设，加大博士后人才培养力度。 （6）举办数字职业技术技能竞赛活动。在全国技能大赛专设智能制造、集成电路、人工智能、数据安全等数字职业竞赛项目，以赛促学、以赛促训，以赛选拔培养数字人才。在全国博士后创新创业大赛中突出新一代信息技术、高端装备制造等数字领域，促进高水平数字人才与项目产业对接。支持各地和有关行业举办数字职业技术技能竞赛。
河北省人民政府办公厅关于进一步优化算力布局推动人工智能产业创新发展的意见（冀政办字〔2024〕34号）	（1）强化多元优质算力普惠供给。①稳步提升通用算力。②加快部署智能算力。③适度发展边缘算力。④强化先进存储灵活保障能力。⑤提升算力高效运载能力。 （2）加强高质量数据要素保障。①完善数据资源体系。②建设行业数据库。③强化数据安全保障。 （3）推动应用大模型培育孵化。①推进人工智能关键技术研究。②加快发展应用大模型。③支持开展大模型评测研究。 （4）推广人工智能创新场景应用。①推进“人工智能＋产业”。②推进“人工智能＋公共服务”。③推进“人工智能＋智慧城市”。
陕西省加快推动人工智能产业发展实施方案（2024—2026年）	（1）“强基”行动。①强化算力供给。②扩大数据供给。③布局大模型。 （2）“创智”行动。①加强大模型/算法攻关。②支持创新产品研发。③推动创新成果转化。 （3）“赋智”行动。①制造业全流程智能化。②“AI＋重点行业”。③“AI＋产业链”。 （4）“聚智”行动。①建设产业集聚区。②培育优势企业。

本章小结

本章首先梳理了全球主要人工智能发展强国的历程及其在人工智能方面的战略政策。目前，世界上主要的人工智能发展强国有美国、中国、英国、德国、日本等，这些国家的人工智能技术处于世界领先地位，这都缘于这些国家无论是在政策上还是行动上都十分重视人工智能领域的发展，早早地对人工智能产业进行布局，将人工智能发展上升为国家战略。其次，介绍了我国人工智能发展历程及现状。我国人工智能发展主要分为三个阶段，经过近年来的快速发展，目前我国人工智能技术仅次于作为领头羊的美国。在人工智能发展过程中，不同于世界上其他人工智能发展强国的是，我国并不算传统的工业强国，特别在早期人工智能诞生的20年间，当时我国正处于“文化大革命”时期，导致在人工智能领域方面的研究十分少。虽然我国对人工智能领域的研究存在一定滞后性，但是后期我国以最快的速度成功迈入世界人工智能发展强国行列。目前，我国人工智能的应用已经渗透到各个行业和领域，为社会发展带来了重要机遇。最后，梳理了我国国家级和各人工智能发展强省的政策。从国务院到各部委再到各省市发布的人工智能政策来看，人工智能已经成为国家非常重视的技术发展领域，同时也成为推动经济发展的新动力、提升国家竞争力的新焦点、保障民生的新手段。

第四章　人工智能赋能企业高质量发展的机理分析

本章内容主要由三个部分构成。一是人工智能赋能企业高质量发展的经济机理，通过构建“内生—动力—传导”三维机理框架归纳演绎人工智能对企业高质量发展的影响。二是人工智能赋能企业高质量发展的机理模型，包括通用产品部门、行业产品部门和研发部门的基本模型设定以及通过这三个部门的模型优化得出人工智能赋能企业高质量发展的数理逻辑。三是人工智能赋能企业高质量发展的机理框架，从企业内部智能化转型和外部产业政策推动的角度构建一个内外联动的理论分析框架，为后文实证检验提供理论支撑。

第一节　人工智能赋能企业高质量发展的经济机理

人工智能作为一项战略性新兴技术，已在企业的生产环节、融资活动、战略投资、日常管理等场景得到了快速的发展与传播。既然在企业的各大场景得到广泛应用，就必然要符合企业高质量发展的基本经济规律。本节对人工智能赋能企业高质量发展的经济机理进行深入讨论，有助于剖析人工智能与企业协同发展的逻辑，推动企业早日完成智能化转型，也有助于深化人工智能与企业发展二者之间的潜在机理，把握人工智能对企业高质量发展的影响边界。

一、人工智能赋能企业高质量发展的内生机理

党的二十大报告指出“高质量发展是全面建设社会主义现代化国家的

首要任务”，在全方位推动高质量发展的大环境下，企业作为市场经济的基本组织和微观主体，可以借助智能技术以“智”提“质”、“数智赋能”自发提升发展质量，不断拓展经济发展新空间。本节将从科学的管理体系、合理的人才体系及优质的产品体系三个维度，构建人工智能驱动企业高质量发展的内生机理框架，详见图4.1。

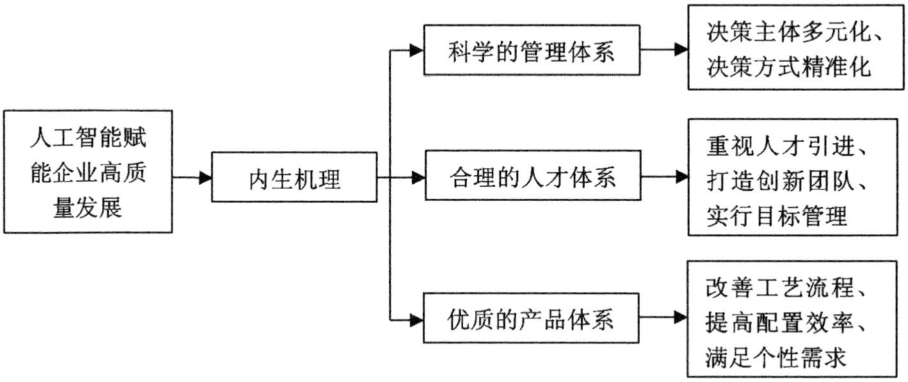

图4.1　人工智能赋能企业高质量发展的内生机理图

(一)科学的管理体系

企业高质量发展离不开科学化的管理。合理的管理调度不仅可以促进现有资源的优化配置，确保各环节紧密衔接，也能高效应对市场经济变动，确保企业正常生产与平稳发展。智能时代的悄然而至，打破了企业传统的管理模式，越来越多的企业将人工智能等先进信息技术应用到企业管理的各个环节，推动企业决策主体更加多元化，决策方式更加精准化，李辉(2019)提出大数据改变了传统的管理模式，决策主体将从企业高层转换为社会公众，决策方式将从依靠经验和直觉转变为海量数据的收集和分析。在这样的时代背景下，及时优化企业的管理思维模式，以应对市场经济的变动，将成为增强企业市场竞争能力的关键所在。

传统的企业管理模式下，形成了以“精英决策”为主的决策方式，由于人工智能的催化，新模式和新技术不断涌现，对创新、知识能力的要求越来越高，不断刷新了以往决策者的认知。企业管理者要及时转变发展观念，正确客观地认清当前市场环境，积极推动企业决策主体的多元化，将企业一线职工、相关经验专家、技术人员等纳入决策主体以提高决策的有效性。值得注意的是在数据汹涌奔腾的世界中，依托多种软件技术的决策智能市场正快速兴起，美国高德纳公司已将“决策智能”纳入了今后重要的战略技术趋势，但决策智能并不是将人类完全排除在决策过程之外，而是通过利用数据分析、机器学习和人工智能的潜能，同时又不忽视人类判断、知识和直觉价值的方式，帮助企业以更少的成本完成最佳的科学决策。

人工智能时代，以直营、代理商、经销商为主的传统营销模式存在明显的滞后性，不能及时地了解消费者需求。在人工智能与企业融合发展的过程中，诸多企业逐渐将技术与管理深度结合，发挥人工智能的技术优势，依靠云服务构建数据库开展数据统计工作，深入、全面地了解消费者的消费习惯和偏好，及时掌握消费者的消费需求，从而认清市场形势，准确把握市场走向，通过分析产品的市场需求与供给，在生产和服务环节进行适当的调整和优化，进而实现资源的高效配置，以占据市场的竞争优势。

（二）合理的人才体系

“贤才出，国将昌”，人才是企业健康发展的动力源，也是企业的核心竞争力所在。人工智能在各领域的广泛应用，不仅实现了传统产业的转型升级，给企业带来了巨大的经济效应，还给人们生活带来了许多便利，社会各界均对人工智能人才求贤若渴。然而目前无论是数量还是质量上我国人工智能人才均存在较大缺口。“千金何足惜，一士固难求”，受限于相关人才紧缺，智能技术创造的价值可能难以充分发挥。在这样的背景下，企业要树立强烈的人才意识，在企业发展的过程中，要设置合理的人才体系，为员工提供广阔的发展平台。

合理的人才体系是企业发展的重要保障，企业在招贤纳士的过程中，不仅要重视应聘人员的技能知识和服务意识，还要求其具有环保节能意识、成本控制、组织协调等综合性能力。为此企业在人才选拔的过程中，可以借助大数据技术对应聘人员的信息与岗位要求进行整合与筛选，在人才入职后，应该根据其自身情况和要求，制定合理的、个性化的人才培养机制，同时也要注重倾听员工的诉求和建议，通过有效的沟通，尊重员工的个性发展，营造宽松和谐、凝心聚力的工作氛围，从而提升员工的凝聚力，助推企业实现高质量发展。

考虑到现实中劳动力市场的智能化人才需求存在较大缺口，企业应多管齐下打造创新团队,增加人工智能人才供给。以智能化产业为载体,依托高等院校和职业技能学校设立相应课程开展技能培训,着力打造一支本领过高、素质过硬的创新团队,同时也要对在岗员工加强观察,通过定期的系统培训提升员工的个人能力,在日常实践中做到松弛有度,最大限度支持和鼓励科研人员创新创造,不拘一格地为优秀青年人才提供舞台,促使人才实现自我价值。

在薪酬方面,企业要实行目标管理,制定合理的薪酬体系。智能时代,企业要善于借助计算机技术,设定科学、可操作的绩效考核目标和激励机制,加强对企业员工的绩效评估和考核,通过精神奖励和物质奖励进一步激发员工的工作热情,努力使各类人才的价值得到最终的体现,长此以往,公司的发展就会步入良性循环的轨道,公司的高质量发展就有了坚实的人才支撑和保障。

(三)优质的产品体系

高质量的产品是在激烈竞争市场中决胜其他企业的最基本要求。人工智能作为人脑的延伸和替代,已经渗透到生产流程的各个方面,使得产品质量和附加值显著提升,有助于推动企业高质量发展。在生产制造过程中,人工智能可以在事先设定、事中监控和事后分析三个阶段影响产品质量(唐晓华、迟子茗,2021)。首先,企业通过软件的普及和应用,加大智能设备投资,以捕捉更多有关产品的信息资源,依托人工智能特有的学习建模能力和数据分析能力,设定生产产品的质量标准和规范,通过动态调节不断优化生产流程,以确定最佳的产品工艺参数,从而提升产品质量。其次,在生产过程中利用工序智能化对产品质量进行全流程监测和预警,以确保及时准确地识别并处理质量问题,提高生产管理决策的科学性,实现技术驱动型产品质量升级。最后,利用大数据平台对产品体系进行建模分析,改善工艺流程,提高生产要素配置效率,以达到降本增效的目标,进而形成持续改进的产品质量优化体系。此外,在当前个性化需求日益旺盛的环境下,企业能否提供质量合意的产品以保持行业竞争优势不仅要依托生产过程的质量管控,还要能够将客户提前引入到产品的设计和生产过程中。企业可以利用大数据平台预测市场需求动向,通过定制差异化参数,实现柔性化生产,以优化产品供给满足消费者个性化需求,实现品牌价值与用户黏性的双重提升。

二、人工智能赋能企业高质量发展的动力机理

随着全球经济形势的加速演变和贸易冲突的不断升级,加之要素成本的不断上涨,我国依赖传统生产要素的发展优势正不断减弱,极易陷入全球价值链的“低端锁定”困境,因而在未来一段时期,亟须为高质量发展注入新动能,研究人工智能赋能企业高质量发展的动力机理意义深远。本节将从创新驱动力、市场拉动力、政策支撑力三个维度,构建人工智能驱动企业高质量发展的动力机理框架,详见图4.2。

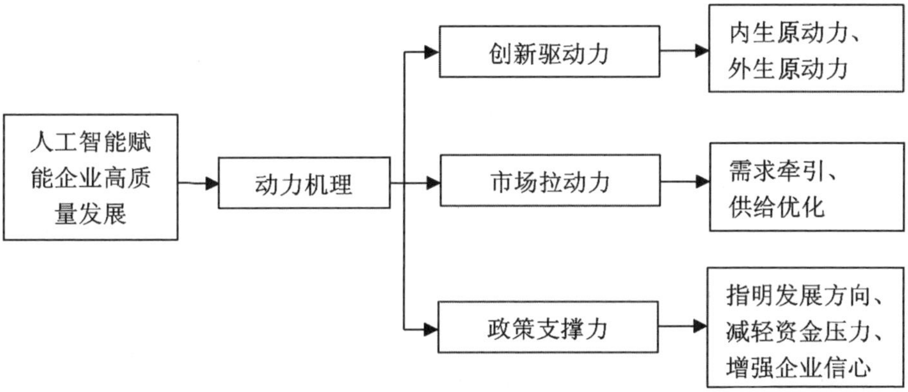

图4.2 人工智能赋能企业高质量发展的动力机理图

(一)创新驱动力

不日新者必日退。在新的时代、新的背景下,企业要想向高质量发展方向进一步迈进,就必须持续不断地进行创新,把创新作为引领企业发展的第一驱动力。随着人工智能应用加速向千行百业拓展,人工智能逐渐从一项新兴技术变为一种必需品,呈现出引领、规范、融合等特征,人工智能主导的创新将成为企业发展不可或缺的重要推动力。

从企业创新的内源力看,首先,企业作为自负盈亏的理性人,利润最大化是企业进行自主创新的核心动力。在激烈的市场竞争环境中,企业可以利用人工智能进行自主创新,形成集约型生产模式,以提高产品的质量和生产效率,释放人工智能技术价值,从而让企业获取更大的效益,不断提高企业在市场中的核心竞争力。其次,企业家是驱动企业高质量发展的掌舵人,

不管是产品前期的研发投入，还是后期的成果转换，企业家始终是创新链条中最重要的决策者，企业家的精神直接关系到企业的生死存亡。在企业自主创新的过程中，企业家对身份的认同程度越高就越愿意去冒险，通过自身的领导力和感召力去识别更多的创新机会。最后，企业内部的激励机制也是企业进行技术创新的重要驱动力。人工智能的发展过程需要获取大量人力和物力的支持，如果没有有效的激励措施作为保证，新兴技术就很难落地。所以企业在推进智能化发展的过程中要给予研发人员足够的回报，让他们在研发过程中能够获得切实的利益，无后顾之忧，才能激发创新积极性。

从企业创新的外源力看，现阶段的创新并不是要求企业进行封闭式创新，而是要考虑市场需求、外部环境和竞争压力等，让人工智能创新体系茂林深篁，拥有持续发展的动力。在市场经济条件下，产品只有随市场变化而变化，企业才能立于不败之地，面对日新月异的消费者需求，企业可以进行自主研发以应对市场需求的变化，通过将高频应用转化为新的主营业务，寻找业务增长的突破点，从而占据行业领先地位。此外，国际环境变化、媒体舆论、市场竞争等外部压力大大增加了企业发展的不确定性，高质量发展企业要在这种大环境中大浪淘沙，就应该学会将外部压力转化为创新动力，利用智能技术进行灵活变通，以保证企业生存与持续发展。

（二）市场拉动力

马克思主义社会再生产理论指出经济发展是一个由生产、分配、交换、消费构成的市场动态循环过程。人工智能与实体经济的融合将市场活动全环节置于开放的环境中，通过推动效率变革、动力变革、质量变革，使得市场拉动力被有效激活，从而为企业高质量发展添能蓄力。

在需求端，作为服务人们美好生活的工具，人工智能成为实现消费模式和消费结构智能化转型的重要手段。从落地生根到枝繁叶茂，智能技术的普及使得人们生活体验逐渐变得多元化，智能家居、线上办公、远程医疗等应用有助于提升人们的生活品质。从消费模式看，直播带货等线上消费方式，突破了传统线下消费的时间和地域限制，为广大消费者提供了层次丰富、品种多样的无差别消费选择，成为了推动我国消费市场可持续发展的重要动力。这种新业态和新模式的产生，使得国家更加关注消费模式的转变，因而未来一段时期企业应注重满足这种全新的消费需求，进而释放更多的线上消费潜能，放大线上消费市场的新增效益。从消费结构看，线上消费不仅替代了部分传统的线下消费，也在不断创造更多的消费需求。消费者不再局限于单一的物质消费，开始朝"脱实向虚"的方向发展，衍生出多种个性化、特色化的虚拟性消费需求，消费结构逐渐从物质消费向精神给养方向转变（宋思源、刘玉奇，2022）。

在供给端，人工智能可以通过要素变革和产品变革促进企业高质量发展。在传统的自动化生产方式中，生产要素多是从自然资源中获取或对自然资源加工得到的，如土地、资本等均是传统生产系统中非常重要的要素，且这些稀缺的要素掌握在少数所有者手中，极易形成市场垄断。而智能技术突破了传统要素对企业发展的限制，使得它们的地位大大下降，与之相反，大数据变成了生产系统中重要的生产资料，其自由共享的特点大大降低了企业之间信息沟通的成本。企业可以通过技术、信息的共享实现产品范围经济，以此增加产品和服务的附加值，提升供给端的质量（任保平、孙一心，2022），为企业实现高质量发展创造条件。

（三）政策支撑力

人工智能作为新一轮科技革命和产业革命的重要驱动力，已经成为各国开拓和争夺市场的战略制高点，为抢占市场先机，自 2016 年起，先后有四十余个国家和地区把发展人工智能作为提升国家竞争力的重大战略①。如美国陆续发布了《为人工智能的未来做准备》《国家人工智能研究与发展战略计划》和《人工智能、自动化与经济》报告，试图加快新兴产业发展，以构筑综合竞争新优势。相对美国而言，虽然日本在人工智能方面投入的资金并不算高，其在战略方面的反应并不迟钝，在 2017 年发布的《人工智能技术战略》报告中阐述了日本政府为人工智能产业化发展所制定的路线图和规划。德国作为最先提出"工业 4.0"战略的国家，在发布的《联邦政府人工智能战略要点》文件中也要求联邦政府要加大对人工智能相关重点领域的研发和创新转化的资助。英国作为人工智能学术研究的重要阵地，于 2018 年 4 月发布了《人工智能行业新政》报告，旨在推动英国成为全球人工智能领导者。

---

① 参考《人工智能白皮书（2022 年）》，中国信息通信研究院。

作为最大的发展中国家，在各国紧锣密鼓地制定人工智能发展战略的时刻，我国顺应国际发展的大趋势，进行了大规模的人工智能产业整体体系建设。近年来，在顶层设计方面，我国政府全面布局人工智能产业方面的政策支持，已经在全国初步形成了从中央到地方的一系列政策支撑体系。根据相关政策文件对人工智能产业发展的支撑功能，可以将这些政策划分为引导政策和扶持政策两大类。一般来说，引导政策主要是围绕人工智能某一部分进行整体或局部的工作部署，属于人工智能产业未来发展的顶层设计。扶持政策是聚焦于人工智能产业的某一子板块，通过制定产业利好政策或予以企业资金支持，促使人工智能充分发挥溢出效应，加快带动产业转型升级。在政策实施方面，政府对企业给予一定税收减免或资金支持，可以减轻企业财务压力，稳定企业家的信心，激发企业的创新动力。同时，这些政策也给企业提供了未来的发展方向，企业可以根据自身特点和市场需求调整产品创新战略，整合企业内部资源，从而提升企业创新绩效，推动企业高质量发展。

三、人工智能赋能企业高质量发展的传导机理

智能时代的到来推动了人工智能与实体经济的深度融合，促使企业生产力水平大幅提升，从而形成规模经济，实现生产规模稳步增长。不仅如此，企业借助人工智能等新兴技术，还可以颠覆传统的社会生产结构和生产关系，切实提升企业的生产效率。同时，企业还可以通过智能技术降低融资成本，提高金融机构的资源配置效率，缓解融资约束，进而释放更多的经济增长潜能。基于以上考虑，本节将从扩大企业规模、提升生产效率及改善融资结构三个方面构建人工智能赋能企业高质量发展的传导机理框架，详见图4.3。

（一）规模扩大效应

企业要想发展壮大，首先要做的就是扩大自身生产规模。伴随着新一轮科技革命和产业变革的持续推进，人工智能成为当前最具活力、最具创新力和辐射范围最广的通用技术。智能化发展已是大势所趋，人工智能在各领域已经呈现出百花齐放的景象，越来越多的企业意识到只有实现智能化转型才能抓住发展新机遇，试图通过引进智能化生产工具加快布局智能化

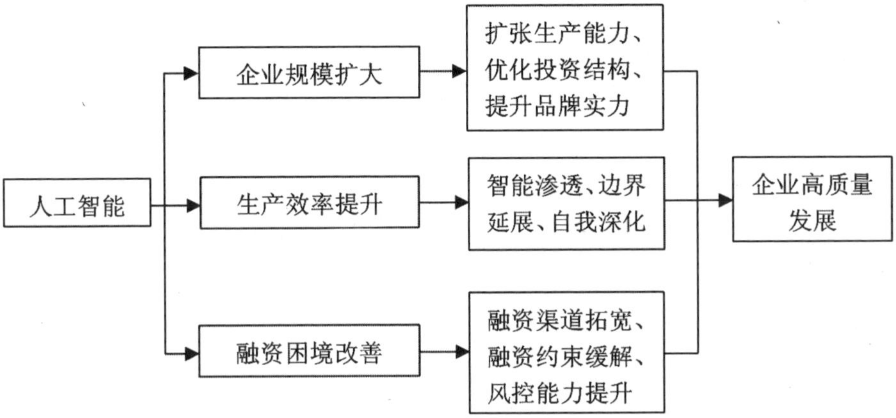

图 4.3　人工智能赋能企业高质量发展的传导机理图

改造和数字化转型,以扩大生产规模,占领更大的市场区域,具体表现在以下三个方面。

第一,以人工智能应用促进生产力水平整体跃升。在日常生产活动中,简化工作流程,提升生产效率,是企业生存发展的必备因素。尤其是在智能化时代,更多竞争者不断涌入市场,竞争格局出现了很多新变化,行业竞争进一步加剧,对企业生产力提出了更高要求。一般来说,智能化发展程度越深的企业,业务连续性和业务创新能力也越强,企业能够借助智能技术实现对人、财、物等多种资源的高效运转,促进生产力整体提升。因此,毋庸置疑,人工智能对企业生产力具有积极推动作用,凭借其指数化发展的计算能力和机器独有的“理性思维”,按照生产要求,快速掌握生产技术进行大量生产,同时根据外部环境的变化,可以积极应对未知挑战和风险,在生产技术方面给予突破,改善企业的生产结构,促进企业生产能力提高。

第二,以智能化手段优化投资结构形成规模优势。在竞争激烈的市场环境中,企业投资结构亦是影响企业规模的重要因素。企业要想保持持续健康发展,便可以从投资结构入手,科学合理地对投资结构进行设置,并极大程度降低资本规模扩大可能带来的消极影响,从而实现资本投资的“乘数效应”。一方面,可以利用人工智能技术,对企业日常经营活动中产生的“碎片化”数据进行分析与归纳,通过对这些“数字足迹”构建投资逻辑的知识图谱,以期从蛛丝马迹中找到企业可能的投资价值。另一方面,除了对底层数据进行聚合分析,企业还可以市场前景为导向,借助智能投资决策辅助工具,准确预判市场的发展态势,通过对自身资产的调整和重组,科学筹谋,优化投资结构,以降低风险系数,实现稳步增长。

第三,赋能产品智能化转型,提升品牌实力。随着智能技术的广泛应用,为企业发展提供了更多的机遇和挑战,品牌作为企业的形象、灵魂和生命,其培育、重塑和提升是企业在智能化浪潮中顺应时代变化和发展的重要举措。以高质量发展为主线,企业可以将多年的技术沉淀和崭新的智能技术无缝衔接,通过对产品进行改造、优化和升级,挖掘自身品牌资产的价值,从而打造品牌的软实力,使企业品牌能够保持强劲的生命力。同时,借助智能化手段发挥企业的产业集群优势,将产品特色信息精准投递到目标消费群体,以扩大产品知名度。通过搭建企业品牌生态架构,重组企业内部要素资源,重塑企业内部生产结构,从而扩大生产规模,形成规模经济,优化企业智能化变革的市场环境,推动企业自身实现高质量发展。

(二)效率提升效应

历次工业革命的首要目的均是提升生产效率,以人工智能为核心的第四次工业革命亦如出一辙。依托大数据、云计算、物联网等技术,人工智能应用呈现井喷式增长,促使整个社会生产结构和生产关系都发生了翻天覆地的变化,切实提升了生产效率和经济增长潜能。作为第四次工业革命的通用性目的技术,人工智能对生产效率的提升作用主要体现在以下三个方面。

第一,人工智能可以通过智能渗透强化传统生产要素的功能,实现资源的合理配置和高效利用。智能机器的大规模应用,在一定程度上会对部分劳动力进行替代,淡化劳动者在生产过程中的体能劣势,并可以按照既定程序将复杂的体力劳动自动化。同样地,以物质形式存在的智能机器能够代替传统的人与人之间的分工协作,通过增强资本、劳动、技术等要素之间的匹配度,加强生产链各环节的连贯性,从而提高运行效率。而依托智能技术形成的数据、算力、算法等新型生产要素,可以通过融合、改造和提升传统生产要素,催生更多的智力劳动、创新劳动等新的社会生产方式,去解决更多模糊的、复杂的、创造性的决策任务,进而实现人类与人工智能之间的完美协作。

第二,人工智能可以通过边界延展,催生一系列新产业,进而形成完备的产业链条,实现高效集约的高质量发展。与传统自动化技术相比,人工智能作为一项颠覆性技术,其赋能效果不会局限于某一产业生产阶段,与之相应的上下游产业链会做出迅速响应,通过模仿、改造相关技术,实现技术精准升级和全业务链条的 AI 赋能,“活化”潜在的关联产业,进而利用产业间互联互通推动某一特定领域的智能化转型。同时,通过开展跨行业、多领域的业务,人工智能的渗透、溢出和扩散效应将更加明显,逐步从提升专业化分工效率转向提升多样化分工效率,以实现“技术孤岛—技术链条—技术网络”的边界延展,进一步释放人工智能的扩张增长效应。

第三,人工智能可以通过算法、算力、数据等进行自我深化,推动前沿技术进步,促进科技成果转化,提升生产效率。与传统自动化通用技术相比,人工智能具有前所未有的“类人”特性,可以通过利用机器学习和算法分析,对人的意识和思维过程进行模拟、延伸和拓展,能够在一定程度上摆脱人脑控制,从而实现自我更新和自我升级过程。作为人工智能的三大核心要素,算法、算力、数据可以通过持续突破创新,以自主深度感知、自主优化决策和自主精准执行提升企业生产各环节效率。在海量数据的基础上,通过对数据的深度集成和建模分析,迅速做出智能化生产决策。在算法的不断突破中,通过柔性生产、动态调控、网联协同等新型生产模式,提高资源配置效率。在算力方面,利用科学知识不断衍生出的新技术数量呈现指数式增长,共同助推科技成果转化,实现要素生产率全面提升。

(三)融资改善效应

得益于神经网络和机器学习在算法上的突破,近年来人工智能技术水平达到了前所未有的新高度。依托智能化手段,金融机构不断探索智能化转型,目前已取得了积极成效,智能金融已经深入渗透到不同金融领域,使得金融机构的服务水平和办事效率有了极大提高,这或将成为企业突破融资“瓶颈”的一大助力。如金融机构可以通过智能技术对企业进行深入分析,精准挖掘经营者的真实信息,减少信息不对称;以人工智能为纽带,调整信贷结构,打造差异化竞争优势,缓解融资约束;将人工智能技术嵌入金融机构信贷业务,利用企业历史的海量数据进行建模校验,从而建立适应的风险管理控制模型,提高风险控制能力(Liberti and Petersen,2019)。具体来说，人工智能可以通过以下三个方面纾解企业融资困境。

第一，助力金融机构获取企业精准画像，减少信息不对称，提高企业融资可得性。近年来，依托金融科技的发展，帮助企业拓展了线上融资渠道，通过“线上+线下”模式加快了信贷供需双方的信息流通，在一定程度上保障了信息传递的时效性，提高了企业获取信贷资金的成功率。同时，不同金融主体之间也可以通过信息共享，利用区块链技术加强各机构信息互联，优化金融机构审批流程和环节，降低服务成本，进而为企业提供更为优质便捷的金融服务。此外，人工智能还可以帮助金融机构全面了解企业经营状况、资产规模等相关指标，帮助企业形成一个生动立体的精准画像，促使金融机构充分挖掘客户的融资价值，提升资金的供给意愿。

第二，以智能金融为支点，人工智能可以帮助撬动金融机构竞争力，从而缓解企业融资约束。首先，“AI+金融”的加速落地促使各金融机构积极向智能化转型，并建立相应的竞争优势，促使信贷市场竞争更加激烈，从而倒逼银行贷款利率市场化，降低信贷产品价格。其次，由于不同金融机构的禀赋条件各异，其转型方向和发展定位也并非千篇一律，金融机构可能会根据自身条件主动调整信贷结构，从企业的角度设计多样化信贷产品，以留住优质企业客户资源。此外，随着智能投顾、消费金融、供应链网贷等创新型金融产品纷纷涌现，为企业提供了更多灵活的集资方式，拓宽了企业的融资渠道，使得广泛的尾部群体也能有机会触及更多信贷资金（Jagtiani and Lemieux，2019），进一步缓解了融资约束。

第三，通过应用智能技术，提升金融机构的风险控制能力，从而破解企业信用评估难题，降低企业融资风险。一方面，人工智能可以通过对企业海量的历史融资数据进行挖掘、建模并校验，进而构建适当的风险控制模型，评估不同企业的融资情况，预防企业逆向选择和道德风险，以提高信贷甄别，防止出现企业债务违约。另一方面，金融机构在放贷过程中可以利用机器学习和神经网络技术对企业还贷能力进行实时监控，动态监管贷款资金的用途，及时对高风险项目进行事前干预，进而约束企业投资方向，防止企业因坏账陷入经济纠纷造成无法还贷。因此，人工智能可以通过提升金融机构的风险防控能力来改善企业的融资环境。

第二节　人工智能赋能企业高质量发展的机理模型

在本章的第一节，基于人工智能赋能企业高质量发展的经济机理，分别从内生机理、动力机理、传导机理三个维度探讨了人工智能对企业高质量发展的影响。然而，仅谈论人工智能对企业高质量发展的经济机理，对人工智能驱动企业高质量发展的理论分析稍显不足。为获取更为具体的机理模型，本节以通用产品部门、行业产品部门和研发部门为研究对象构建多部门经济增长模型，重点考察人工智能对企业高质量发展的影响，以寻求更为细致的数理逻辑。

一、多部门经济增长模型设定

本节基于熊彼特内生增长理论模型（Aghion and Howitt，2009），将新一轮科技革命和产业变革的代表性技术人工智能纳入各部门厂商的生产活动中，通过构建通用产品部门、行业产品部门和研发部门三部门经济增长模型分析人工智能的引进对各部门生产活动和企业发展的影响。

（一）通用产品部门模型设定

在完全竞争的市场环境下，通用产品部门通过使用 n 个行业产品部门生产的最终产品组合作为生产要素投入生产通用产品，这些通用产品既可满足消费也可用于投资，其生产函数为满足生产技术规模报酬不变、严格凹性与稻田条件的 CES 生产函数，具体形式如下：

$$Q_t = \left(\sum_{i=1}^{n}\varphi_i Q_{it}^{\frac{\sigma-1}{\sigma}}\right)^{\frac{\sigma}{\sigma-1}} \qquad i = 1,2,\cdots,n \tag{4.1}$$

其中，Q_t为通用产品部门在 t 时刻生产的通用产品数量，Q_{it}代表 i 行业生产的最终产品，φ_i表示通用产品生产时，i 行业的最终产品的重要程度，并且满足$\varphi_i > 0$ 和$\sum_{i=1}^{n}\varphi_i = 1$。$\sigma$ 用来衡量行业最终产品之间的替代弹性，当$0 < \sigma < 1$ 时表示行业最终产品为互补品，当 $\sigma > 1$ 时表示行业最终产品为替代品。通用产品部门生产厂商会在最优的行业最终产品投入Q_{it}的情况下实现自身利润最大化，此时通用产品价格为P_t，行业最终产品价格为P_{it}。

（二）行业产品部门模型设定

假定经济系统中包含 n 个行业最终产品部门，n 个行业的市场完全竞争，并且各行业最终产品的投入均由劳动和专业化中间产品构成，且专业化中间产品连续统为1，行业产品部门生产函数的形式设定如下：

$$Q_{it}=L_{it}^{1-\delta}\int_{0}^{1}A_{it}^{1-\delta}(j)Z_{it}^{\delta}(j)dj \quad i=1,2,\cdots,n \tag{4.2}$$

其中，Q_{it}代表i行业生产的最终产品，L_{it}为i行业生产最终产品的劳动力投入，且满足各行业劳动力投入之和等于劳动禀赋，即$\sum_{i=1}^{n}L_{it}=L_t$，$Z_{it}(j)$用来衡量i行业生产最终产品时使用的第j种中间产品投入数量，$A_{it}(j)$为i行业第j种中间产品的生产技术，为简化分析，本书主要指人工智能技术。i行业最终产品的厂商会在最优的劳动力投入L_{it}和中间产品$Z_{it}(j)$组合下实现自身利润最大化，此时劳动报酬为W_{it}，中间产品价格为$P_{it}(j)$。

（三）研发部门模型设定

为了重点突出人工智能对生产活动的影响，本书将研发部门设定为人工智能技术的研发部门。假设研发部门i行业的中间产品$Z_{it}(j)$的智能生产技术$A_{it}(j)$在任何t时刻都可能被改进，若生产技术改进成功，生产活动的效率就能够得到明显的提升。但研发活动具有不确定性，因而将研发部门的生产技术表示如下：

$$A_{it}(j)=\begin{cases}\gamma_i A_{it-1}(j),\text{概率为}\mu_{it}(j)\\ A_{it-1}(j),\text{概率为}1-\mu_{it}(j)\end{cases} \tag{4.3}$$

其中，$\mu_{it}(j)$表示t时刻i行业第j种中间产品改进成功的概率，γ_i表示改进系数，且$\gamma_i>1$。

参考易信（2018）的做法，本章将中间产品改进成功的概率表示为研发投入的函数，具体设定如下。

$$\mu_{it}(j)=\tau_i\left[\frac{R_{it}(j)}{L_{it}A_{it}^{*}(j)}\right]^{\frac{1}{2}} \tag{4.4}$$

其中，$R_{it}(j)$为研发投入，$A_{it}^{*}(j)$为研发目标，τ_i为研发效率。

二、行业产品部门模型优化

将行业最终产品生产厂商实现自身利润最大化时的行为设定如下：

$$max[P_{it}Q_{it}-W_{it}L_{it}-\int_{0}^{1}P_{it}(j)Z_{it}(j)dj] \tag{4.5}$$

将式（4.2）代入式（4.5），可以得到下列式子：

$$max[P_{it}L_{it}^{1-\delta}\int_0^1 A_{it}^{1-\delta}(j)Z_{it}^{\delta}(j)dj - W_{it}L_{it} - \int_0^1 P_{it}(j)Z_{it}(j)dj] \tag{4.6}$$

对式(4.6)中的$Z_{it}(j)$求一阶偏导,并令其一阶偏导的结果为0。

$$\delta P_{it}L_{it}^{1-\delta}A_{it}^{1-\delta}(j)Z_{it}^{\delta-1}(j) - P_{it}(j) = 0 \tag{4.7}$$

同样地,对式(4.6)中的L_{it}求一阶偏导,并令其一阶偏导的结果为0。

$$(1-\delta)P_{it}L_{it}^{-\delta}\int_0^1 A_{it}^{1-\delta}(j)Z_{it}^{\delta}(j)dj - W_{it} = 0 \tag{4.8}$$

可以得到下列式子:

$$P_{it}(j) = \delta P_{it}L_{it}^{1-\delta}A_{it}^{1-\delta}(j)Z_{it}^{\delta-1}(j) \tag{4.9}$$

$$W_{it} = (1-\delta)P_{it}L_{it}^{-\delta}\int_0^1 A_{it}^{1-\delta}(j)Z_{it}^{\delta}(j)dj \tag{4.10}$$

中间产品生产厂商通过获取最新技术成为占领该种产品市场的垄断者,假设资本为生产中间产品的唯一投入,并以一比一的比例生产中间产品。由于中间产品生产厂商能够获得垄断利润,因而拥有大量可抵押的资产,银行具有强烈的意愿为其提供金融支持(田秀娟、李睿,2022)。

参考田秀娟和李睿(2022)的做法,在给定中间产品需求的情况下,可以将中间产品生产厂商实现自身利润最大化时的行为设定如下:

$$max[P_{it}(j)Z_{it}(j) - D_{it}Z_{it}(j)] \tag{4.11}$$

其中,D_{it}为每单位中间产品生产所需的借款成本,即商业银行贷款利率。

将式(4.9)代入式(4.11),可以得到下列式子:

$$max[\delta P_{it}L_{it}^{1-\delta}A_{it}^{1-\delta}(j)Z_{it}^{\delta}(j) - D_{it}Z_{it}(j)] \tag{4.12}$$

对式(4.12)中的$Z_{it}(j)$求一阶偏导,并令其一阶偏导的结果为0。

$$\delta^2 P_{it}L_{it}^{1-\delta}A_{it}^{1-\delta}(j)Z_{it}^{\delta-1}(j) - D_{it} = 0 \tag{4.13}$$

可以得到$Z_{it}(j)$的计算结果。

$$Z_{it}(j) = \delta^{\frac{2}{1-\delta}}A_{it}(j)L_{it}\left(\frac{P_{it}}{D_{it}}\right)^{\frac{1}{1-\delta}} \tag{4.14}$$

将式(4.14)代入式(4.9),可以得到下列式子:

$$P_{it}(j) = \frac{D_{it}}{\delta} \tag{4.15}$$

厂商选择生产中间产品的利润可表示为下列式子:

$$\pi_{it}(j) = P_{it}(j)Z_{it}(j) - D_{it}Z_{it}(j) \tag{4.16}$$

将式(4.14)和式(4.15)代入式(4.16),可以得到下列式子:

$$\pi_{it}(j)=(1-\delta)\delta^{\frac{1+\delta}{1-\delta}}A_{it}(j)D_{it}L_{it}\left(\frac{P_{it}}{D_{it}}\right)^{\frac{1}{1-\delta}} \tag{4.17}$$

将式(4.14)代入式(4.2),可以得到下列式子:

$$Q_{it}=\delta^{\frac{2\delta}{1-\delta}}L_{it}\left(\frac{P_{it}}{D_{it}}\right)^{\frac{\delta}{1-\delta}}\int_0^1 A_{it}(j)dj \tag{4.18}$$

令$\int_0^1 A_{it}(j)dj=A_{it}$,则式(4.18)可改写为下列式子:

$$Q_{it}=\delta^{\frac{2\delta}{1-\delta}}L_{it}A_{it}\left(\frac{P_{it}}{D_{it}}\right)^{\frac{\delta}{1-\delta}} \tag{4.19}$$

技术研发是生产价值提升的关键,根据前文所述,中间产品研发活动成功的概率仅取决于研发效率,均衡时的行业各类中间产品研发活动的成功概率均为μ_{it},因而i行业平均技术进步水平A_{it}可表示如下:

$$A_{it}=\gamma_i A_{it-1}\mu_{it}+A_{it-1}(1-\mu_{it}) \tag{4.20}$$

那么i行业的技术进步增长率g_{it}的表达式如下:

$$g_{it}=\frac{A_{it}-A_{it-1}}{A_{it-1}}=\frac{\gamma_i A_{it-1}\mu_{it}+A_{it-1}(1-\mu_{it})-A_{it-1}}{A_{it-1}}=(\gamma_i-1)\mu_{it} \tag{4.21}$$

三、研发部门模型优化

假设人工智能技术的研发投入主要由企业融资构成,为简化分析,本部分主要聚焦于商业银行贷款,因而研发部门的最优行为可设定如下:

$$max[\mu_{it}(j)\pi_{it}(j)-D_{it}R_{it}(j)] \tag{4.22}$$

由式(4.4)可知,$R_{it}(j)$可表示如下:

$$R_{it}(j)=L_{it}A_{it}^*(j)\left[\frac{\mu_{it}(j)}{\tau_i}\right]^2 \tag{4.23}$$

将式(4.17)和式(4.23)代入式(4.22),可以得到下列式子:

$$max\left\{\mu_{it}(j)(1-\delta)\delta^{\frac{1+\delta}{1-\delta}}A_{it}^*(j)D_{it}L_{it}\left(\frac{P_{it}}{D_{it}}\right)^{\frac{1}{1-\delta}}-D_{it}L_{it}A_{it}^*(j)\left[\frac{\mu_{it}(j)}{\tau_i}\right]^2\right\} \tag{4.24}$$

对式(4.24)中的$\mu_{it}(j)$求一阶偏导,并令其一阶偏导的结果为0。

$$\mu_{it}(j)=\frac{1}{2}(1-\delta)\delta^{\frac{1+\delta}{1-\delta}}\tau_i^2\left(\frac{P_{it}}{D_{it}}\right)^{\frac{1}{1-\delta}} \tag{4.25}$$

四、通用产品部门模型优化

将通用产品生产厂商实现自身利润最大化时的行为设定如下：

$$max[P_tQ_t - \sum_{i=1}^{n} P_{it}Q_{it}] \tag{4.26}$$

将式(4.1)代入式(4.26)，可以得到下列式子：

$$max[P_t(\sum_{i=1}^{n}\varphi_i Q_{it}^{\frac{\sigma-1}{\sigma}})^{\frac{\sigma}{\sigma-1}} - \sum_{i=1}^{n} P_{it}Q_{it}] \tag{4.27}$$

对式(4.27)中的Q_{it}求一阶偏导，并令其一阶偏导的结果为0。

$$P_t(\sum_{i=1}^{n}\varphi_i Q_{it}^{\frac{\sigma-1}{\sigma}})^{\frac{1}{\sigma-1}}(\sum_{i=1}^{n}\varphi_i Q_{it}^{-\frac{1}{\sigma}}) - \sum_{i=1}^{n} P_{it} = 0 \tag{4.28}$$

将式(4.1)代入式(4.28)，可以得到下列式子：

$$\sum_{i=1}^{n} P_t Q_t^{\frac{1}{\sigma}}\varphi_i Q_{it}^{-\frac{1}{\sigma}} = \sum_{i=1}^{n} P_{it} \tag{4.29}$$

由式(4.29)，可以得到下列式子：

$$Q_{it} = \left(\frac{P_t\varphi_i}{P_{it}}\right)^{\sigma} Q_t \tag{4.30}$$

五、人工智能的赋能路径求解

根据通用产品部门厂商的最优行为，任意两个行业 i 和 k 之间的产出结构可以表示如下：

$$\frac{Q_{it}}{Q_{kt}} = \frac{\left(\frac{P_t\varphi_i}{P_{it}}\right)^{\sigma} Q_t}{\left(\frac{P_t\varphi_k}{P_{kt}}\right)^{\sigma} Q_t} = \left(\frac{\varphi_i P_{kt}}{\varphi_k P_{it}}\right)^{\sigma} \tag{4.31}$$

将式(4.19)代入式(4.31)可得下列式子：

$$\frac{Q_{it}}{Q_{kt}} = \left(\frac{\varphi_i P_{kt}}{\varphi_k P_{it}}\right)^{\sigma} = \frac{\delta^{\frac{2\delta}{1-\delta}} L_{it}A_{it}\left(\frac{P_{it}}{D_{it}}\right)^{\frac{\delta}{1-\delta}}}{\delta^{\frac{2\delta}{1-\delta}} L_{kt}A_{kt}\left(\frac{P_{kt}}{D_{kt}}\right)^{\frac{\delta}{1-\delta}}} = \frac{L_{it}A_{it}\left(\frac{P_{it}}{D_{it}}\right)^{\frac{\delta}{1-\delta}}}{L_{kt}A_{kt}\left(\frac{P_{kt}}{D_{kt}}\right)^{\frac{\delta}{1-\delta}}} \tag{4.32}$$

由于不同要素可以在行业产品部门之间自由流动，当劳动力市场达到均衡时，各行业产品部门的劳动报酬相等，根据式(4.10)，可以得到下列式子：

$$\frac{W_{it}}{W_{kt}}=\frac{(1-\delta)P_{it}L_{it}^{-\delta}\int_0^1 A_{it}^{1-\delta}(j)Z_{it}^{\delta}(j)dj}{(1-\delta)P_{kt}L_{kt}^{-\delta}\int_0^1 A_{kt}^{1-\delta}(j)Z_{kt}^{\delta}(j)dj}=1 \tag{4.33}$$

将式(4.14)代入式(4.33),可以得到下列式子:

$$\frac{(1-\delta)P_{it}L_{it}^{-\delta}\int_0^1 A_{it}^{1-\delta}(j)\delta^{\frac{2\delta}{1-\delta}}A_{it}^{\delta}(j)L_{it}^{\delta}\left(\frac{P_{it}}{D_{it}}\right)^{\frac{\delta}{1-\delta}}dj}{(1-\delta)P_{kt}L_{kt}^{-\delta}\int_0^1 A_{kt}^{1-\delta}(j)\delta^{\frac{2\delta}{1-\delta}}A_{kt}^{\delta}(j)L_{kt}^{\delta}\left(\frac{P_{kt}}{D_{kt}}\right)^{\frac{\delta}{1-\delta}}dj}=1 \tag{4.34}$$

将式(4.34)简化,可以得到下列式子:

$$P_{it}\int_0^1 A_{it}(j)dj\left(\frac{P_{it}}{D_{it}}\right)^{\frac{\delta}{1-\delta}}=P_{kt}\int_0^1 A_{kt}(j)dj\left(\frac{P_{kt}}{D_{kt}}\right)^{\frac{\delta}{1-\delta}} \tag{4.35}$$

由$\int_0^1 A_{it}(j)dj=A_{it}$,可将式(4.35)改写如下:

$$P_{it}A_{it}\left(\frac{P_{it}}{D_{it}}\right)^{\frac{\delta}{1-\delta}}=P_{kt}A_{kt}\left(\frac{P_{kt}}{D_{kt}}\right)^{\frac{\delta}{1-\delta}} \tag{4.36}$$

也即下列式子:

$$\frac{P_{it}}{P_{kt}}=\frac{A_{kt}\left(\frac{P_{kt}}{D_{kt}}\right)^{\frac{\delta}{1-\delta}}}{A_{it}\left(\frac{P_{it}}{D_{it}}\right)^{\frac{\delta}{1-\delta}}} \tag{4.37}$$

对式(4.37)两边取对数,可以得到下列式子:

$$\ln P_{it}-\ln P_{kt}=\ln A_{kt}-\ln A_{it}+\frac{\delta}{1-\delta}(\ln P_{kt}-\ln D_{kt})-\frac{\delta}{1-\delta}(\ln P_{it}-\ln D_{it}) \tag{4.38}$$

再对式(4.38)两边对 t 求导,可得下列式子:

$$\frac{\dot{P}_{it}}{P_{it}}-\frac{\dot{P}_{kt}}{P_{kt}}=(1-\delta)(g_{kt}-g_{it})+\delta\left(\frac{\dot{D}_{it}}{D_{it}}-\frac{\dot{D}_{kt}}{D_{kt}}\right) \tag{4.39}$$

由此可知,行业间的相对产品价格变化率与行业间相对技术进步变化率以及行业间的贷款利率变化率有关。

将式(4.37)代入式(4.32),可得下列式子:

$$\frac{L_{it}}{L_{kt}}=\left(\frac{\varphi_i}{\varphi_k}\right)^{\sigma}\left(\frac{A_{it}}{A_{kt}}\right)^{\sigma-1}\frac{\left(\frac{P_{it}}{D_{it}}\right)^{\frac{\delta}{1-\delta}(\sigma-1)}}{\left(\frac{P_{kt}}{D_{kt}}\right)^{\frac{\delta}{1-\delta}(\sigma-1)}} \tag{4.40}$$

对式(4.40)两边取对数,可得下列式子:

$$\ln L_{it}-\ln L_{kt}=\sigma\ln\frac{\varphi_i}{\varphi_k}+(\sigma-1)(\ln A_{it}-\ln A_{kt})+\frac{\delta}{1-\delta}(\sigma-1)(\ln P_{it}-\ln D_{it})$$

$$-\frac{\delta}{1-\delta}(\sigma-1)(\ln P_{kt}-\ln D_{kt}) \tag{4.41}$$

再对式(4.41)两边对时间 t 求导,可得下列式子:

$$\frac{\dot{L}_{it}}{L_{it}}-\frac{\dot{L}_{kt}}{L_{kt}}=(\sigma-1)(1-\delta)(g_{it}-g_{kt})-\delta(\sigma-1)\left(\frac{\dot{D}_{it}}{D_{it}}-\frac{\dot{D}_{kt}}{D_{kt}}\right) \tag{4.42}$$

由此可知,行业间的劳动需求变化率与行业间相对技术进步变化率以及行业间的贷款利率变化率有关。

令$d_{it}=\frac{L_{it}}{\sum_{i=1}^{n}L_{it}}=\frac{L_{it}}{L_t}$,由式(4.40)可以得到下列式子:

$$d_{it}=\frac{L_{it}}{L_t}=\frac{A_{it}^{\sigma-1}\varphi_i^{\sigma}\left(\frac{P_{it}}{D_{it}}\right)^{\frac{\delta}{1-\delta}(\sigma-1)}}{\sum_{i=1}^{n}A_{it}^{\sigma-1}\varphi_i^{\sigma}\left(\frac{P_{it}}{D_{it}}\right)^{\frac{\delta}{1-\delta}(\sigma-1)}} \tag{4.43}$$

将式(4.19)代入式(4.1),可得下列式子:

$$Q_t=\left\{\sum_{i=1}^{n}\varphi_i\left[\delta^{\frac{2\delta}{1-\delta}}L_{it}A_{it}\left(\frac{P_{it}}{D_{it}}\right)^{\frac{\delta}{1-\delta}}\right]^{\frac{\sigma-1}{\sigma}}\right\}^{\frac{\sigma}{\sigma-1}} \tag{4.44}$$

将式(4.43)代入式(4.44),可得下列式子:

$$Q_t=\delta^{\frac{2\delta}{1-\delta}}L_t\left[\sum_{i=1}^{n}A_{it}^{\sigma-1}\varphi_i^{\sigma}\left(\frac{P_{it}}{D_{it}}\right)^{\frac{\delta}{1-\delta}(\sigma-1)}\right]^{\frac{1}{\sigma-1}} \tag{4.45}$$

那么,人均通用产品产出可表示如下:

$$y_t=\frac{Q_t}{L_t}=\delta^{\frac{2\delta}{1-\delta}}\left[\sum_{i=1}^{n}A_{it}^{\sigma-1}\varphi_i^{\sigma}\left(\frac{P_{it}}{D_{it}}\right)^{\frac{\delta}{1-\delta}(\sigma-1)}\right]^{\frac{1}{\sigma-1}} \tag{4.46}$$

对式(4.46)两边取对数,并对时间 t 求导,可得下列式子:

$$\frac{\dot{y}_t}{y_t}=\sum_{i=1}^{n}d_{it}\frac{\dot{A}_t}{A_t}+\frac{\delta}{1-\delta}\sum_{i=1}^{n}d_{it}\left(\frac{\dot{P}_{it}}{P_{it}}-\frac{\dot{D}_{it}}{D_{it}}\right) \tag{4.47}$$

其中,$\sum_{i=1}^{n}d_{it}=1$,由式(4.47)可知,在纳入人工智能技术的生产活动中,人均产出增长率即经济增长,主要取决于技术进步变化率、产品价格变化率和利率变化率。从广义角度来看,技术进步的增长表现为生产效率的提升,产品价格的增长一定程度上体现在生产的扩张,利率变化意味着融资的抉择,符合内生增长理论对长期经济增长关系的刻画。因此,人工智能技术的引进可以通过影响厂商内部的生产效率、生产规模和融资决策,进而推动各企业实现健康平稳发展。

第三节 人工智能赋能企业高质量发展的机理框架

智能时代的快速发展,传统的企业生产方式将被全方位颠覆。接下来,本节在人工智能赋能企业高质量发展的经济机理和数理逻辑的基础上,从企业内部智能化转型需求和宏观外部人工智能产业政策推动的角度,归纳人工智能赋能企业高质量发展的内外联动机理框架,具体如图 4.4 所示。

从企业内部智能化转型需求的角度看:一是随着人工智能的发展,传统基于部分信息进行简单逻辑推理和因果判断的思维模式已经发生了颠覆性改变,得益于算法的类人性,人工智能可以通过模仿人脑思维的复杂过程,对现有大数据展开不夹带任何主观判断的类脑分析,从而推陈出新,帮助企业更加快捷准确地制定发展目标。二是人工智能在与实体经济加速融合的过程中,驱动企业管理模式也发生了巨大改变。企业管理者可以借助人工智能平台合理调动各个业务部门,提高各部门之间的沟通和配合效率。在人力资源管理方面,可以通过结合应聘者能力和表现,匹配与岗位最适合的人选,同时还可以结合岗位发展需要,对员工的优势和不足进行有效分析,从而取长补短,做到人尽其才,才尽其用。在财务管理方面,智慧财务系统的搭建使得企业财务工作将更趋向精细化和科学化,财务数据也更加精准化和安全化,能够帮助企业及时制订业务与财务目标,并发现潜在的风险与商机。三是企业可以利用智能系统全程监控生产活动,精准定位产品和设备问题,并通过提前录入的程序及时进行修正,极大提高了生产质量和工作效率,扩大生产规模。因此,企业可以借助智能技术持续推动质量变革、效率变革和动力变革,并通过管理创新、制度创新和技术创新为企业高质量发展提供源源不断的动力。

从宏观外部产业政策推动的角度看,我国坚持把科技创新摆在国家发展全局的核心位置,出台了一系列以促进人工智能为代表的新一代信息技

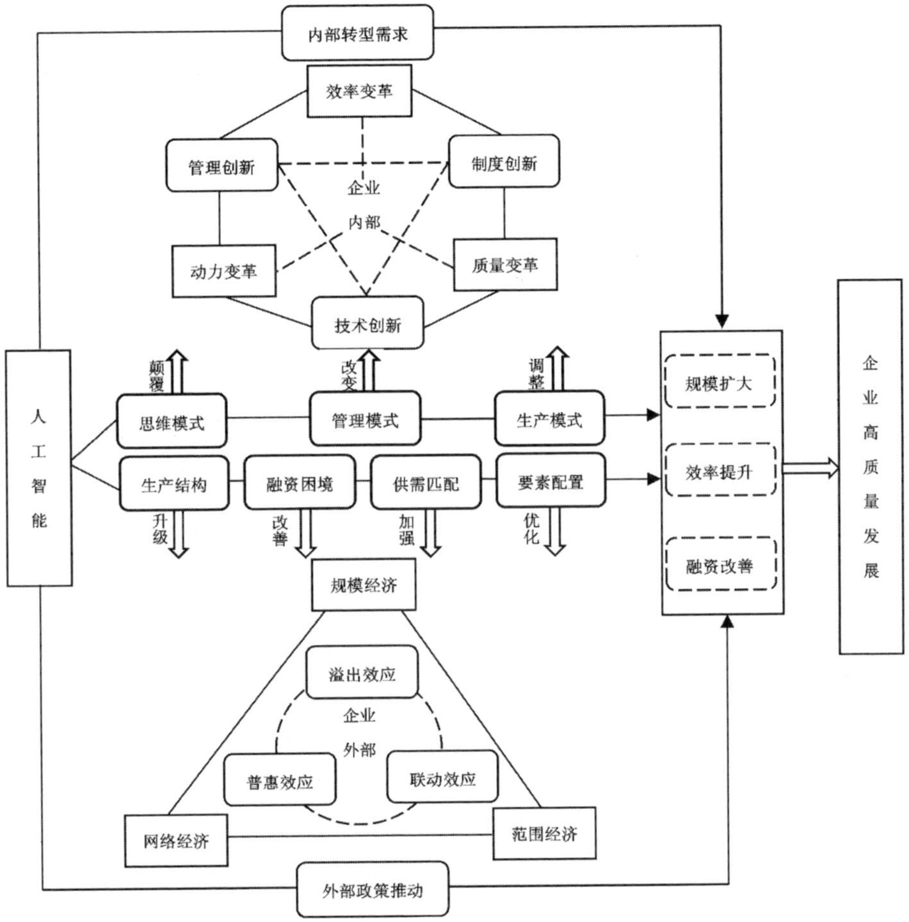

图 4.4　人工智能赋能企业高质量发展的内外联动机理框架

术的国家和区域战略，以期早日实现高水平科技自立自强。在人工智能产业政策的推动下，各行业迎来了新一轮科技盛宴，“智能 +”将成为一种新时尚，传统产业调整、新兴产业诞生，加快了产业转型升级。加之近年我国经济下行压力加大，政府为稳住经济大盘，对金融支持实体的力度持续加大，企业融资得到持续改善，融资渠道拓宽，融资成本降低，为积极推进智能化建设提供了有力的资金保障。同时，数据要素作为智能时代的核心资产，通过在各部门之间快速流转，能够快速打通国内经济循环的关键堵点，促使各类要素自由便利地进出市场，进而从“供给侧”与“需求侧”两端发力，加快经济内循环，助力全国统一大市场建设。因此，在外部产业政策的推动下，人工智能可以通过普惠效应、溢出效应和联动效应形成规模经济、范围经济和网络经济全面推动企业高质量发展。

本章小结

本章主要从经济机理、数理逻辑、机理框架三个层面探讨人工智能赋能企业高质量发展的理论机理。在经济机理层面，本章从三个方面分析人工智能赋能企业高质量发展的影响效应。一是人工智能赋能企业高质量发展的内生机理，企业应用人工智能有利于形成科学的管理体系、合理的人才体系及优质的产品体系，进而自发地促进企业高质量发展。二是人工智能赋能企业高质量发展的动力机理，创新驱动力、市场拉动力、政策支持力是人工智能赋能企业高质量发展的主要动力来源。三是人工智能赋能企业高质量发展的传导机理，人工智能可以通过助力企业扩大规模、提升生产效率及改善融资结构促进企业高质量发展。在数理逻辑层面，本章通过构建通用产品部门、行业产品部门和研发部门三部门经济增长模型数理演绎人工智能赋能企业高质量发展的作用路径。人工智能技术的引进可以通过影响厂商内部的生产效率、生产规模和融资决策，进而推动各企业实现健康平稳发展。在机理框架层面，基于经济机理和数理逻辑的分析从企业内部智能化转型需求和宏观外部产业政策推动的角度，归纳了人工智能赋能企业高质量发展的内外联动机理框架。

第五章　人工智能与企业高质量发展的特征事实

第一节　人工智能与企业高质量发展的现实关联

党的十九大报告明确指出，我国经济已由高速增长阶段转向高质量发展阶段。高质量发展阶段不只要求传统的数量型增长，更加注重质量和效率的提升。党的二十大报告指出“加快构建新发展格局，着力推动高质量发展”，更是将高质量发展视为全面建设社会主义现代化国家的首要任务。然而，由于我国缺乏重大原始性创新和关键核心技术，科技创新能力不足已经成为制约我国高质量发展的突出短板。“十四五”规划提出，要瞄准人工智能等前沿领域，加强原创性、引领性的科技攻关。人工智能作为引领未来的战略性新兴技术，正在积极助力我国经济实现高质量发展，推动智能经济新形态的形成。企业作为市场经济的基本组织和微观主体，对我国经济持续健康发展发挥着重要作用，也应该逐渐从高速发展转向高质量发展。目前，关于人工智能与高质量发展的研究大多集中在宏观经济领域，鲜有文献从微观视角对两者之间的关系进行研究。基于此，本章从人工智能与企业高质量发展的现实关联出发，通过构建合理的企业人工智能发展水平测度体系和高质量发展水平测度体系，从而准确把握现阶段的企业发展水平，找准企业智能化与高质量发展之间协同发展的关键因素，具有重要的现实意义和理论意义。

一、人工智能与企业高质量发展的逻辑缘起

(一)历次工业革命的倒逼

工业革命是由一系列先进技术主导,进而催生的颠覆性经济发展动力革命,是经济社会发展进程中的重大产业变革事件(杜传忠、许冰,2018),工业革命产生的主要标志是各大产业通过技术创新进一步引发深刻变革。回顾历史可以发现,历次工业革命都曾通过多种途径影响当时的产业发展。18 世纪 60 年代,“珍妮机”的横空出世,意味着第一次工业革命的开始。随着珍妮纺纱机的陆续普及,机器逐渐代替了手工劳动,极大提高了棉纱纺织效率,市场上棉纱产量大幅增加,棉纱供求不平衡的状况得到显著改善。同时,这也导致手工纺纱工人的收入大幅减少,手工工场也逐渐被以机器为主体的工厂所取代,部门之间和部门内部之间的劳动分工更加紧密,进一步带动了经济社会的生产力发展。在第二次工业革命期间,出现了大量新材料、新产品和新工艺,在新要素投入生产的过程中原有旧工业体系进行了升级和重构,进而形成新兴工业部门。在这样的形势下,人类步入了电气化时代,钢铁、汽车、飞机等领域迅速发展,大量令人瞩目的发明不断出现,导致工业结构发生了很大改变,进而将国际分工推向了更高层次的广度和深度,促进了大企业时代的到来。从 20 世纪 40 年代开始,计算机、半导体等一系列新兴技术推动了新一轮工业革命的到来。与以往两次工业革命的重大不同在于第三次工业革命时代的产业变革与经济增长不再依赖铁、钢、石油等资源类的投入品,而是基于地壳中的非金属元素——硅,其创造出来的半导体产品,推动人类实现了从电气化时代向自动化时代的重要跨越。新技术的出现,不仅进一步提高了企业生产力,同时对企业的经营行为、管理思想等都产生了广泛而深刻的影响。人工智能作为第四次工业革命的通用技术,是在以往三次工业革命核心技术的基础上通过不断更新和改进形成的新兴技术。这种新兴技术不仅与以往技术进步存在紧密联系,同时也具有自身的独特性和创造性(王春超和丁琪芯,2019)。一方面,人工智能可以通过模拟人类大脑,帮助或替代人类完成那些危险性、机械性、重复性的工作。另一方面,随着技术的不断更新和知识的不断积累,人工智能将具备替代那些逻辑性更强、算法精度更高的工作岗位的能力。这并不意味着这些岗位

会立即被机器取代，原因在于在实际生活中某个行业的岗位被替代的概率应该取决于这个地区的智能化发展水平、这个行业的智能化升级程度以及这个企业的智能技术应用程度等（周广肃等，2021），因此，这场无法阻挡的技术浪潮将对人类社会发展提出更高的要求。

（二）全球价值链重构的驱动

近年来，受全球疫情肆虐、中美大国博弈、俄乌冲突等叠加因素的影响，全球经济复苏乏力，国际环境日益严峻。在这样的形势下，全球价值链重塑也在不断加快，各国博弈加剧，发达国家试图借助自身强大的经济实力对发展中国家进行经济打压，以求在全球价值链重构中占据主导地位。虽然我国产业门类齐全、规模庞大，受部分发达国家在高科技领域的垄断打压和技术封锁以及国内企业自身的局限，目前，我国嵌入在全球价值链中的位置与发达国家仍存在差距，在全球价值链中的地位相对偏低。随着人工智能的加速发展，全球消费趋势不断变化，国际竞争更趋激烈，世界各大经济体纷纷想借助新一代信息技术抢占新一轮产业竞争优势，并尝试完成智能化转型升级重塑全球产业分工格局，全球经济向智能化发展已经势在必行。在这样的背景下，我国要加快实现科技自立自强，紧紧抓住智能时代新机遇，通过加速提升自主创新能力，在复杂多变的产业链的发展过程中，不断突破产业核心环节的“卡脖子”局面，补齐产业链短板，力求登上全球价值链的中高端位置。孤举者难起，众行者易趋，企业作为市场的主体，更应积极参与其中，不断提升在全球价值链中的地位。人工智能技术既是企业科技创新成果的转化，同时也是促进企业技术革新的有力工具，具有多种算法和强大的算力，可以通过利用计算机程序模拟人脑的思维过程，不断进行科技创新，从而形成媲美人类甚至超越人类的思维算法。在新一轮工业革命浪潮中，人工智能是价值链上每个企业价值创造的源泉，早已渗透到全球各个产业技术的研发中，对企业技术革新有着举足轻重的作用，已经成为企业提质增效的重要手段。从国内来看，企业价值链升级确实已有成效。一方面，全球价值链的嵌入加快了企业在国际的技术扩散和知识转移，企业可以通过对现有智能技术的利用和改进进行技术创新，从而形成自己的核心竞争优势，避免陷入“低端锁定”的困境。另一方面，企业通过广泛参与全球生产网络可以从各国的跨国公司中学习到管理经验，从而为企业持续健康发展奠定扎实基础，帮助企业规避各类环境风险，促使我国产品不断向价值链的高附加值环节攀升。

（三）国内高质量发展之需

中国共产党第二十次全国代表大会报告指出要加快构建新发展格局，着力推动高质量发展，并将高质量发展置顶为全面建设社会主义现代化国家的首要任务。高质量发展必将成为我国未来一段时间社会经济发展的核心主题，企业作为市场主体，实现企业高质量发展是我国整个经济社会步入高质量发展的必经之路。企业高质量发展既讲速度，又讲质量，还要环保，更要效益，意味着企业必须遵循减少碳排放量不减生产量的规则要求。但目前国内很多企业都在面临转型升级的压力，无法统筹兼顾质量和效率、节能减排与扩大产量的多重要求，导致企业无法快速适应市场需求变化，逐渐丧失竞争力。因而寻找企业发展速度与质量、增长与减排之间的张力与平衡无疑是企业打破困境的关键之举。人工智能作为新一代信息技术的核心代表，这一新兴通用技术正在广泛而深刻地推动着企业进行智能化转型升级，不仅能够降低生产成本、扩大生产规模、推动企业技术创新，而且还能在生产过程中帮助企业精准匹配，极大提升不同企业之间的资源配置效率，帮助企业更快地实现市场价值。从拉动人工智能的三驾马车（算力、算法、数据）来看，算力作为智能时代的新质生产力，已成为企业抢跑智能时代的关键要素。从 IDC 与浪潮信息联合发布的《2022—2023 中国人工智能计算力发展评估报告》中了解到，2022 年我国人工智能算力规模达到了 26800 亿（亿次/秒），已经超过了目前的通用算力规模，并且预计在未来五年，国内人工智能算力规模的年复合增长率将达到 52.3%。在算法层面，超大规模预训练模型等成为最近备受关注的热点之一，受益于智能算法的进步，企业可以更好地解决技术应用问题，避免在发展过程中面临“卡脖子”的窘境。此外，在数据为王的时代，数据要素作为企业智能化转型的关键武器，能够快速帮助企业找到发展短板，助推企业实现长远稳健发展。因此，无论从何种角度来看，人工智能都是企业高质量发展必不可少的关键因素。

二、人工智能与企业高质量发展的现实基础

（一）人工智能赋能企业高质量发展的中国道路

企业是社会经济发展的主角，科技创新是经济长期增长的活力源泉，一个社会想要持续稳定增长，必须重视企业的发展和质量的提升，还要不断注入科技创新的源头活水。因此，稳定经济增长的关键是稳定企业发展，稳定企业增长的关键是科技创新。无论处于何种环境，创新都是建设现代化经济体系的关键支撑，是推动企业和社会高质量发展的内在动力，尤其是以智能化技术为代表的第四次工业革命催生了大量创新机遇，使我国企业实现了从技术“跟跑者”向技术“领跑者”的突围。虽然与其他发达国家相比，我国进入智能化社会的步伐稍晚，但实际上，改革开放以后，在我国企业发展和技术追赶演化的互动历程中智能化就已经初见端倪。改革开放以前，我国在政策上就大体重视企业群体的建设，不过那时的企业并不是市场经济意义的真正企业，而是一些厂、矿、店、社等组织形式（张文魁，2021），技术发展着重体现在机器制造业方面。直到改革开放之后，我国开始逐渐进行一些人工智能基础性研究工作，人工智能才开始真正发展起来。在这一阶段内，我国企业采用“走出去”的方式，利用国内人口红利和低成本优势，将基础性的生产领域融入国际市场。由于技术基础薄弱，主要采取技术学习模式，派遣大批留学生向西方发达国家学习先进科学技术，其中就涉及了人工智能领域的学习，为我国技术发展提供了中坚力量。经历新技术的学习和消化吸收，少数企业开始引进先进技术进行全面技术改造，并且形成了以先强带后强的技术发展格局，为我国后发企业创造了有利的技术赶超环境。同时，我国人工智能研究工作也开始逐步展开，各类前沿性、前瞻性研究项目陆续被纳入国家高技术研究发展计划，科技创新步入了奋起直追的时代。经过一段时间的技术学习和技术积累，我国已经具备海外先进技术并购的转移与承接能力，正式步入了与国际市场技术并行阶段，支持人工智能研究资金也越来越多。在这一发展过程中，企业以体制创新和政策突破为动力带动各产业市场容量呈现井喷式爆发。智能化技术、高级技术人才开始逐渐积累，我国开始从信息时代逐步向智能时代转变，已具备迎接新一轮科技革命的能力。随着“工业 4.0”的提出，在互联网、大数据的支持下，我国人工

智能开始蓬勃发展,应用领域的广泛使用促使百业兴旺和经济起飞,战略性新兴产业不断涌现,“中国智造”大步走向了国际前列,成功实现了价值链持续攀升的卓越成效,开创了企业高质量发展的新局面。

(二)人工智能赋能企业高质量发展的中国优势

智能时代,新一代信息技术为我国企业创造了前所未有的发展机会。我国在人工智能赋能企业高质量发展的条件上也具备多重优势。首先,政策利好优势成为我国人工智能发展的温床,思深方益远,谋定而后动。良好的顶层设计是企业高质量发展的根本保证。随着人工智能与高质量发展的顶层设计出炉,智能化产业迅速发展,帮助企业集聚了巨大动能,助力企业早日实现高质量发展。被称为“人工智能元年”的 2017 年,我国将发展人工智能上升至国家战略层面,印发部署《新一代人工智能发展规划》,之后多次将发展人工智能写入政府工作报告,充分体现了我国政府对新一代人工智能发展的高度重视和支持,各地也积极响应,陆续出台相关政策,初步形成了从中央到地方的政策支持体系布局,以促进人工智能产业发展。如深圳作为典型的人工智能领域“领跑者”,率先制定了《深圳经济特区人工智能产业促进条例》。这些地方政策加速了企业人工智能技术的落地应用,为我国企业高质量发展指明了方向。其次,从人工智能发展的三大要素来看,算法和算力两方面已经基本消除了技术壁垒,数据将成为抢占科技制高点的关键。作为一个人口大国,中国拥有超过 14 亿人口,截至 2022 年 6 月,中国网民数量已高达 10.51 亿①,我国拥有无可比拟的数据优势。而且我国的数据优势不仅仅是体现在网民的数量上,移动应用程序也远超其他国家,手机支付、智能诊断、共享出行、智慧物流等产生的“数字足迹”远远领先欧美,为人工智能赋能企业高质量发展奠定了良好的市场规模优势。再次,我国具备发展新一代人工智能的良好基础。从技术层面看,一是我国的语言识别、视觉识别等先进技术已领先于其他国家。二是在自适应自主学习、直觉感知、综合推理等方面,我国已经初步具备了跨越发展的能力。三是我国已经逐步将智能监控、生物特征识别、无人驾驶应用到了实际领域。从研究成果看,我国国际科技论文发表量、引用率和专利授权量远超其他国家,中国的

① 数据来源:《中国互联网络发展状况统计报告》。

主导地位正日益显现。最后,我国拥有强劲的后发优势。一方面,长期的快速发展,导致我国区域发展不平衡、城乡发展差距大等矛盾突出,特别是在偏远的中西部农村地区,人工智能发展较晚,基础设施薄弱,企业智能化进程缓慢,这恰恰给人工智能提供了广泛的应用场景。另一方面,人口老龄化的加深,依靠劳动力获得比较优势的发展空间受限,机器红利将后来居上,通过与其他要素相结合将为企业重拾竞争优势,创造巨大的价值空间。

三、人工智能与企业高质量发展的范式特征

(一)人工智能技术经济新范式

1983 年,Perez 提出了“技术—经济范式”这一概念,Perez 指出应该把产业革命与技术经济范式的变迁与关键生产要素联系起来(Perez,1983;Perez,2010)。这类生产要素也是划分不同技术经济范式的基础,要求同时具备降本增效、无限供应能力和广泛应用前景的基本特征。在旧科学技术系统向新科学技术系统转换的过程中“技术—经济范式”也会随之发生变化,这一过程的变换意味着价值的跃变、新旧范式的不可逆转,并伴随大量的原始创新和旧范式的逆向淘汰(杨青峰、任锦鸾,2019),是一个生产要素、生产方式、发展动能的“创造性破坏”过程,同时又具备“创造”与“毁灭”的双重效应。从蒸汽革命带来的专业化分工和生产率提升的技术经济范式,到电气革命展现的大规模生产体系优势的技术经济范式,再到信息革命推动的全球产业价值链的技术经济范式,每一次工业革命都与技术经济范式密切相关。正在展开的第四次工业革命依旧如此,随着上一次工业革命完美落幕,以人工智能为代表的新技术—经济范式已经显现并正在加速形成,由此颠覆了传统的技术经济范式,进而引发经济系统全面变革。在智能技术与社会经济活动的融合过程中,各领域的颠覆性技术层出不穷,不仅带来了成本下降、效率提升,更多的是体现在可以满足人们个性化的大众需求以实现价值跃变。同时,在这一相互促进的过程中,经济系统将通过颠覆式创新技术发生系统性重构,凭借国内特有的互联网消费市场和技术应用基础,形成了“平台型”产业创新生态系统模式,如平台经济、协调经济、算法经济等新结构和新形态,进而可以通过向其他领域外向溢出触发产业变革,最终推动整个社会实现新一轮技术经济范式转换。这种由智能技术引发的系统性重构

模式具有整体性和全面性，可以帮助企业克服传统的思维惯性，摆脱以往的发展束缚，进而打开科技创新之门，从更本质、更科学的角度催生大量具有原始创新特征的技术和产品。在新的技术经济范式形成的过程中，各领域技术创新相互融合、相互渗透、相互拓展，最终形成以用户个性化需求为导向的智能化产业创新生态系统。在这一系统中，这些拥有新的技术和产品的企业将具有竞争优势，能够快速占领市场的核心领地。相反，那些遵循传统范式的落后企业将被无情淘汰。因此，以人工智能为引领的各领域前沿技术将呈现多源爆发、交汇叠加的“浪涌”现象，在颠覆那些旧产业、旧结构的同时，也会不断创造出大量的新兴产业、新兴模式，进而开辟更多的新领域、新赛道。各行业将借助这一技术暖潮带来的巨大机遇，角逐更多的新动能和新优势以占领更多市场，最终引爆新技术经济范式对旧技术经济范式的“创造性毁灭”。

（二）“融资 + 融智 + 融技”三螺旋互动新范式

三螺旋一词最早是在生物学领域中被用来研究基因、组织与环境三者之间的关系。直到 20 世纪 90 年代，三螺旋理论才正式被提出，主要用来分析政产学三方联动的新型合作关系，这一时期政府、社会和高校被认为是时代发展的三大基本要素，它们按照市场的要求，相互作用、彼此影响，通过三股力量螺旋上升，进而形成一种新型的互动关系。随后，学术界对三螺旋理论的应用不仅仅局限在政产学三方的合作模式，更多的是基于三螺旋理论视角对其他领域的未知关系进行新的探索。企业作为市场经济主体，以“融资 + 融智 + 融技”的集成助力模式，主动适应高质量发展需求。在融资过程中，以重点领域信贷政策为抓手，借力人工智能技术搭建智慧平台，强化数据管理能力，加快贷款审批流程，完善风险控制体系，以推动融资手段与融资模式的创新，促使企业高效利用贷款平台将金融资源多渠道融合，降低企业融资成本，解决发展中的资金困难问题。在融智方面，智力资本是企业创新的活力源泉，已经成为智能时代各方争夺的重要焦点。学术界普遍认同智力资本应该包含人力资本、结构资本和关系资本三种。其中，人力资本主要包括高管在内的企业全部员工的受教育程度、掌握的专业技能水平、工作经验等。结构资本主要包括企业的制度管理体系、组织文化、团队合作精神等内在的无形资产。关系资本是由企业与产品的上下游供应商和客户以及外部投资者组建的关系网络所构成。智力资本通过各个维度的有效结合成为企业赋能的原动力,随着智能技术的发展,智力资本更加侧重于知识的产生与溢出,不仅包括现有静态的知识存量,还包括以现有知识存量为导向产生的价值增长以及在知识增值的动态过程中创造的知识流量。这种特有的知识创造能力正逐渐占领价值链高端,带领企业实现由以人力和资源为基础的劳动资本密集型向以智力资本为主体的知识密集型跨越。在融技方面,人工智能发展已由探索初期逐渐向拓展期和深化期跨越,依托全新的科技红利,紧跟前沿技术赛道以打开新的增长点,催生出大量的新业态、新模式为企业发展添薪续力。因此,企业之间的竞争也逐渐从物质要素的竞争转向资本、知识、技术的竞争,通过打造"融资 + 融智 + 融技"的三螺旋模式增强企业活力,助力企业优化产品结构,实现产业链现代化。同时,利用人工智能技术推出更多深层次、跨领域的创新成果以提高产品竞争力,全方位助力企业快速增长。

(三)统一大市场建设目标下的新范式

2022 年 4 月 10 日,《中共中央 国务院关于加快建设全国统一大市场的意见》正式发布,对打破市场机制壁垒,促进商品要素自由流通,推动我国市场"由大到强"转变提供了重要的战略指引。传统局部市场切割引发的不当准入限制、地方保护现象、市场运行不透明等可能导致城乡之间、群体之间、行业之间不同程度的机会不均等,极易扩大市场分割形成市场垄断,进而导致"技术分割"与"数据孤岛",长此以往可能会堵塞商品与要素的流通渠道,引发市场"结构性失衡",不利于开展市场一体化建设。因此,在新发展格局下,必须扭转市场分割、孤立小市场的不良现象,以建设开放、竞争、有序的高质量全国统一大市场。在大市场内通过市场大循环发挥小市场各自产品和要素的比较优势,通过塑造公平统一的市场环境,帮助各类资源要素在市场中快速、充分流动,从而打破地方保护和市场分割,释放更多的市场活力,进而形成高效率的市场规模经济。值得注意的是,这里的"统一"并非理想的各类同质市场,而是不同市场的异中求同;这里的"大市场"也并非只是强调规模数量的增长,而是要求规模和质量在一定程度上的平衡(杨孟禹,2022)。在建设全国统一大市场背景下,无论是政府宏观调控的"有形之手",还是市场调节的"无形之手",以人工智能为代表的新一代信息技术都可以成为"催化剂",这对于实现企业高质量发展大有裨益。一方面,企业通过借助智能技术可以增加产量,降低生产成本以提高盈利能力,各要素之间的竞争激发了企业要素结构优化,促使产业形态发生明显变化,进而加速多样化大市场的形成。另一方面,越来越多的企业在推进高质量发展的进程中,选择采用"1+N"模式来应对多样化大市场的需求,"1"是将企业的核心业务进行智能化转型,以求获得极致的精细化效果,"N"更多的是对应企业大量的长尾客户,面对复杂且分散的消费市场需求,如果将每个应用场景都做到极致,所需的成本和代价往往是不切实际的,在这样的情形下,为了迎合不同的应用场景,多数企业选择以需求为导向,将智能技术规模化落地以赋能企业更多的价值。在这样的一种范式下,不仅实现了企业规模"量变"的增长,同时也实现了企业效益"质变"的提升,从而推动更多应用场景在不同领域放大自身的优势,促进技术创新要素有序流动和合理配置,实现大数据、云计算、物联网等领域资源要素的高效协同,确保要素在全国统一大市场范围内的无障碍流通。

第二节　人工智能发展水平测度与评价

一、人工智能的要素分析

作为新一轮科技革命和产业革命的标志性成果,人工智能已成为引领未来的重要战略技术,具有很强的"雁阵"溢出效应,但其不确定性和难以预测的发展特征亦受到了人们的广泛关注。从政治经济学的角度看,人工智能是第四次工业革命的前沿技术,是"资本和劳动力的复杂结合体",其要素属性具有劳动和资本的二重性。在劳动方面,人工智能具有人的特征,通过利用智能机器或智能算法,模拟、延伸和扩展人类智力,从而实现对劳动力的替代效应或挤出效应,具有超越组织边界的高度社会化和超越复杂劳动的指数化特征(罗润东等,2021)。与历次工业革命的主流技术相比,人工智能技术不仅能使劳动力从重复、危险、枯燥的工作中解放出来,由于其独特的智能特性,还可以对人类的脑力劳动产生渐进替代作用。但不可否认,人工智能在替代部分劳动力的同时,还可以突破传统生产方式的瓶颈,催生新业态、新模式和新市场,通过与实体经济融合形成覆盖基础层、技术层、应用层的完整产业链,创造出更多的就业岗位,这也对劳动力提出了新要求,促使劳动力不断提高自身人力资本水平。所以,从技术与人的关系角度看,人工智能是属于人的,它可以代替人类劳动,却不能代替人类本身(王水兴,2022)。因而人工智能的替代特性为促进劳动力的全面发展发挥了重大作用,能够促使劳动力不断提高自身知识素养,从而造就更多本领过硬、业务精湛的知识化劳动阶级。在资本方面,资本是能带来剩余价值的价值,作为区别于传统资本设备的人工智能技术也不例外,企业家倾向于投入更多的智能化设备以提高生产率,意味着不变资本将不断增加,可变资本比重减少,资本有机构成呈扩大的趋势。因此,得益于近年来算法的逐渐突破、算力的不断提升以及数据的持续积累,人工智能应用范围将不断扩大,个人助理、智能安防、医疗健康、智能教育等应用领域层出不穷,其边际效率递增的特性也随着人工智能理论和技术的日益成熟而逐渐显露。

二、测度体系的构建

从上述要素分析可知,人工智能是人与物两种要素的结合,人工智能参与生产对相关产业链中每家企业的潜在影响都不容小觑。如何构建合理的指标体系准确测度人工智能发展水平,已经成为人工智能研究领域的重要议题。现有关于人工智能测度的研究中,较为常见的是采用工业机器人数据作为人工智能的替代变量进行实证分析(Acemoglu and Restrepo,2017;Graetz and Michaels,2018;王永钦、董雯,2020;闫雪凌等,2020),也有部分学者选择全要素生产率(Autor and Salomons,2018)来表征智能化水平。由于工业机器人数据和全要素生产率仅能从企业智能技术应用或智能技术产出的角度来反映人工智能的部分范畴,类似这些单一指标难以准确反映人工智能发展水平,易使测度结果出现偏误。现有综合评价体系中,以孙早和侯玉琳(2019)、李廉水等(2019)为代表,根据《智能制造发展规划(2016—2020年)》制定的发展目标与评估原则,从基础建设、生产应用、竞争力和市场效益等方面对人工智能发展水平进行测算,之后越来越多的学者沿用这一思路,对人工智能测度体系进行了拓展,由于其依据特定的研究对象构造,容易造成指标刻画不全面等问题。现阶段人工智能涉及面广泛,应用领域众多,使得科学精准测度人工智能发展水平的难度加大,且生产活动中隐含的"智力行为"数据的可获性有限,难以对其进行定量研究。人工智能作为新一轮科技革命和产业变革的重要驱动力量，正加速与千行百业融合深化，成为企业转型升级的关键赛道。这类具有智能意识的价值信息更容易体现在企业具有总结和指导性质的年报中，从而折射出企业对智能化转型的战略布局和未来展望。目前较为流行的文本挖掘方法，为本书数据获取提供了有益借鉴，在类似的研究中，如吴非等（2021）借助网络爬虫、文本挖掘等技术，利用特定关键词的相关词频统计测度了企业数字化发展水平，这为本书的研究提供了启发性的类推逻辑。按照这一思路，本书设计了如图5.1的企业人工智能发展水平测度流程来构建企业人工智能发展水平的测度体系，较之以往研究，本书对人工智能发展水平的测度更为直接，能够直观地刻画不同企业的人工智能发展水平的动态变化。

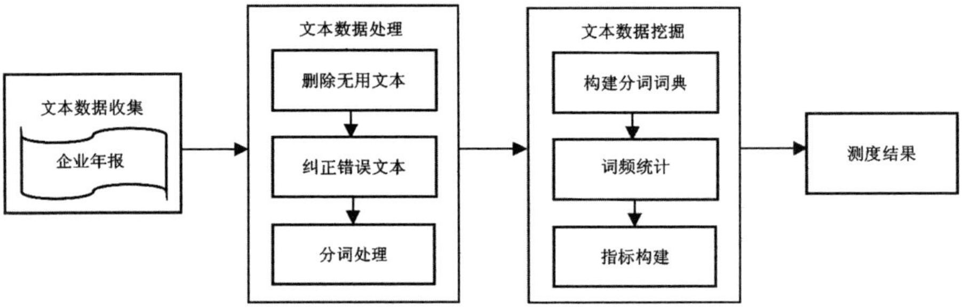

图5.1　企业人工智能发展水平测度流程

（一）文本数据的收集

通过 Python 软件分别从上海证券交易所和深圳证券交易所下载上市公司企业年度财务报告的 PDF 文档。由于 2007 年我国上市公司开始实施新会计准则，因而将研究时间区间定为 2007—2021 年。同时为了确保测度结果的精准性，对研究样本进行了以下处理，一是剔除金融类相关上市公司研究样本，二是将研究区间有过 ST、退市等非正常上市状态的样本予以剔除。经过以上筛选过程，最终得到 2092 家上市企业作为人工智能发展水平测度的研究样本。

（二）文本数据的处理

对 PDF 文档数据进行筛选完成后，将 PDF 文档转化为 TXT 文档，同时将公司股东、客户、供应商、公司高管简介等无效文本予以删除，排除词根存在“没”“无”“不”等否定词前缀的表述情形，并纠正文本信息出现的错别字以提高结果的准确度，在对文本信息进行处理后，基于 Jieba 中文分词功能，对上述文档进行分词处理，最终得到人工智能数据池。

（三）文本数据的挖掘

本书在企业人工智能特征词的选取上，一方面，借鉴吴非等（2021），黄大禹等（2021），张远、李焕杰（2022）等一系列研究归纳整理有关人工智能的特征词。另一方面，根据《中国制造 2025》《新一代人工智能发展规划》《促进新一代人工智能产业发展三年行动计划（2018—2020 年）》《国家新一代人工智能标准体系建设指南》《关于加快场景创新以人工智能高水平应用促进经济高质量发展的指导意见》、“十四五”规划、党的二十大报告、近年政府工作报告等重要政策文件以及中国电子技术标准化研究院编制的《人工智能标准化白皮书（2021 版）》、斯坦福大学编写的《人工智能指数 2021 年度报告》、中国信息通信研究院发布的《人工智能白皮书（2022 年）》等机构研究报告进一步扩充企业人工智能的特征词库，并按照前述人工智能要素将自建的人工智能分词词典分为基础层、技术层和应用层三类。

（四）人工智能发展水平的测度

进一步，将上述自建的人工智能分词词典扩充到 Python 软件包的 Jieba 中文分词库中，提取并统计词典中各关键词在年报中出现的披露次数，参考肖土盛等（2022）的做法，重点对年报“管理层讨论与分析（MD&A）”部分进行文本分析。本书使用企业年报中 MD&A 部分的相关关键词测度企业人工智能发展水平的原因在于：一是考虑到上市公司通常在企业年报的 MD&A 部分，结合现行政策和经营范围会及时地对公司的业务情况、发展规划等重要事项有针对性地进行分析和披露，因而该部分文本内容具有较强的代表性和指向性（林乐、谢德仁，2017）；二是企业年报 MD&A 部分的文本数据质量较高，出现与企业发展情况无关的文本信息较少，聚焦于 MD&A 部分进行文本分析有助于提高企业人工智能发展水平测度结果的准确性。但不可否认，虽然人工智能相关关键词在一定程度能够代表企业智能化发展水平，通过对这些关键词定位后发现，部分关键词是管理层对企业未来人工智能发展的展望，并不能确定企业是否进行了智能化转型，因此本书对出现上述语境的关键词进行了剔除。其次，由于获取的词频数据具有右偏特征，为了缓解这一问题，本书参考吴非等（2021）的方法，对获取的词频数据加总后进行优化处理。具体做法为，在提取企业年报中出现的人工智能相关关键词数据后，将关键词频数量加1后取对数，最终计算得到人工智能发展总指数和分项子指数。

$$ai_{it} = \ln(w_{it} + 1) \tag{5.1}$$

其中，ai_{it}表示企业i第t年的人工智能发展总指数；w_{it}表示企业i第t年人工智能关键词出现次数，该指数越大说明企业人工智能发展水平越高，若该指数为0，说明企业未进行智能化转型。

$$jc_{it} = \ln(x_{it} + 1) \tag{5.2}$$

其中，jc_{it}表示企业i第t年的基础层人工智能发展指数；x_{it}表示企业i第t年基础层关键词出现次数，该指数越大说明企业基础层人工智能发展水平越高，若该指数为0，说明企业未进行基础层的智能化转型。

$$js_{it} = \ln(y_{it} + 1) \tag{5.3}$$

其中，js_{it}表示企业i第t年的技术层人工智能发展指数；y_{it}表示企业i第t年技术层关键词出现次数，该指数越大说明企业技术层人工智能发展水平越高，若该指数为0，说明企业未进行技术层的智能化转型。

$$yy_{it} = \ln(z_{it} + 1) \tag{5.4}$$

其中，yy_{it}表示企业i第t年的应用层人工智能发展指数；z_{it}表示企业i第t年应用层关键词出现次数，该指数越大说明企业应用层人工智能发展水平越高，若该指数为0，说明企业未进行应用层的智能化转型。

三、测度体系的有效性验证

理论上，企业的智能化投资越多，人工智能发展水平越高。为了验证人工智能测度结果的有效性，本书将考察该测度指标与真实的人工智能相关投入之间的相关关系。首先，参考张远、李焕杰（2022）的研究，将上市公司财务报告附注中与智能化相关的固定资产和无形资产投资额之和占企业年度资产总额的比重来测度智能化投资水平。具体地，若财务报告披露的明细项目中包含“智能”“网络”“软件”“系统”“智能平台”“数据”等关键词，则该明细项目记为人工智能的无形资产投入。相应地，若明细项目中包含“电子设备”“计算机”“数据设备”等关键词，则该明细项目记为人工智能的固定资产投入。接着，对人工智能测度指标与实际智能化投资进行相关系数检验，发现 p 值小于 0.01，二者之间存在强相关性，说明利用文本分析得到的人工智能测度指标能较好地反映企业的人工智能发展水平。考虑到部分年份的智能化投资数据缺失较多，且智能化投资仅能反映企业对智能资产投入的情况，并不能代表企业人工智能发展整体情况，因此在下文的基准回归中主要采用文本挖掘法测算的人工智能发展水平变量，智能化投资变量仅作为后文稳健性检验的参考。

四、测度结果分析

（一）人工智能发展水平的变动特征及其构成分解

按照上文所述的测度方法，本章通过对 2007—2021 年我国 A 股上市公司的年报数据进行收集、整理与计算，最终得到企业人工智能发展水平总指数以及基础层、技术层和应用层三个子指数的测度数据，具体测度结果如下图 5.2 所示。2007 年人工智能发展水平总指数为 0.4602，至 2021 年上升至 1.9469，2007—2021 年人工智能发展总指数平均增长10.85%，表明随着时间推移我国企业人工智能发展水平实现了大幅度提升。值得注意的是，在 2007—2010 年这一时间段内，人工智能发展水平呈现较为平缓的波动，但从 2011 年开始一直保持不断增长的态势。从人工智能应用层分指数来看，应用层分指数与人工智能总指数呈现相似的增长趋势，且其数值水平和增长程度均呈现最大化，2007—2021 年，应用层发展水平由 0.3109 上升至 1.7522，年均增长 13.15%。说明在过去的十多年里，人工智能以供需联动为路径，实现了从实验室走向应用领域的多方向飞速发展，并形成了完整的产业体系重塑传统产业结构，为经济社会发展做出了不容忽视的贡献。从人工智能技术层分指数来看，2007—2014 年，技术层发展水平较低，2014 年企业发展水平的简单平均值仅为 0.0584。2015 年 5 月国务院印发部署实施制造强国战略的第一个十年行动纲领——《中国制造 2025》，以推进智能制造为主攻方向，企业技术层发展水平呈现快速发展。为抢抓人工智能发展的重大战略机遇，2017 年国务院印发《新一代人工智能发展规划》，人工智能发展进入了新阶段，成为引领新一轮科技革命和产业变革的战略性技术，到 2017 年企业技术层发展水平上升至 0.2954，赶超基础层，实现了跨越发展。从人工智能基础层分指数来看，我国在共性技术平台、芯片处理器等基础层领域的企业数量较少，发展相对薄弱，所以总体上基础层发展水平波动并不大，2007 年和 2021 年基础层的发展水平分别为 0.1525 和 0.4810，2007 年至 2021 年的平均增长率仅为 8.55%。

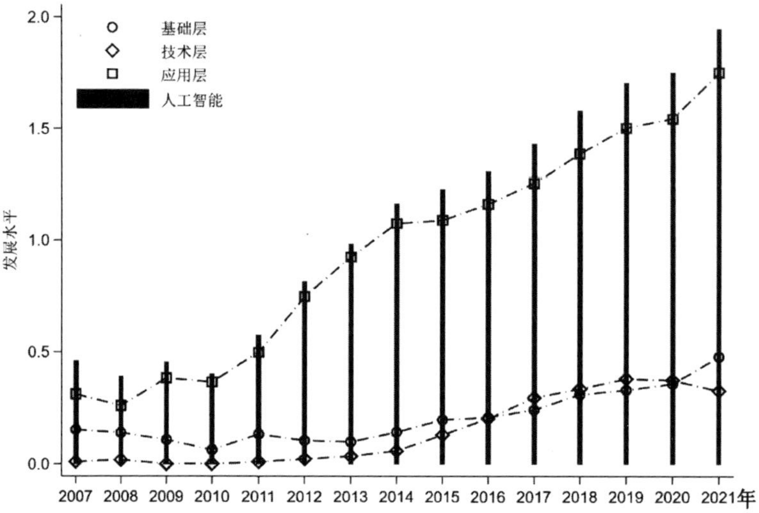

图 5.2　不同维度人工智能测度结果

（二）不同空间区域下人工智能发展水平的比较分析

在智能时代，人工智能成为科技创新发展的必争之地，各地区也在新赛道中竞逐开跑。如图 5.3(a)所示，人工智能发展水平在区域分布上表现出明显的差异，北京、上海、广东、湖北、江苏、福建、安徽、浙江、湖南等地区在这个新赛道上已跑出加速度，保持在国内人工智能发展领域的第一梯队。这些地区在政策引导、产业聚集、构建创业生态等方面都各具所长。如北上广凭借自身经济发展和吸引顶尖人才方面的优势，多年来人工智能发展水平一直名列前茅，在工信部批复的八大人工智能创新应用先导区中，位于北京的百度、字节跳动，杭州的阿里、网易，深圳的华为、腾讯和合肥的科大讯飞等，基本上瓜分了中国的大型科技巨头和新兴 AI 独角兽公司。江苏、福建、浙江等地凭借突出的区位优势和良好的产业发展环境，生产要素快速流动，形成了错位竞争、优势互补的广阔市场发展空间。而西部地区大多处于我国内陆区域，企业智能化发展滞后，具有较强的后发优势，在消化吸收国内外智能技术的基础上，发展前景可期。同时，从基础层、技术层、应用层等维度上看，处于不同地区的企业智能化特征迥异。基础层方面，如图 5.3(b)所示，上海、湖北、广东、北京、江苏等地走在前列，尤其是上海的人工智能发展基础扎实，拥有千余家人工智能核心企业，产业集聚效应非常明显。技术层方面，如图 5.3(c)所示，北京、广东、福建、上海、湖北等地最为突出，《2020北京人工智能发展报告》显示，北京是我国人工智能学术和产业人才最大的聚集地，全国近一半的人工智能高层次学者都集聚在北京，这为人工智能原始创新提供了优越的知识资源和强大的人才支撑。应用层方面，如图 5.3(d)所示，北京、广东、福建、安徽、上海等地依旧发展强劲，这些地区的人工智能应用场景呈现多元化趋势，成为企业人工智能技术落地的关键驱动力。

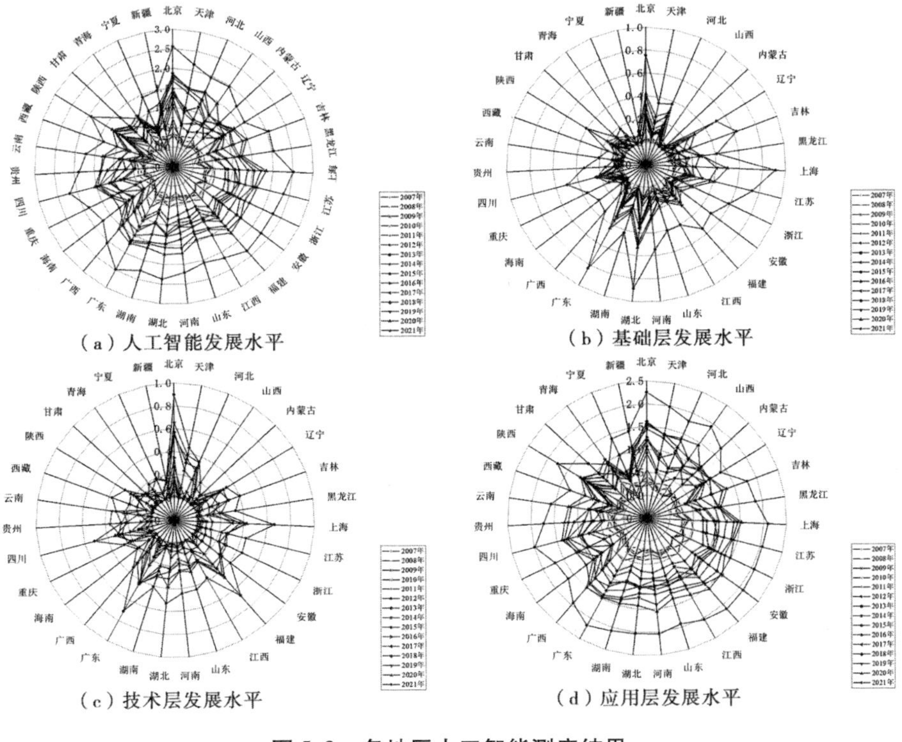

(a) 人工智能发展水平　(b) 基础层发展水平

(c) 技术层发展水平　(d) 应用层发展水平

图 5.3　各地区人工智能测度结果

(三)不同行业类型下人工智能发展水平的比较分析

不同企业的智能化发展方向、工作重点、实施策略等方面存在差异，进而可能导致不同行业的智能化发展程度各不相同。接下来，本章将从不同行业角度对人工智能发展水平进行统计测度，参考尹美群等(2018)关于行业的划分方法，本章根据证监会2012行业分类标准，对所有样本行业按照生产要素的密集程度划分为劳动密集型、资本密集型和技术密集型三种行业类型。具体测度结果如表5.1，整体上三种行业的智能化发展水平呈现上升趋势，分别由2007年的0.4612、0.2560、0.5006上升到2021年的1.8661、1.5266、2.2541，年均增幅分别为10.50%、13.58%、11.34%，同时可以注意到，相对于劳动密集型企业的增长幅度，资本密集型和技术密集型企业上升的幅度要更大，这表明我国产业转型升级和产业智能化的发展，为资本密集型产业、技术密集型产业与新时代经济有机融合带来了新的发展良机。但不可否认的是，从劳动密集型、资本密集型和技术密集型三大行业的数值来看，资本密集型企业的人工智能发展水平要低于劳动密集型和技术密集型的企业，这一结果在企业价值链的地位问题中能够很好地进行解释，由于研发和市场发展的后劲不足，资本过于密集并不能带来长期收益，甚至容易造成产能过剩。

由于企业人工智能发展水平呈现出明显的行业异质性，本章还进一步从企业属性的角度分析不同行业的差异化。从表5.1的结果可以发现国有企业的智能化发展水平明显低于非国有企业。在智能化浪潮下，大部分国有企业开启了智能化转型新篇章，但由于其体制相对僵化，对转型战略定位和目标的制定相对比较保守，因此，为适应时代发展，国有企业应当根据自身智能化演进的规律和特点，明确不同阶段的工作要点和自身禀赋特征，逐层递进走向更高层级的智能化平台。

表5.1 不同行业人工智能发展测度结果

年份	按要素密集度划分			按企业属性划分	
	劳动密集	资本密集	技术密集	国有企业	非国有企业
2007	0.4612	0.2560	0.5006	0.5069	0.8541
2009	0.5608	0.2986	0.4176	0.4290	0.5388
2011	0.5988	0.3515	0.6282	0.5563	0.4385

续表

年份	按要素密集度划分			按企业属性划分	
	劳动密集	资本密集	技术密集	国有企业	非国有企业
2013	0.9777	0.8696	1.0280	0.9695	1.1090
2015	1.2173	0.7390	1.3650	0.9818	1.3173
2017	1.3136	1.0263	1.6210	1.2142	1.4240
2019	1.5633	1.3163	1.9332	1.4343	1.7857
2021	1.8661	1.5266	2.2541	1.8113	1.9930

第三节　企业高质量发展水平测度与评价

一、指标体系的构建原则与思路

（一）基本原则

测度企业的高质量发展水平需要构建出科学有效的评价体系，选取的测度指标应该将理论基础、科学研究与发展现实结合起来，明确目标导向和实际应用的可行性。测度指标不仅要紧扣主题，抓住真正的核心指标，还要能够反映被测主体的动态变化。同时，测度体系既要系统地考虑企业发展的整体情况，又要鲜明地反映不同层次的发展状况。因此，在构建指标体系时应当遵循以下原则。

1.科学性与可操作性相结合

指标评价旨在探索社会现象的发展规律，因而构建指标评价体系首先要求体现出指标体系的科学性，在选取指标的过程中应大量阅读相关文献、政府工作报告等资料，仔细斟酌，保证所选指标可以客观、科学地反映被评价目标，测度结果应该具备真实性，能够有效与企业的实际情况相吻合，最终能够应用于企业的实际决策之中。此外，指标的选取应具备可行性，测度体系中选取的指标应该具有可观察的、可量化的特点，数据资源必须可测算、可统计、可查询且真实可靠，以防因数据限制导致测度结果与实际相差较大。因此，本书在选取指标时，应坚持科学性与可操作性相结合的原则，从而确保测度结果客观科学与真实可靠。

2. 代表性与持续性相结合

一方面，企业高质量发展的测度指标要确保与测度对象的内涵及测度目标的要求高度契合，因而，在选取指标的过程中，应紧扣企业"高质量发展"时代内涵，时刻体现新发展理念的主要特点，在评价指标的选择上，要抓住重点，选取数量不在于多，而贵在于精，要注重指标的代表性。另一方面，企业高质量发展的测度指标还应考虑可以反映被测主体的动态变化趋势，所构建的评价体系既要能够体现企业某一历史时刻的发展情况，也要包含企业长期发展特征的指标，突出发展过程变化的持续性。因此，本书在选取指标时，遵循代表性与持续性相结合的原则，确保构建的测度指标体系具有主导性和可延续性。

3. 系统性与层次性相结合

企业高质量发展测度指标体系是一个由多个维度和多个指标构成的有机整体，选取指标时要尽可能全面地将不同维度的重要因素纳入其中，全方位地反映企业发展特点。同时，还要考虑测度目标的多维度性，注意不同维度之间的逻辑关系，突出考查重点，确定每一维度不同层面基础指标的指向性，以避免指标之间出现重复性和高度相关性。因此，本书在选取指标时，应遵循系统性与层次性相结合的原则，确保构建的测度指标体系具有逻辑性，选取指标具有自身的独特性。

（二）构建思路

随着我国经济步入新发展阶段，不同于以往的高速增长阶段，高质量发展的本质应该是同时满足质量要求和效益追求的一种全新的发展模式。在这样的发展模式下，不论是宏观区域层面的经济高质量发展，还是中观行业层面的经济高质量发展，其发展目标都是建立在微观企业主体的基础上才能得以实现，因此，全方位的高质量发展必须要求企业实现从传统发展模式到高质量发展模式的跨越转型（张长江等，2022）。通过客观评价企业高质量发展的实际情况，助力企业进行改革与创新，进而推动企业实现发展模式的转型。企业高质量发展水平并非只是反映质量、效益某个方面的发展程度，而是对高质量发展各个方面的发展水平进行全方位综合考量，在考虑企业现阶段存在问题的同时还需要结合创新、协调、绿色、开放、共享的新发展理念。基于此，本章在梳理企业高质量发展逻辑主线的基础上，从创新驱动、绿色发展、开放合作、效益增长和社会共享五个方面构建企业高质量发展水平评价体系，具体构思如下。

1. 创新驱动

创新是企业参与市场竞争、构建核心优势的法宝，也是企业实现经济健康发展的源泉。随着我国社会经济发展进入新常态，面对国内外日益激烈的市场竞争环境，企业必须以创新带动企业发展，转换经济发展的动能，加强自主创新能力建设，提升创新要素水平。企业只有通过创新才能抓住新时代下新的发展机遇，也只有通过创新企业才能实现自身突破与发展，更好地适应当下快速变化的市场竞争环境。因此，本书设定创新驱动维度用以反映企业高质量发展的动力转换成效。

2. 绿色发展

在经济“低碳化”发展趋势背景下，绿色低碳发展已成为越来越多企业的共识，那些高能耗、高污染的企业将逐渐退居市场一线，而低能耗、低污染企业在市场中的占比将趋于上升。从生态效益角度出发，企业高质量发展绝不是以牺牲环境进行的发展，而是以“绿”为底、以“绿”赋能，把“绿色”理念落到实处，将生态的“高颜值”与企业的高质量实现有机统一，让人民群众更好地享受到绿色高质量发展所带来的成果。因此，本书设定绿色发展维度用以反映企业低碳、可持续发展成效。

3. 开放合作

在经济全球化遭遇寒流的背景下，企业应积极在开放中寻求合作，在开放中增强自我创新能力，在开放中拓展自身经济发展空间，不断增强参与国内大循环与融入国内国际双循环的能力，从而促使自身更好地成为更高层次的开放型新企业。应该承认，现阶段要想打通产业循环、市场循环，最终实现经济社会循环，开放合作是必由之路。此时上下游企业融合、大中小企业融通将得到促进，各类市场主体方能优势互补、携手发展。因此，本书设定开放合作维度用以反映企业合作包容、互利共赢的发展成效。

4. 效益增长

国民经济和社会发展的新生力量就是企业，企业的高质量发展是基础，全方位经济高质量发展则是上层建筑。作为自负盈亏的理性经济人，企业的生存之本、发展之基就是盈利,财务指标可以清楚地体现一个企业是否处于高质量发展阶段。若企业财务状况不尽如人意,意味着投资转化为利润的能力弱,税收和员工工资也会受到极大影响,那么高质量发展就站不住脚跟。因此,只有帮助企业实现最大化效益才能稳固企业高质量发展的根基,才能从根本上推动经济结构变革。本书设定效益增长维度用以反映企业经营效益的增长成效。

5. 社会共享

民生福祉和群众的现实利益与发展成果共享息息相关,也是我国社会发展的趋势与最终目标。作为宏观经济发展的微观主体,无论是增长动力转换、经济模式转变、结构优化升级等,企业都发挥着主体作用,其成功与否与企业高质量发展相挂钩(黄速建等,2018)。企业在实现高质量发展过程中不能只考虑自身利益,还要考虑对社会的影响力,不仅要履行对其利益相关者的义务,更要承担相应的社会责任,塑造和维护积极向上的企业形象。本书设定社会共享维度用以反映企业承担社会责任的主要成效。

二、测度指标的选择与说明

本书基于上述企业高质量发展的内涵,在遵循企业高质量发展评价体系的逻辑思路和基本原则的基础上,构建了包含 5 个一级指标、12 个二级指标和 23 个三级指标的指标体系,如表 5.2 所示。创新驱动方面,应该包括创新投入和创新产出,因而本书从这两个维度度量企业的创新驱动能力,其中,创新投入选取研发人员占比、硕士及以上人员占比和研发经费投入强度三个指标衡量,创新产出选取专利申请数和无形资产占比衡量。绿色发展方面,本书从环保投资、环境披露和环境意识三个层次进行刻画,具体以环保投资强度来反映企业的环保投资情况,以是否披露环境信息和可持续发展来反映企业环境披露情况,以是否受到环保处罚和是否重污染企业来反映企业环境意识。开放合作方面,本书以开放投资和开放成果表征,具体以对外投资金额占比表征开放投资情况,海外业务收入占比表征开放成果情况。效益增长方面,应该包括企业的盈利能力、营运能力和发展能力,因而本书具体以主营业务利润率和净资产收益率两个三级指标描述企业的盈利能力,以总资产周转率和资产负债率两个三级指标描述企业的营运能力,以营业收入增长率和净利润增长率两个三级指标描述企业的发展能力。社会共享方面，要求企业在保障员工权益的同时，也能反哺社会，对社会作出贡献，具体以薪酬差距、应付职工薪酬增长率和基层持股能力反映企业员工权益，以税负贡献水平、就业吸纳能力和社会捐赠水平反映企业社会贡献。各三级指标选取说明如下：

研发人员占比。研发投入是企业进行技术创新的重要保证，其中研发人员是企业创新活动中最具活力与创造力的人力资本，是企业重点引进和关注的重要资源（李永周等，2015），可以为企业高质量发展提供强大动力。因而，本书选取研发人员占比作为企业创新投入的测度指标之一，具体以研发人员数量占企业员工总量的比重来表征。

硕士及以上人员占比。不论是在什么企业，想要做到行业领先，不仅要拥有一批技术过硬的研发人员，还需要聚集一批该领域具有高学识、高素质、高质量的专家和学者，以组建良好的技术研究团队，从而夯实企业高质量发展的基础。因此，企业高层次人才队伍建设对高质量发展至关重要，本书选取硕士及以上员工人数占员工总人数的比重作为企业创新投入的测度指标之一。

研发经费投入强度。该指标主要反映企业在科技研发方面的投入，本书选取研发经费投入占营业收入的比重来衡量研发经费投入强度。当企业目前拥有的技术水平很难再达到产品和服务的创新突破水平时，可以选择加大经费支持力度以提升企业技术创新能力，此时，可以通过获取外部技术来提高其创新能力，所以加大研发经费投入是一种必然的选择（徐斌，2019）。实际上，企业加大外部技术投资的目的是想通过对获取的新技术进行消化吸收和模仿改造，最终将其完全融入企业内部，实现自主创新能力的提升（华海岭等，2011）。因而，选取研发经费投入强度作为企业创新投入的测度指标之一。

专利申请数。企业要想获取一项专利，须由企业向上级政府部门提出申请，经主管部门审核批准，得到权威认可后，才能最终取得专利权。因此，企业年度专利申请数可以直观反映企业年度的创新产出成果，专利申请数越多意味着企业对前沿技术的把握度越高，对新技术的应用程度也越深。企业可以通过专利技术提高生产力，带来更高的产出。因而，专利申请数可以作为企业创新产出的测度指标之一。

无形资产占比。在以知识为主导的时代，企业要想在众多竞争者中脱颖而出,仅仅依靠现有固定资产,很难在竞争恶劣的环境中立足,应该更加重视作为生产性产出和能力积累载体的“软实力”资源。在高科技时代,无形资产具备有形资产无可比拟的优势,能为企业带来巨大经济效益与技术创新,因而企业无形资产的积累状况决定了企业未来的有形财富,对于实现高质量发展至关重要。因此,本书选择无形资产占资产总额的比重作为企业创新产出的测度指标之一。

环保投资强度。企业作为资源消耗和污染源排放的核心角色,理应承担更多的环保责任,在追求经济效益的同时,要有生态环保意识,统筹兼顾绿色发展。加大环境保护资金投入便是企业做好环境保护工作的重要举措。本书以环保投资额占资产总额的比重来衡量企业的环保投资强度,其中,环保投资额主要包括企业年度财务报表中“在建工程”明细项目所涉及的污染治理设备、与环保有关的生产线购置与改造等支出,以及管理费用中涉及的绿化费用、排污费用以及环境管理体系认证费用等。

是否披露环境信息和可持续发展。企业的环境信息披露行为既是社会监督企业的有效机制,也是企业承担环保责任的关键环节。企业应加强环境信息披露,切实推动各项制度落地实施,并且准确、及时、完整地向公众披露环境信息,以此提高环境正外部性,树立良好社会舆论,从而推动经济低碳转型和高质量发展。本书将及时披露环境和可持续发展信息的上市公司设定为1,其他上市公司设定为0。

是否受到环保处罚。从现有相关行政处罚案例中可以了解到,上市企业环保行政处罚情形并不少见,在建设环境友好型社会的大背景下,减少企业环保处罚案例,扎实推进绿色低碳发展,是推进高质量发展进程中的重要突破关口。自1983年将环境保护作为基本国策以来,我国已颁布了三十多部环保相关法律(崔广慧、姜英兵,2021),但仅从环保立法的角度并不能有效遏制企业的破坏生态行为,只有不断加强环保执法力度,加大环保处罚,才能警醒企业加强环境管理,引导企业主动履责。因此,政府应该以引导和倒逼的方式双向发力,规范企业的环境行为,对环境违法事件“零容忍”,才能从根本上帮助企业实现绿色健康发展。本书将受到环保处罚的上市公司设定为1,其他上市公司设定为0。

是否重污染企业。重污染企业是指对环境造成较为严重污染的企业,在高质量发展背景下,这类企业必须转变只顾短期经济效益的发展战略,在日常运营中应该承担更多的社会责任，投入更多的人力物力进行排污与治污，从而实现经济效益与社会效益双丰收。基于此，本书通过引进一个虚拟指标来表征是否为污染企业，具体地，参考环保部2010年公布的《上市公司环境信息披露指南》和证监会2012年行业分类标准中设定的重污染行业，若企业所属行业属于上述重污染企业，则虚拟指标定义为1，否则为0。

对外投资金额占比。随着全球化的发展和我国对外开放程度的加大，企业融入全球化产业链、供应链的步伐不断加快，对外投资规模也在持续扩大。在这样的背景下，我国企业通过“走出去”在全球竞争中不断成长壮大，因而加大对外投资已成为“双循环”新格局下企业开放合作的必由之路。不可忽视的是，近年来受全球疫情持续影响，企业可能面临“难以走出去”的现实困难，加之当前贸易保护主义、逆全球化思潮抬头，可能会出现“不愿走出去”的畏难想法。企业应坚定不移走开放发展之路，提升适应市场变化的能力，拓展国际市场，以保持高水平的对外开放姿态“拥抱”高质量发展。本书以对外投资金额占营业收入比重来衡量企业开放投资水平。

海外业务收入占比。海外业务收入是企业营收的重要来源之一，近年来，在全球经济、政治形势动荡的国际环境下，企业国际化经营绩效的不稳定性增加，少数企业为求自保可能不愿选择吉凶未卜的海外市场业务，但也有很多企业积极拓展海外市场，收获满满，因而现有企业的海外业务收入经常呈现不平衡的两极分化现象。面对复杂的市场环境，当上市公司选择继续开拓海外业务收入时，可以直接与国外商家交易，获取更多主动权，销售的产品可能获取更大的利润。与此同时，在外拓展的企业为了在全球市场占据更多优势，获取更多国际化经营绩效，会竭尽所能提高研发效率，以抢占更多的市场份额，实现高质量发展。本书具体以海外业务收入占营业收入比重来衡量。

主营业务利润率。该指标是在时期给定的情况下，企业主营业务利润除以主营业务收入净额所得到的比值。它是评价企业经营效益的主要指标之一，反映了企业主营业务获得收益的能力，表明了企业各单位主营业务收入变化会引起主营业务利润变化的程度，换句话说企业获取的最终利润很大程度取决于主营业务利润率。因而，该指标越高，说明主营业务市场竞争力越强。

净资产收益率。该指标反映的是企业净资本转化为净收益的能力，用以衡量企业对自有资本运用的效率，指标的值越大，说明资本转化为收益的能力越强。如果一家公司的规模与净资产收益率成正比,那么这家公司对于行业发展的趋势、新的利润增长点就具有较好的敏感性,这样的公司盈利能力未来可期。因此,本书选择净资产收益率作为衡量企业盈利能力的指标之一。

总资产周转率。该指标是一项重要指标,反映了企业的综合营运能力和企业对于资产的利用效率与管理质量,体现了经营期间企业全部资产从投入到产出的流动速度。该指标与企业资产营运效率呈正相关,也与资产管理效率呈正相关。总资产周转率高的企业,可以花费尽可能少的资源、较短的资产周转天数,生产尽可能多的产品,获取最大化的企业收入,以此提高企业的营运能力,为企业高质量发展打下基础。

资产负债率。研究表明,股东权益可以通过企业运用债务来提高,而这需要适度的资产负债率。但过高的资产负债率也会增加企业的债务风险和财务成本、降低资金使用率,制约企业高质量发展,弱化投资能力(郑明贵、郑舒情,2022)。因此,高质量发展要求企业在尽可能降低财务风险与充分利用借入资金之间找准平衡点,以追求更大效益,这就要求企业在合理运用财务杠杆的同时注意随之而来的财务风险。本书以负债总额占资产总额的比重作为企业资产负债率的衡量标准。

营业收入增长率。该指标是评价企业发展状况和潜能的重要指标,反映了企业营业收入的盈亏变动情况。若该指标为正,表示企业的营业收入有所增加,指标数值越大,表明增长速度越快,说明企业具有良好市场前景。若该指标为负,则说明企业存在产品不适销、服务不到位、质次价高等问题,市场份额将会萎缩。因此,本书以营业收入增长率作为考查企业发展能力的指标之一,具体以企业营业收入增长额与上年营业收入总额的比率来进行衡量。

净利润增长率。净利润是企业经营的最终成果,净利润增长率则是这种成果在原有的基础上继续增加的幅度,具体表现为本年本期净利润金额与上年同期净利润金额之差与上年同期净利润金额的比值,该比值越大,说明企业赚钱能力越强,成长性越好,一般净利润增长率较高的企业会更受到市场的青睐,发展能力也更强,因此本书将净利润增长率纳入效益增长层次中发展能力的指标之一。

薪酬差距。薪酬机制是企业吸引、激励以及保留人才的重要手段,从古至今便一直存在“不患寡而患不均”的发展理念,薪酬差距是否合理,不仅会影响管理层和员工的工作积极性,更关系整个行业是否可以健康成长。行为理论(Adams,1965)认为高管与员工之间薪酬差距过大会打击员工积极性,破坏企业的内部团结,不利于企业发展。与此相反,锦标赛理论(Lazear and Rosen,1981)指出,薪酬差距的扩大能够充分调动高管和员工的积极性,增强竞争意识,提高企业内部的执行效率,进而促进企业发展。不论怎样,合理的薪酬分配制度对企业高质量发展建设至关重要。基于此,本书选取高管薪酬均值与员工薪酬均值的比值来衡量薪酬差距。

薪酬增长幅度。薪酬是员工日常生活中较为关注的重要问题之一,受工作经验、企业工龄、职位晋升等因素影响,员工的薪酬会发生很大变化。薪酬不仅是代表劳动者劳动所得,还是劳动者在个人意愿基础上向企业"出售"体力或脑力获取价值的直观表现,也是判断个人职业发展的一个重要指标。若工作过程中,薪酬增长幅度不尽如人意,容易使得员工工作质量降低、效率下滑,甚至造成员工流失。因此,科学的薪酬增长机制,对员工的获得感具有正向的激励作用。本书选取应付职工薪酬增长率来衡量员工的薪酬增长幅度。

基层持股能力。基层员工不仅是企业内部重要的利益相关者,也是公司治理的直接参与者和高风险项目的实际执行者。企业可以通过"利益绑定功能",给予员工一定的企业股权和红利,将企业与员工牢牢绑定起来,增强员工对企业的归属感,愿意主动付出超出其薪酬价值的努力(Kim and Ouimet,2014;孟庆斌等,2019),从而促使企业向更高质量发展。基于此,本书以样本期内企业内部职工股占股本总数的比重来表示基层持股能力。

税负贡献水平。一般而言,宏观经济调控的主要手段包括货币政策和财政政策,财政政策最基本、最主要的方式就是税收政策,而"减税降费"政策作为目前我国影响范围最广、推行力度最大的税收改革政策,毫无疑问也是调控经济、驱动经济高质量发展的重要措施和手段。企业的税费负担减少,不仅能够激发市场主体的活力,改善产业间不良结构,还有利于提质增效、节能降耗,推动企业高质量发展(刘昊,2020;薛菁,2022)。本书以实际应纳所得税额占营业收入比重来衡量税负贡献水平。

就业吸纳能力。调查显示,2023 年,我国高校毕业生人数为 1158 万人,同比增加 82 万人,规模和数量再创新高①,就业形势依然严峻。企业既是稳定经济的重要基础,也是吸纳就业的顶梁柱和主力军。随着科学技术的不断发展,生产力及方式不断变革,实体经济与智能经济达到了更深层次的融合,新的就业形势不断涌现。企业对就业的吸纳能力,对劳动力岗位的需求也在不断发生变化,在这样的背景下,充分释放企业的就业潜力,发挥就业吸纳的作用,显得格外重要。本书以企业就业人数增长率来衡量就业吸纳能力。

社会捐赠水平。从企业的慈善行为看,企业对社会进行捐赠本质上是以改善企业环境为目标,通过借助一些慈善行为来承担部分社会责任,进而帮助企业实现社会责任与经济目标共容,从而为企业塑造持续稳定的竞争优势(Porter and Kramer,2002)。实质上,企业参与社会捐赠既是一种经济行为,又是一种社会行为,企业参与社会捐赠是履行社会责任、改善收入分配的重要表现,同时也是企业融入当地经济发展圈、树立企业良好形象的重要途径。本书将企业捐赠金额与营业收入的比值作为衡量企业社会捐赠水平的标准。

表 5.2　企业高质量发展测度指标体系

一级指标	二级指标	三级指标	指标说明
创新驱动	创新投入	研发人员占比	(研发人员人数/员工总人数)×100%
		硕士及以上人员占比	(硕士及以上员工人数/员工总人数)×100%
		研发经费投入强度	研发经费投入/营业收入
	创新产出	专利申请数	专利申请数量
		无形资产占比	(无形资产/资产总额)×100%
绿色发展	环保投资	环保投资强度	环保投资额/资产总额
	环境披露	是否披露环境信息和可持续发展	是=1,否=0
	环境意识	是否受到环保处罚	是=1,否=0
		是否重污染企业	是=1,否=0

① 数据来源:教育部网站。

续表

一级指标	二级指标	三级指标	指标说明
开放合作	开放投资	对外投资金额占比	(对外投资金额/营业收入)×100%
	开放成果	海外业务收入占比	(海外业务收入/营业收入)×100%
效益增长	盈利能力	主营业务利润率	(主营业务利润/主营业务收入)×100%
		净资产收益率	{净利润/[(股东权益期初余额+股东权益期末余额)/2]}×100%
	营运能力	总资产周转率	{[营业收入/(资产合计期初余额+资产合计期末余额)/2]}×100%
		资产负债率	(负债总额/资产总额)×100%
	发展能力	营业收入增长率	[(本年本期营业收入-上年同期营业收入)/上年同期营业收入]×100%
		净利润增长率	[(本年本期净利润-上年同期净利润)/上年同期净利润]×100%
社会共享	员工权益	薪酬差距	高管薪酬均值/员工薪酬均值
		薪酬增长幅度	[(本年本期应付职工薪酬-上年同期应付职工薪酬)/上年同期应付职工薪酬]×100%
		基层持股能力	内部职工股/股本总数
	社会贡献	税负贡献水平	实际应纳税额/营业收入
		就业吸纳能力	(本年本期就业人数-上年同期就业人数)/上年同期就业人数
		社会捐赠水平	捐赠金额/营业收入

三、测度方法与数据来源

(一)测度方法选择及计算步骤

在计算企业高质量发展水平时,其首要任务就是确定各指标的权重。现有的赋权方法主要包括主观赋权法和客观赋权法。主观赋权法一般为相关研究领域的专家学者根据自身经验对每个指标进行赋权，因此权重的合理性受到专家主观认识的影响，具有一定主观性，常见的主观赋权法有专家咨询法、层次分析法等。而客观赋权法是在原始数据的基础上通过一定的数学方法进行计算，从而确定不同指标的权重，其测度结果不依赖决策者的主观判断，具有较强的数学理论依据，客观性较强，常见的客观赋权法包括主成分分析法、灰色关联度法、熵权法等。指标权重确定后的重要任务是选择合适的评价方法计算企业高质量发展水平的综合得分。通过文献梳理可知，在高质量发展测度中出现频率较高的评价方法包括主成分分析法、纵横向拉开档次法、TOPSIS 法等。TOPSIS 法是多目标决策分析中常见的方法之一，通过度量评价指标与最优解和最劣解之间的距离进行排序分析，这种方法对数据要求较低，评价结果较为直观。由于本书建立的评价体系涉及指标较多，数据可获性和可操作性较强，在测度方法的选择上，将常用于确定指标权重的熵权法与常用于多目标决策分析的 TOPSIS 评价法相结合，从多个方案、多个对象中找出最佳方案，使得测度结果更为准确、合理与直观，能够有效减少主观赋权带来的偏差。

基于以上考虑，本书运用熵权—TOPSIS 法对企业高质量发展水平进行测度，具体计算步骤如下。

第一步，构建初始数据矩阵。假设研究中被评价对象的数量为 m，所构建的指标体系中评价指标数量为 n，则原始矩阵 X 为

$$X=(x_{ij})_{m\times n}=\begin{bmatrix} x_{11}x_{12}\cdots x_{1n} \\ x_{21}x_{22}\cdots x_{2n} \\ \vdots\ \vdots\ \ddots\ \vdots \\ x_{m1}x_{m2}\cdots x_{mn} \end{bmatrix} \tag{5.5}$$

第二步，构建标准化矩阵。为了消除评价体系中因不同指标单位量纲带来的不利影响，接着对正向指标数据和逆向指标数据均进行了线性标准化处理。

对于正向指标，标准化计算公式如下：

$$x_{ij}'=\frac{x_{ij}-min\ (x_j)}{max(x_j)-min\ (x_j)} i=1,2\cdots,m;j=1,2,\cdots,n \tag{5.6}$$

对于逆向指标，标准化计算公式如下：

$$x_{ij}'=\frac{max\ (x_j)-x_{ij}}{max\ (x_j)-min\ (x_j)} i=1,2\cdots,m;j=1,2,\cdots,n \tag{5.7}$$

其中，$max\ (x_j)$、$min\ (x_j)$分别表示指标 j 的最大值和最小值，经过标准化处理得到的标准化矩阵如下：

$$X' = (x'_{ij})_{m\times n} = \begin{bmatrix} x'_{11} x'_{12} \cdots x'_{1n} \\ x'_{21} x'_{22} \cdots x'_{2n} \\ \vdots \ \vdots \ \ddots \ \vdots \\ x'_{m1} x'_{m2} \cdots x'_{mn} \end{bmatrix} \tag{5.8}$$

第三步，计算信息熵及冗余度。

$$e_j = \frac{1}{\ln m}\sum_{i=1}^{m} p_{ij}\ln\ (p_{ij})\ i = 1, 2\cdots, m; j = 1, 2, \cdots, n \tag{5.9}$$

$$p_{ij} = \frac{x'_{ij}}{\sum_{i=1}^{m} x'_{ij}} \tag{5.10}$$

式中，e_j为信息熵。e_j越大，表示评价指标 j 的信息熵越大，其包含的信息越少。根据信息熵，计算得出指标 j 的信息冗余度。

$$d_j = 1 - e_j \tag{5.11}$$

第四步，计算 j 指标的权重。d_j越大，所包含信息就越多，将d_j进行归一化处理，得到每个指标的熵权。

$$w_j = \frac{d_j}{\sum_{i=1}^{m} d_j} j = 1, 2, \cdots n \tag{5.12}$$

第五步，构建加权决策矩阵。

$$V = (v_{ij})_{m\times n}, v_{ij} = w_j \times x'_{ij} i = 1, 2\cdots, m; j = 1, 2, \cdots, n \tag{5.13}$$

第六步，确定最优解V_j^+及最劣解V_j^-。

$$V_j^+ = max\ (v_{1j}, v_{2j}, \cdots, v_{mj}) \tag{5.14}$$

$$V_j^- = min\ (v_{1j}, v_{2j}, \cdots, v_{mj}) \tag{5.15}$$

第七步，计算欧式距离。根据最优解V_j^+及最劣解V_j^-，确定各可选方案到最优解与最劣解间的距离D_i^+和D_i^-。

$$D_i^+ = \sqrt{\sum_{j=1}^{n} (v_{ij} - V_j^+)^2} \tag{5.16}$$

$$D_i^- = \sqrt{\sum_{j=1}^{n} (v_{ij} - V_j^-)^2} \tag{5.17}$$

第八步，计算可选方案贴近度。根据式(5.16)和式(5.17)计算的可选方案到最优解与最劣解的欧氏距离，可以得出可选方案的贴近度值C_i。

$$C_i = \frac{D_i^-}{D_i^+ + D_i^-} \tag{5.18}$$

第九步，可选方案的排序与综合评分。对贴近度值C_i进行排序，C_i值越大，说明企业高质量发展的水平越高。反之，C_i值越小，说明企业高质量发展的水平越低。

（二）数据来源

本书企业高质量发展水平测度主要选取2007—2021年的中国A股上市公司企业作为研究样本。数据主要来源为国泰安数据库（CSMAR）和万得数据库（WIND）。为保证收集数据的准确性和研究样本的完整性，同时为了确保数据的有效性，根据以下原则对初始数据进行预处理：考虑到各公司财务迥异，按照2012年证监会对不同行业的分类标准，将金融类和ST类的上市公司样本予以剔除；为了保证实证结果的正确性，剔除主要变量缺失严重的研究样本；对于缺失数据采用线性插值法进行补全。经过上述处理，最终得到2577个有效的企业样本，10538个企业年度样本。

四、测度结果分析

（一）企业高质量发展的整体分析

表5.3为企业高质量发展总体指标及分项指标测度结果分布情况。研究期间企业高质量发展水平得分均值为0.2434，最高得分为0.6470，最低为0.0077，标准差为0.1021。从分项指标来看，创新驱动是五个分项指标中均值得分最高的，为0.0964，但其标准差也最大，为0.0404，说明企业的创新能力平均水平较高，但不同企业的创新能力存在较大差距，这一点从最大值与最小值之差也能进一步得到验证。创新是企业在市场竞争中发展壮大的制胜法宝，作为高质量发展进程中不可或缺的角色，企业必须不断提升创新能力，从而全面实现高质量发展。其他分项指标均值得分排名依次是开放合作、绿色发展、效益增长和社会共享。其中，社会共享是五个分项指标中均值得分最低的为0.0146，其标准差也最小为0.0061，说明各企业的共享发展水平相差不大，离散程度相对较小，企业的共享发展意识较弱。企业能够长期平稳健康发展并不是依靠单个群体的奋斗，而是通过拥有共同利益的各

方组织相互协作，合作共赢。因此，在促进企业发展的同时也要维护社会的整体利益，遵循共享发展理念来处理好企业与社会之间关系，才能早日实现可持续的高质量发展。

表 5.3　企业高质量发展测度结果

变量	均值	标准差	最大值	最小值
企业高质量发展	0.2434	0.1021	0.6470	0.0077
创新驱动	0.0964	0.0404	0.2562	0.0030
绿色发展	0.0460	0.0193	0.1222	0.0014
开放合作	0.0697	0.0292	0.1852	0.0022
效益增长	0.0168	0.0070	0.0446	0.0005
社会共享	0.0146	0.0061	0.0388	0.0005

（二）企业高质量发展的时间维度差异

从图 5.4 不同年份企业高质量发展的核密度来看，2007—2021 年，企业在经济由高速增长转为高质量发展的过程中，发展受到了部分影响，但总体上升趋势未变，企业高质量发展水平处于波动上升之中。相比其他年份，2007 年企业高质量发展平均得分最低为 0.1618，2020 年均值最高为 0.2801。2007 年、2011 年、2016 年、2017 年、2018 年这五年核密度曲线偏向左侧，说明这些年份的企业高质量发展均值水平呈下降趋势。2008 年、2009 年、2010 年、2012 年、2013 年、2021 年这些年份的核密度曲线呈现右偏分布，说明企业高质量发展水平大部分聚集在峰值右侧可以带动均值水平提升。而 2014 年、2015 年、2019 年、2020 年这四年的核密度图更接近正态分布，说明其差异较小。

（三）企业高质量发展的空间维度差异

从空间维度来看，如表 5.4，东部地区 > 中部地区 > 东北地区 > 西部地区，企业高质量发展水平存在明显区域差异。东部地区企业高质量发展平均值为 0.2540，位列四大区域之首，其中，较高水平的省份多位于我国东部沿海地区，企业高质量发展平均值排名前五的省市依次是广东为 0.2646、

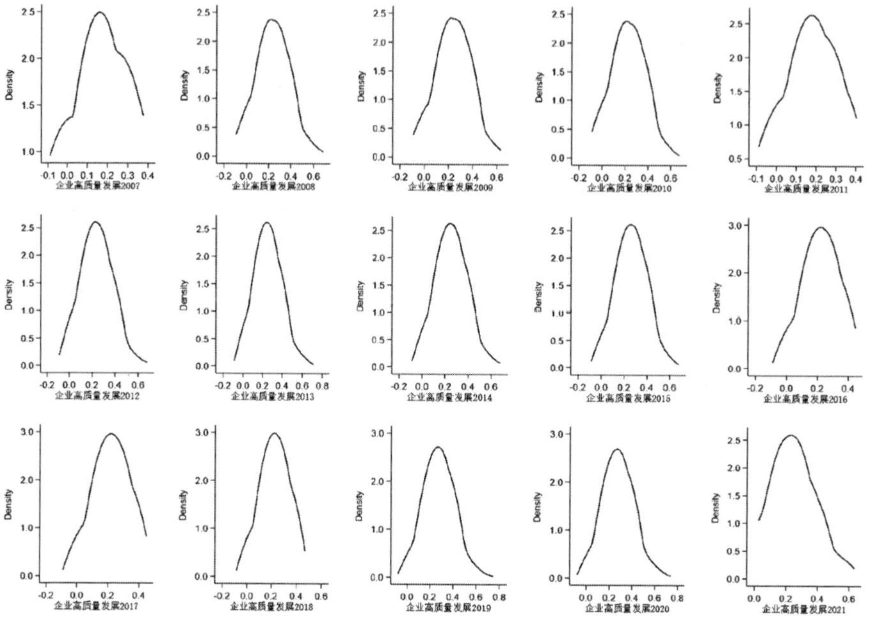

图 5.4　2007—2021 年企业高质量发展的核密度图

北京为 0.2600、浙江为 0.2584、福建为 0.2576、江苏为 0.2531。究其原因在于东部地区作为我国经济发展的“动力源”，其发展韧性强、活力足，具有良好的经济基础，能够很好地发挥创新要素集聚优势，推动企业在创新引领上实现突破，进而不断夯实区域内企业率先实现高质量发展的基础。西部大部分地区企业高质量发展则处于较低水平，这与它们的地理位置、资源条件、发展方式等有关，虽然这些省份能源储量丰富，但是受地理位置限制，能源利用率低，发展方式多为粗放式，企业高质量发展水平存在较大的上升空间。因此，从区域角度看，具有区位优势的企业应继续发挥动力引擎作用，而发展水平较低的企业要调整发展理念，加大投入和改革力度，从而真正实现企业健康持续的高质量发展。

表 5.4　不同地区企业高质量发展测度结果

省份及地域	均值	标准差	最大值	最小值
北京	0.2600	0.0814	0.6470	0.0133
天津	0.2429	0.0930	0.5617	0.0360
河北	0.1922	0.0871	0.4320	0.0126
上海	0.2505	0.1023	0.6151	0.0098
江苏	0.2531	0.1044	0.5614	0.0109
浙江	0.2584	0.1141	0.5833	0.0115
福建	0.2576	0.0998	0.5768	0.0103
山东	0.2391	0.1000	0.5699	0.0138
广东	0.2646	0.1072	0.5966	0.0106
海南	0.2054	0.0890	0.4079	0.0252
东部地区	0.2540	0.1037	0.6470	0.0098
山西	0.1472	0.0698	0.3129	0.0114
安徽	0.2140	0.0914	0.5129	0.0106
江西	0.2172	0.0961	0.5200	0.0171
河南	0.2230	0.0968	0.4949	0.0116
湖北	0.2416	0.0910	0.4960	0.0143
湖南	0.2304	0.0881	0.5604	0.0148
中部地区	0.2205	0.0935	0.5604	0.0106
内蒙古	0.1822	0.0915	0.4278	0.0263
广西	0.2111	0.0969	0.4695	0.0121
重庆	0.2330	0.1083	0.4757	0.0077
四川	0.2362	0.0878	0.4957	0.0102
贵州	0.2343	0.0778	0.3918	0.0165
云南	0.1680	0.0620	0.2777	0.0121

续表

省份及地域	均值	标准差	最大值	最小值
西藏	0.1520	0.0596	0.3469	0.0226
陕西	0.2155	0.1021	0.5349	0.0120
甘肃	0.2220	0.0865	0.4480	0.0169
青海	0.1860	0.0782	0.2773	0.0203
宁夏	0.1723	0.0906	0.3957	0.0126
新疆	0.2267	0.0835	0.4379	0.0119
西部地区	0.2147	0.0927	0.5349	0.0077
辽宁	0.2345	0.0972	0.5231	0.0104
吉林	0.1946	0.0823	0.3504	0.0111
黑龙江	0.1967	0.0944	0.2973	0.0121
东北地区	0.2151	0.0943	0.5231	0.0104

(四)企业高质量发展的行业差异

从表5.5不同行业企业高质量发展测度结果可知,行业内部差异显著。排名前三的行业依次是卫生和社会工作为0.3147、科学研究和技术服务业为0.2978、批发和零售业为0.2916,它们均属于第三产业。近年来,我国积极推进基本公共卫生服务均等化,鼓励科技服务业企业持续加大研发经费投入,加快零售业、上下游、全链条、标准化系统建设等措施,推动经济逐渐步入“服务经济”时代,相关企业也着重从探索模式、建强队伍上下功夫,并取得了初步成效。位列后三位的行业依次是采矿业为0.1496、电力、热力、燃气及水生产和供应业为0.1666、制造业为0.2365,它们均属于第二产业,高耗能、高排放、低能效一直以来是制约这些行业发展的重要因素,尤其是以资源消耗型产业为主,对自然资源的依赖度较高的采矿业,这些企业在发展过程中对生态环境造成了一定程度的扰动,这些负外部影响反过来也会制约企业的高质量发展。因此,从行业角度看,传统行业应加快改造升级,朝着更高质量、更有效率、更可持续的方向发展,新型行业应加快培育壮大,为企业高质量提质增效注入澎湃新动能。

表 5.5　不同行业企业高质量发展测度结果

行业	均值	标准差	最大值	最小值
交通运输、仓储和邮政业	0.2834	0.0284	0.4922	0.2542
住宿和餐饮业	0.2856	0.0402	0.4452	0.2547
信息传输、软件和信息技术服务业	0.2861	0.0464	0.6151	0.2535
农业	0.2856	0.0373	0.4574	0.2539
制造业	0.2365	0.1107	0.6470	0.0098
卫生和社会工作	0.3147	0.0894	0.4971	0.2743
建筑业	0.2847	0.0343	0.6121	0.2538
房地产业	0.2791	0.0236	0.4866	0.2535
批发和零售业	0.2916	0.0596	0.5604	0.2538
教育	0.2714	0.0117	0.2896	0.2577
文化、体育和娱乐	0.2789	0.0246	0.4604	0.2536
水利、环境和公共设施管理业	0.2779	0.0104	0.3206	0.2536
电力、热力、燃气及水生产和供应业	0.1666	0.0794	0.3585	0.0077
科学研究和技术服务业	0.2978	0.0526	0.5680	0.2536
租赁和商务服务业	0.2753	0.0187	0.3927	0.2535
综合	0.2808	0.0270	0.3703	0.2537
采矿业	0.1496	0.0662	0.5386	0.0133

本章小结

本章首先从人工智能与企业高质量发展的现实关联出发，对人工智能与企业高质量发展的逻辑缘起、现实基础与范式特征进行分析。然后对本书的两个关键核心变量人工智能发展水平及企业高质量发展水平进行了测度与评价。一是,基于2007—2021年上市公司企业年度财务报告作为人工智能测度的研究样本,利用Python网络爬虫技术从基础层、技术层、应用层三个方面对人工智能发展水平进行测算,得到人工智能总指数和三个分指数。二是,从创新驱动、绿色发展、开放合作、效应增长、社会共享五方面构建企业高质量发展综合评价指标体系,并利用熵权—TOPSIS法对企业高质量发展水平进行测度。三是,对人工智能发展水平及企业高质量发展水平的测度结果分别从时间、空间及行业三个不同角度进行分析,结果显示如下:

第一,从时间维度的分析结果看,现阶段企业智能化与高质量发展呈现协调共进的格局。2007—2021年我国人工智能发展总指数增长势头强劲,从0.4602增长至1.9469。从三个分指数的角度看,应用层分指数在三个子指数中表现最为强劲,呈现的增长态势与人工智能总指数最为相似。这表明现阶段我国企业人工智能发展水平主要受应用层分指数的影响。企业高质量发展水平在2007—2021年呈现波动上升的趋势,表明在高速增长阶段到高质量发展阶段的跨越过程中存在经济增速和质量发展两者的不断博弈,从博弈结果看,企业高质量发展优势越来越明显。

第二,从空间维度的分析结果看,人工智能发展偏好于经济发展水平较高、人才聚集、政策偏向性较强的地区,北京、上海、广东、湖北、江苏、福建、安徽、浙江、湖南等地区人工智能发展水平明显高于其他地区,处于我国人工智能发展的第一阶梯,分指数结果发现位于不同地区的企业智能化特征迥异。同样地,企业高质量发展水平也存在明显的区域差异,从数值大小比较看,东部地区 > 中部地区 > 东北地区 > 西部地区,说明企业高质量发展水平呈现东高西低的阶梯型特征。

第三,从行业方面的分析结果看,人工智能发展水平在劳动密集型、资本密集型和技术密集型行业均呈现向上发展态势,其中资本密集型和技术密集型企业上升的幅度要更大。这表明随着我国产业转型升级和未来产业智能化的发展,为资本密集型产业、技术密集型产业与新时代经济有机融合带来了新的发展良机。同时也发现,位于第三产业的企业高质量发展水平最高,与"服务经济"时代相符,第二产业中的企业高质量发展水平普遍较低,排名后三的分别为采矿业、电力、热力、燃气及水生产和供应业、制造业,高耗能、高排放、低能效是限制这类行业高质量发展的主要因素。

第六章　人工智能赋能企业高质量发展的基准分析

第一节　人工智能对企业高质量发展的影响效应

基于前文理论分析可知，人工智能在理论上可以通过多种路径赋能企业高质量发展，基本特征事实也进一步表明了人工智能对企业高质量发展赋能效果的逻辑性。那么实际情况中人工智能可不可以赋能企业高质量发展？带着这个问题和困惑，本章从实证分析角度，基于2007—2021年中国A股上市公司的研究样本，对人工智能赋能企业高质量发展进行实证检验，并采用更换解释变量、增加控制变量、更换研究样本等不同方式对基准回归结论进行稳健性检验。同时采用工具变量法处理人工智能赋能企业高质量发展可能存在的内生性问题。本章还进一步从不同角度对这种赋能效果进行了异质性检验。

一、计量模型设定

前文从理论上探究了人工智能对企业高质量发展的赋能效果，也是本章实证分析的理论基础。接下来，将通过计量分析实证检验人工智能对企业高质量发展的影响，具体采用以下基准模型。

$$hq_{it} = \alpha + \beta\, ai_{it} + \sum_i \rho_i control_{it} + industry_j \times year_t + \mu_{it} \tag{6.1}$$

其中，被解释变量 hq_{it} 指的是第 i 个企业第 t 年的高质量发展水平，具体以前文测度的企业高质量发展指数结果来衡量。核心解释变量 ai_{it} 表示企业层面的人工智能发展水平具体以第四章基于机器学习的文本分析法得到的人工智能发展指数结果来衡量。$control_{it}$表示基准模型的相关控制变量，根据以往文献（孟庆斌等，2019；刘艳霞，2022；刘松竹等，2022），主要包括企业规模（*size*）（采用企业期末资产总额的自然对数表示），固定资产比率（*fia*）（采用企业固定资产净额占企业期末资产总额的比重表示），股权集中度（*top*）（选取企业第一大股东的持股比例表示），现金流强度（*cash*）（选择企业现金及其现金等价物与期末资产总额的比值表示）。另外，独立董事占比（*indp*），选取企业独立董事人数占企业董事会规模的比例表征，两职合一（*dual*），通过设置虚拟变量来表征两职合一，若企业董事长与总经理由同一人兼任，则虚拟变量设为1，否则为0。考虑到样本期内不同行业随时间变化的特征，进一步控制行业×年份联合固定效应 $industry_j \times year_t$，μ_{it}表示随机误差项，同时还将稳健标准误聚类到企业层面。本章重点关注模型（6.1）中 *ai* 的系数β的符号及显著性特征，如果系数β显著为正，就意味着人工智能可以赋能企业高质量发展。

二、样本选择与数据来源

自2007年开始，我国在上市公司范围内全面实施了新《企业会计准则》，鉴于新准则对部分企业财务数据要求的标准不同，本章以2007年为研究起点，选取2007—2021年内中国A股上市公司15年的数据作为初始研究样本，并按照以往文献的筛选原则，对初始样本进行以下处理：将基准回归变量数据缺失较多的样本予以剔除；鉴于金融行业数据的特殊性，将金融行业子样本予以剔除；剔除ST、＊ST、PT等特殊类型股票以及样本期间退市的企业样本；将破产或资不抵债的企业样本予以剔除；考虑到异常值对变量的影响较大，本章还对基准回归中的连续变量进行前后各1%的缩尾处理。按照上述筛选原则，最终样本为包含了2544家上市公司的10302个公司的年度观测值。本章所需数据来源主要包括两个部分，其中，反映上市公司的人工智能发展水平指数是基于深圳证券交易所和上海证券交易所官方网站发布的上市公司年报资料，通过文本分析方法计算得到的。被解释变量指标体系中所涉及的微观企业财务数据和控制变量数据主要来源于国泰安数据库（CSMAR）和万得数据库（WIND）。

三、变量描述性统计

表6.1为基准回归中主要变量的描述性统计结果，其中，企业高质量发展 *hq* 的均值为0.2428，标准差为0.1011，说明不同企业的高质量发展程度存在差异。人工智能 *ai* 的均值和标准差分别为1.2852和1.0883，且25%分位数和75%分位数分别为0.0000和2.0794，表明不同企业人工智能发展水平的差异性较大。

表6.1　主要变量描述性统计

变量	均值	标准差	25%分位数	中位数	75%分位数
hq	0.2428	0.1011	0.1360	0.2743	0.2824
ai	1.2852	1.0883	0.0000	1.0986	2.0794
size	22.2733	1.4000	21.2793	22.0195	23.0079
fia	0.2040	0.1441	0.0950	0.1758	0.2806
top	35.4798	15.1412	23.6800	33.3500	45.7000
cash	0.1682	0.1249	0.0817	0.1347	0.2164
indp	0.3759	0.0558	0.3333	0.3636	0.4286
dual	0.2917	0.4546	0.0000	0.0000	1.0000

四、基准结果分析

人工智能对企业高质量发展影响的基准回归结果见表6.2。第(1)列是只控制了行业×时间双向固定效应的结果，人工智能 *ai* 系数显著为正，初步表明企业智能化发展程度越高，高质量发展成效越显著。为增强模型的稳健性，缓解遗漏变量可能带来的偏差，本章还依次加入企业规模、固定资产比率、股权集中度、现金流强度、独立董事占比、两职合一等控制变量，具体结果见表6.2的第(2)列至第(7)列。纳入这些控制变量后，人工智能的系数依然显著为正，进一步支持了本章的结论。总的来说，表6.2的结果能够从实证层面证实人工智能对企业高质量发展赋能效果的存在性。以表6.2

第(7)列为例,企业智能化水平每提高一个单位,企业高质量发展成效将增加0.0028个单位,并且回归结果在5%的水平上显著,表明随着新一轮科技革命和产业变革的逐步兴起,企业高质量发展水平有所提高,今后企业可以倾向于选择更多智能化战略布局来提升企业高质量发展水平。

表6.2 基准回归结果

变量名	(1)	(2)	(3)	(4)	(5)	(6)	(7)
ai	0.0052*** (0.0013)	0.0025** (0.0012)	0.0025** (0.0013)	0.0027** (0.0012)	0.0027** (0.0012)	0.0027** (0.0012)	0.0028** (0.0012)
size		0.0098*** (0.0029)	0.0103*** (0.0030)	0.0110*** (0.0031)	0.0113*** (0.0031)	0.0113*** (0.0031)	0.0113*** (0.0031)
fia			0.0182 (0.0174)	0.0180 (0.0173)	0.0213 (0.0182)	0.0218 (0.0181)	0.0195 (0.0182)
top				0.0004* (0.0002)	0.0004* (0.0002)	0.0004* (0.0002)	0.0004* (0.0002)
cash					0.0097 (0.0103)	0.0095 (0.0103)	0.0102 (0.0103)
indp						-0.0286 (0.0260)	-0.0259 (0.0260)
dual							-0.0097*** (0.0037)
固定效应	控制	控制	控制	控制	控制	控制	控制
样本量	10302	10302	10302	10302	10302	10301	10301
R^2	0.0075	0.0126	0.0129	0.0139	0.0140	0.0142	0.0160

注:括号内为企业层面的聚类稳健标准误;*、** 和 *** 分别代表10%、5%和1%的显著性水平。

第二节 稳健性检验

接下来,为了进一步增强人工智能赋能企业高质量发展基本结论的可靠性，本节将通过更换解释变量、增加控制变量、更换研究样本等一系列方法重复模型(6.1)，对本章研究结论进行稳健性检验。

一、更换解释变量

如第四章所述，企业的智能化投资与人工智能发展水平密切相关，本章利用智能化投资指标作为企业人工智能发展的代理变量进行稳健性检验，借鉴张远和李焕杰(2022)的研究，手工整理上市公司财务报告附注中与智能化相关的固定资产投资和无形资产投资。若财务报告披露的明细项目中包含“电子设备”“计算机”“数据设备”等关键词，则该明细项目记为人工智能的固定资产投资。相应地，若财务报告披露的明细项目中包含“智能”“网络”“软件”“系统”“智能平台”“数据”等关键词，则该明细项目记为人工智能的无形资产投资。然后利用人工智能的固定资产投资和无形资产投资之和占企业年度资产总额的比重来衡量企业智能化投资水平，为便于理解变量符号依旧用 ai 表示。估计结果如表 6.3 第(1)列，将文本分析构建的人工智能指标替换为智能化投资之后，基准模型的估计结果依然稳健。同时，考虑到词频数据可能存在一定的噪音，进一步通过构建企业是否披露人工智能相关信息虚拟变量作为企业人工智能发展的代理变量进行稳健性检验，变量符号仍然用 ai 表示，表 6.3 第(2)列结果显示，变量 ai 在 5% 置信水平下显著为正，估计结果未发生实质性变化。

二、增加控制变量

虽然上述基于企业年报所构建的人工智能发展水平指标可以较为全面地反映企业智能化发展的真实状况，但受到企业管理者策略性炒作的影响，企业年报中对人工智能的披露程度可能比实际推进得多，进而导致实证结果比现实情况偏高。参考肖土盛等(2022)在基准模型的基础上进一步纳入企业信息披露质量的虚拟变量以排除企业的策略性炒作。具体地，本书以深圳证券交易所和上海证券交易所公布的上市公司信息披露考评结果为依据，将考评结果为优秀或良好的企业样本设置为 1，否则为 0，相应结果如表 6.3 的第(3)列，结果显示核心结论“人工智能可以赋能企业高质量发展”并没有发生任何改变。考虑到企业所在的城市特征因素可能也会对企业高质量发展效果产生一定影响，因而在稳健性检验中进一步引入了城市虚拟变量，相关回归结果报告于表 6.3 的第(4)列，核心变量 *ai* 的系数在 5% 置信水平上并未发生明显变化，说明上述基准结论是稳健可靠的。

表 6.3 稳健性检验 I

变量名	智能化投资	构建虚拟变量	控制策略性炒作	控制城市特征
	(1)	(2)	(3)	(4)
ai	0.1782** (0.0727)	0.0045** (0.0023)	0.0026* (0.0016)	0.0028** (0.0013)
size	0.0122*** (0.0034)	0.0120*** (0.0031)	0.0151*** (0.0037)	0.0114*** (0.0032)
fia	0.0194 (0.0199)	0.0195 (0.0183)	0.0361 (0.0229)	0.0199 (0.0183)
top	0.0005** (0.0002)	0.0003* (0.0002)	0.0003 (0.0003)	0.0004* (0.0002)
cash	0.0102 (0.0112)	0.0102 (0.0103)	0.0199* (0.0116)	0.0092 (0.0103)
indp	-0.0151 (0.0278)	-0.0253 (0.0260)	-0.0165 (0.0342)	-0.0270 (0.0261)
dual	-0.0093** (0.0041)	-0.0096*** (0.0037)	-0.0073* (0.0038)	-0.0099*** (0.0037)
固定效应	控制	控制	控制	控制
样本量	8456	10301	7763	10291
R^2	0.0203	0.0158	0.0155	0.0230

注：括号内为企业层面的聚类稳健标准误；*、** 和 *** 分别代表 10%、5% 和 1% 的显著性水平。

三、更换研究样本

接下来，本章还分别从行业、时间、地区不同层面删除某些特殊样本，从而避免不同层面隐含的某些不可观测因素对基准回归结果带来的干扰。从行业维度，信息传输、软件和信息技术服务业与本书涉及的人工智能产业联系紧密，这些行业的管理层在年报“MD&A”部分对智能化相关文本的概述可能仅仅是对企业主营业务发展态势进行描述，并不完全代表企业的智能化发展概况，进而可能影响本书基于机器学习的文本分析法构建的企业人工智能发展指数的准确性（肖土盛等，2022），且本书所指的企业高质量发展也不只局限于与人工智能有关的行业，而是在其他行业中也能够显著促进企业发展。因此，基于2012年证监会行业分类指引，将C39、I63、I64、I65等行业的相关样本企业剔除后重新进行回归。表6.4的第（1）列报告了相应的检验结果，核心变量 *ai* 的系数在5%水平上并无明显变化，进一步验证了本章基本结论的稳健性。从时间维度看，2008年全球金融危机爆发，银根紧缩，导致企业融资困难，员工福利、公司效益等均受到影响，可能使企业蒙受巨大损失。2015年的超级大股灾，部分上市公司股价暴跌，使得公司卷入舆论的漩涡，极大降低了公司的市场地位，不仅如此，股价暴跌时公司市值也会随之缩水导致股东蒙受权益损失，一旦爆仓极易引发退市风险。2020年，疫情的暴发对全球经济造成了较大冲击，给广大企业带来了诸多难题和挑战，复工复产困难、订单大幅下降，对企业营收产生了严峻影响。因而考虑到样本期内发生的重大外部事件可能会对企业高质量发展产生影响，将发生国际金融危机、超级大股灾以及新冠疫情相关年份（2008年、2015年、2020年及以后）的企业样本排除，结果如表6.4的第（2）列，人工智能 *ai* 的系数显著为正，核心结论依旧稳健。进一步地，从地区层面考虑到北京、上海、天津、重庆四个直辖市的政治、经济的独特性，该类地区的企业智能化发展潜力巨大，因而很有必要将这些地区的子样本予以删除后再重新进行回归，回归结果详见表6.4的第（3）列，人工智能对企业高质量发展的影响依然显著为正。

表6.4　稳健性检验Ⅱ

变量名	排除信息行业	排除事件年份	排除直辖市
	(1)	(2)	(3)
ai	0.0030** (0.0014)	0.0028** (0.0014)	0.0029** (0.0013)
size	0.0121*** (0.0032)	0.0134*** (0.0032)	0.0112*** (0.0033)

续表

变量名	排除信息行业	排除事件年份	排除直辖市
	(1)	(2)	(3)
fia	0.0230 (0.0186)	0.0206 (0.0195)	0.0205 (0.0190)
top	0.0004* (0.0002)	0.0004* (0.0002)	0.0004* (0.0002)
cash	0.0143 (0.0116)	0.0117 (0.0113)	0.0128 (0.0110)
indp	-0.0228 (0.0271)	-0.0400 (0.0283)	-0.0311 (0.0296)
dual	-0.0089** (0.0039)	-0.0097** (0.0038)	-0.0112*** (0.0039)
固定效应	控制	控制	控制
样本量	9612	9192	9432
R^2	0.0200	0.0195	0.0154

注:括号内为企业层面的聚类稳健标准误;*、**和***分别代表10%、5%和1%的显著性水平。

第三节 内生性处理

基准回归的研究结论表明,人工智能可以提升我国上市公司高质量发展水平,但这一结论可能会受到内生性问题的影响。一方面,企业引入人工智能技术可以提升企业高质量发展,但是反过来,企业要想持续发展也需要借助人工智能提前布局和广泛赋能。另一方面,由于人工智能对企业高质量的影响效应较为复杂,计量模型设定偏误、遗漏重要变量等也可能带来内生性问题。为了尽可能缓解这些因素带来的内生性影响,本章接下来采用工具变量法处理内生性问题,并对模型(6.1)重新进行检验,以识别人工智能对企业高质量发展影响的净效应。

一、基于滞后期生成工具变量的内生性处理

现有研究中有部分学者使用核心变量的滞后期作为工具变量（Datta and Agarwal，2004；张远、李焕杰，2022），原因在于虽然人工智能与企业高质量发展之间可能存在一定程度的反向因果关系，但现阶段的企业高质量发展并不能影响过去的智能化发展水平，满足工具变量的条件。借鉴胡浩然等（2020）处理内生性问题的方法，将核心解释变量 ai 的滞后一期和滞后二期作为当前的工具变量，并重新进行回归，回归结果具体见表 6.5 中的第（1）列和第（2）列，由结果可知，以滞后期作为工具变量得到的回归结果与前文基准回归结果是一致的，且表中显示 Kleibergen－Paap rk 的 LM 统计量在 1% 水平下均拒绝了工具变量与内生变量无关的原假设。同时，Kleibergen－Paap rk 的 Wald F 的值大于 Stock－Yogo 弱识别检验 10% 水平下的临界值 16.38，表明模型不存在识别不足和弱工具变量的问题。因此，工具变量是有效的，可以有效缓解模型可能存在的内生性问题。在缓解了内生性问题后，核心解释变量结果仍然显著，说明在利用核心变量滞后期作为工具变量后的实证结论基本不变。

二、基于外部工具变量的内生性处理

黄群慧等（2019），赵涛等（2020），张远、李焕杰（2022）认为现有技术进步是传统通信技术的延续和发展，企业所在地以往的通信方式会延续至样本期阶段进而影响当期企业技术水平的发展。同时，国内在固定电话盛行之前，社会各界主要是通过邮局进行沟通交流，因而企业所在地邮局的分布也会对现代智能技术的发展产生影响，从这个角度考虑，历史上的固定电话和邮局均为现在人工智能发展创造了扎实的基础条件。因此以往固定电话数量和邮局数量可以作为样本期企业人工智能发展指数的工具变量。同时，以前的企业借助固定电话、邮局仅是提供简单的通信服务，对样本期内企业高质量发展五个维度的影响微乎其微，满足外生性条件。因此，接下来本章基于外部工具变量来处理内生性问题，具体地，本章分别选取各城市在 1984 年每百万人拥有的邮局数量和每百人拥有的固定电话数量作为工具变量来缓解内生性问题。考虑到本章选取的研究样本为面板数据，而这两个外部工具变量的原始数据均表现为横截面形式，不能直接纳入面板模型进

行计量分析，Nunn 和 Qian(2014)提出可以通过引入一个时间序列从而对两者进行衔接。参考同样的方法，本章分别将企业所在地1984年每百万人拥有的邮局数量和每百人拥有的固定电话数量与上一年度的全国互联网用户数量的乘积作为当期企业人工智能发展水平的工具变量。工具变量法的实证结果详见表6.5的第(3)列和第(4)列，表中 Kleibergen - Paap rk 的 LM 统计量和 Kleibergen - Paap rk 的 Wald F 的值均表明模型通过了不可识别和弱工具变量检验，说明所选取的外部工具变量是合理的。由此可见，在进行一系列内生性检验后，人工智能对企业高质量发展依旧有着显著的促进作用。

三、基于平均值生成工具变量的内生性处理

本章还选取了企业所在城市同行业内剔除本企业外的其他企业人工智能的平均发展水平作为工具变量进行内生性检验。理论上，相同城市同一行业内企业的人工智能发展水平存在较强的相关性，满足工具变量相关性条件。同时去除本企业所在的行业数据后，所得到的人工智能发展水平的平均值并不会直接影响本企业的发展，从而有效避免了工具变量与扰动项相关，满足了外生性条件。参考 Gilbert 等(2022)、肖土盛等(2022)基于企业自身数据构造企业人工智能发展水平的工具变量，具体地，将扣除企业自身所在城市的相同行业样本后，再计算企业的人工智能发展水平的均值作为工具变量，并通过两阶段最小二乘法进行估计。从表6.5第(5)列的检验结果可以看出，由平均值生成的工具变量可以通过弱工具变量检验和外生性检验，是一个有效的工具变量。总体上，人工智能对企业高质量发展有着显著的促进作用，本章的研究结论得到了进一步验证。

表6.5　内生性检验结果

变量名	滞后一期	滞后二期	邮局数	固定电话数	行业均值
	(1)	(2)	(3)	(4)	(5)
ai	0.0175*** (0.0013)	0.0194*** (0.0017)	0.0425*** (0.0140)	0.0392*** (0.0100)	0.0372*** (0.0016)
size	-0.0011 (0.0008)	-0.0019** (0.0009)	-0.0025 (0.0015)	-0.0022* (0.0012)	-0.0022*** (0.0007)

续表

变量名	滞后一期	滞后二期	邮局数	固定电话数	行业均值
	(1)	(2)	(3)	(4)	(5)
fia	-0.0897*** (0.0087)	-0.1038*** (0.0095)	-0.0576** (0.0261)	-0.0635*** (0.0193)	-0.0597*** (0.0081)
top	0.0001 (0.0001)	0.0001 (0.0001)	0.0001 (0.0001)	0.0001 (0.0001)	0.0001 (0.0001)
cash	0.0504*** (0.0108)	0.0523*** (0.0125)	0.0265*** (0.0100)	0.0276*** (0.0094)	0.0326*** (0.0088)
indp	0.0336* (0.0193)	0.0341 (0.0219)	0.0202 (0.0228)	0.0235 (0.0206)	0.0245 (0.0173)
dual	0.0034 (0.0027)	0.0023 (0.0032)	-0.0001 (0.0033)	0.0004 (0.0029)	0.0018 (0.0023)
固定效应	控制	控制	控制	控制	控制
样本量	7004	5183	9606	9606	10041
R^2	0.0832	0.0999	0.0007	0.0193	0.0305
Kleibergen-Paap rk LM statistic	2128.0140 [0.0000]	1291.8590 [0.0000]	79.1390 [0.0000]	141.1160 [0.0000]	2025.2190 [0.0000]
Kleibergen-Paap rkWald F statistic	1.4×10^4	5257.2420	74.0400	125.9760	5592.7730

注:圆括号内为企业层面的聚类稳健标准误;方括号内为 p 值;*、**和***分别代表 10%、5%和 1%的显著性水平。

第四节　异质性分析

上述实证考察了人工智能对企业高质量发展的综合影响效果,而我国作为一个经济大国,在现实发展过程中不同企业对前沿技术的吸纳程度往往具有异质性,会根据发展需求选择适合自身的智能技术,进而会对企业高质量发展产生非对称的影响效果。因此,前文利用全样本企业进行计量分析得到的结论可能具有一般性,不利于形成更具针对性的政策导向。有鉴于此,接下来,本书将进一步考虑企业的差异化特征,具体地,从高质量发展不同维度、人工智能发展不同维度、企业发展过程的不同时期、企业所在区域、企业所处行业、企业所有制类型和企业规模等角度分样本展开实证检验,深入分析人工智能对企业高质量发展的异质性影响。

一、基于高质量发展不同子维度的检验

本书所指的企业高质量发展应当是能够突破传统要素驱动的生产瓶颈,在追求企业经济效益的同时,还要满足“创新、协调、绿色、开放、共享”和“质量第一,效益优先”的发展理念,能够在持续成长和持续创造价值的过程中实现创新驱动、绿色发展、开放合作、效益增长和社会共享的一种新发展范式。因此,本书第四章从创新驱动、绿色发展、开放合作、效益增长和社会共享五个子维度构建了企业高质量发展指标体系并对企业高质量发展水平进行了测度。从创新驱动的角度看,创新对企业的发展起着至关重要的作用,企业可以通过人工智能技术加强科技创新,从而掌握更多前沿技术推动企业发展。从绿色发展的角度看,新技术的应用可以有效缓解供需两端企业信息不对称的现象,帮助企业降低生产成本,减少资源浪费,从而更好地促进企业高质量发展。从开放合作的角度看,在人工智能全球化的大背景下,企业更应集聚全球智慧广泛开展技术交流与合作,确保高质量发展行稳致远。从效益增长的角度看,企业可以通过强大的算法支持,结合大数据分析,快速挖掘潜在商机,从而带来更多的实质性利益。从社会共享的角度看,企业高质量发展并不是一枝独秀的发展,所以要求人工智能需要实现技术的共享,改善不同地区企业的资源分配不均,以此创造更大的社会价值。表6.6是分别从以上五个子指数的角度考察人工智能对企业高质量发展影响的详细实证结果,结果表明,人工智能均能显著促进这五个维度的企业高质量发展。但不可否认,相比其他四个维度,人工智能促进创新驱动指数的效果最为明显,这可能是因为在众多行业中都是以创新驱动领跑智能化转型,从而为企业带来更多的发展契机,进而赋能企业实现高质量发展。

表 6.6　高质量发展不同维度异质性检验

变量名	创新驱动	绿色发展	开放合作	效益增长	社会共享
	(1)	(2)	(3)	(4)	(5)
ai	0.0011** (0.0005)	0.0005** (0.0002)	0.0008** (0.0004)	0.0002** (0.0001)	0.0002** (0.0001)
size	0.0045*** (0.0012)	0.0022*** (0.0006)	0.0033*** (0.0009)	0.0008*** (0.0002)	0.0007*** (0.0002)
fia	0.0080 (0.0073)	0.0038 (0.0035)	0.0058 (0.0053)	0.0014 (0.0013)	0.0012 (0.0011)
top	0.0001* (0.0001)	0.0001* (0.0000)	0.0001* (0.0001)	0.0000* (0.0000)	0.0000* (0.0000)
cash	0.0043 (0.0041)	0.0020 (0.0020)	0.0031 (0.0030)	0.0007 (0.0007)	0.0006 (0.0006)
indp	-0.0100 (0.0103)	-0.0048 (0.0049)	-0.0072 (0.0075)	-0.0017 (0.0018)	-0.0015 (0.0016)
dual	-0.0039*** (0.0015)	-0.0019*** (0.0007)	-0.0028*** (0.0011)	-0.0007*** (0.0003)	-0.0006*** (0.0002)
固定效应	控制	控制	控制	控制	控制
样本量	10301	10301	10301	10301	10301
R^2	0.0159	0.0159	0.0159	0.0159	0.0159

注:括号内为企业层面的聚类稳健标准误；*、**和***分别代表 10%、5%和 1%的显著性水平。

二、基于人工智能发展不同子维度的检验

前文的第四章是根据人工智能的不同产业链属性,将人工智能划分为基础层、技术层和应用层三个层面,并分别测算了人工智能三个子维度的发展指数,结果显示,我国人工智能应用层的发展水平远高于基础层和技术层的发展水平。一方面,受资源、技术等原因的影响,我国人工智能发展起步较晚。相比部分发达国家,我国在智能化基础层和技术层方面能力稍弱,而

在应用层方面发力更多。另一方面，在当下智能时代的发展潮流里，得益于人口优势和数据优势，我国目前主要通过应用需求来引导人工智能产业发展，人工智能应用场景广泛，正加速与各行各业渗透融合，因而在国内的人工智能企业布局中，应用层企业始终占据着主导地位。但不可否认，现阶段我国拥有人工智能快速发展的良好土壤，得益于世界各国中最大的人口基数以及强有力的人工智能政策引导，近年来我国智能化发展在基础层和技术层方面均取得了较大突破，实现科技自立自强未来可期。鉴于以上背景，很有必要在人工智能发展不同子维度下，对人工智能赋能企业高质量发展的影响效应做进一步的实证分析，以探寻更为细致的人工智能发展着力点。接下来，本章将从人工智能发展不同子维度视角展开异质性分析，为便于理解将人工智能发展水平的三个子指数的变量符号仍设置为 *ai*。表 6.7 是分别从基础层、技术层和应用层三个维度的角度实证考察人工智能对企业高质量发展影响的详细结果。实证结果表明，无论哪一层面的指数，人工智能对企业高质量发展的影响系数均为正。但值得注意的是，在这三个维度里，仅有人工智能应用层核心变量 *ai* 的系数才通过了 5% 水平的显著性检验。可能原因在于，虽然智能化的快速发展给企业带来了大量技术革新，但目前全球仍然处于弱人工智能阶段，加之国内人工智能起步较晚，在基础层、技术层的发展脚步明显落后于部分发达国家，导致基础层和技术层对企业高质量发展的影响效果还不是很明显。因此，现阶段我国亟待加强基础研究的原创力和科技创新的支撑力，加快补齐人工智能在基础层和技术层的短板，不断推进高水平科技自立自强，才能真正实现全方位、多层次的高质量发展。

表 6.7　人工智能发展不同维度异质性检验

变量名	人工智能基础层	人工智能技术层	人工智能应用层
	(1)	(2)	(3)
ai	0.0031 (0.0027)	0.0017 (0.0018)	0.0028** (0.0013)
size	0.0125*** (0.0031)	0.0132*** (0.0031)	0.0115*** (0.0031)

续表

变量名	人工智能基础层	人工智能技术层	人工智能应用层
	(1)	(2)	(3)
fia	0.0191 (0.0182)	0.0192 (0.0183)	0.0195 (0.0182)
top	0.0004 * (0.0002)	0.0003 * (0.0002)	0.0004 * (0.0002)
cash	0.0099 (0.0103)	0.0097 (0.0103)	0.0102 (0.0103)
indp	-0.0250 (0.0260)	-0.0240 (0.0260)	-0.0259 (0.0260)
dual	-0.0095 *** (0.0037)	-0.0095 *** (0.0037)	-0.0097 *** (0.0037)
固定效应	控制	控制	控制
样本量	10301	10301	10301
R^2	0.0154	0.0152	0.0159

注:括号内为企业层面的聚类稳健标准误;*、**和***分别代表10%、5%和1%的显著性水平。

三、基于人工智能不同发展阶段的检验

前文讨论了人工智能赋能企业高质量发展的整体效果,那么人工智能对企业高质量发展的驱动作用是否会因发展阶段不同而呈现不同效果呢?张洪国等(2017)对我国人工智能的发展阶段进行了简单梳理,1978—2000年作为人工智能的萌芽阶段,该阶段的人工智能主要表现为演绎推理技术和基于专家系统进行的系统内部知识重构。之后,随着互联网和信息技术的发展为人工智能产业打下了坚实基础,助推人工智能产业步入起步发展阶段(2000—2012年)。2013年,德国汉诺威工业博览会迎来了工业革命的第四次浪潮——"工业4.0"正式来临,与以往发展阶段不同,"工业4.0"时代颠覆了传统生产范式和生活模式,推动我国人工智能技术步入了一个全

新的发展时期。“工业 4.0”理念提出后,迅速在国内引起广泛共识,2015年,国务院印发部署《中国制造 2025》,旨在完美对接“德国工业 4.0”战略,全面推进制造强国,进而实现我国制造业的智能化转型升级,这一举措极大地推动了我国人工智能向前发展。2017 年,我国颁布了第一部关于人工智能产业发展的纲领性规划——《新一代人工智能发展规划》,自此我国人工智能进入全面发展的蓬勃爆发期。为了进一步探究人工智能在不同发展阶段与企业高质量发展之间的关系,本章基于 2013 年、2015 年、2017 年与人工智能相关的政策变化为分界点,对样本期进行阶段划分,从不同时间段的角度进行子样本回归。从表 6.8 的回归结果可以看出,这四个时间段的子样本中只有 2017 年之后的蓬勃爆发阶段人工智能对企业高质量发展的回归系数显著为正。这可能是因为 2017 年以后,国内迎来了人工智能爆发新纪元,加之一系列人工智能产业政策的陆续落地与实施,为企业的高质量发展注入了不竭动力,企业也开始大力布局人工智能,争相享受人工智能带来的第一波红利。

表 6.8　不同时间异质性检验

变量名	2013 年以前	2013—2014 年	2015—2016 年	2017 年及以后
	(1)	(2)	(3)	(4)
ai	0.0034 (0.0051)	-0.0010 (0.0017)	-0.0077* (0.0042)	0.0083*** (0.0021)
size	0.0317*** (0.0098)	0.0074 (0.0065)	-0.0870*** (0.0100)	0.0725*** (0.0068)
fia	0.1881*** (0.0494)	0.0148 (0.0195)	-0.1004* (0.0527)	0.1346*** (0.0347)
top	-0.0004 (0.0006)	0.0000 (0.0003)	0.0014* (0.0008)	-0.0016*** (0.0004)
cash	0.0211 (0.0393)	0.0518** (0.0261)	-0.0043 (0.0311)	0.0303* (0.0157)
indp	-0.1192 (0.0936)	0.0495 (0.0367)	0.0537 (0.0706)	0.0050 (0.0436)

续表

变量名	2013 年以前	2013—2014 年	2015—2016 年	2017 年及以后
	(1)	(2)	(3)	(4)
dual	0.0005 (0.0094)	-0.0038 (0.0040)	-0.0147 (0.0152)	-0.0121** (0.0058)
固定效应	控制	控制	控制	控制
样本量	1598	1767	2146	4790
R^2	0.0542	0.0708	0.1057	0.1273

注:括号内为企业层面的聚类稳健标准误;*、**和***分别代表10%、5%和1%的显著性水平。

四、基于区域不同位置的检验

我国地域辽阔,疆土跨越幅度大,不同区域具有的自然条件、资源禀赋、社会历史存在差异,对人工智能的政策落实程度也并不同步,极易导致区域之间企业的智能化水平和高质量发展呈现发展不平衡的状态,因此在区域不同位置,人工智能对企业高质量发展的影响可能存在异质性特征,有必要对此进行深入讨论。东部地区人工智能企业分布较为密集,具有明显的领先优势,但也有学者提出,如果知识或能力没有及时更新,在变化速度极快的市场环境中,前沿技术的可购买性将极大降低后来者的准入门槛(Deng and Wang,2016),这些企业的先发优势可能会逐渐消退(Nooteboom,1999)。虽然中西部地区人工智能的发展相对滞后,但是在顶层设计引领下,部分地区对智能化的敏感度有了极大提高,人工智能产业发展迅猛,成果绩效显著。显然,中部地区的强势崛起已经成了我国人工智能产业发展不容忽视的亮点,极具"后发赶超"和"弯道超车"的优势。基于上述考虑,有必要对东部地区和中西部地区进行相关检验,本章通过设置虚拟变量进行分组回归。具体地,按照企业自身所在省份进行区域划分,若企业所在地为东部地区则虚拟变量取值为1,若为中西部地区则虚拟变量取值为0,结果见表6.9的第(1)列和第(2)列。结果显示,东部地区人工智能对企业高质量发展表现为正向影响,但这一结果并不显著,而中西部地区的 *ai* 系数在5%的水平下显著为正,表明相比于人工智能产业发展较好的东部地区,人工智能在中西部地区对企业高质量发展的赋能效果更为明显,这些前沿技术对企业的效益影响可能存在边际递减现象,这一结论在肖土盛等(2022)研究数字化对企业创新的实证分析中也得到了印证。

中国作为一个典型的经济大国,不仅区域之间的企业存在较为明显的差异化属性(黄大禹等,2021),各城市差异化的发展路径使得人工智能在不同禀赋特征下对高质量发展的影响也不尽相同。从火石创造产业数据中心发布的“2022 中国城市人工智能创新指数”可以看出,目前我国各大城市的人工智能创新发展呈现“一超多强”的格局,北京、上海、深圳等地表现强劲,呈现全面开花,全面领先的优势,而其余城市也表现不俗,具有较大的向上发展空间。在这样的发展格局下,企业对人工智能技术的应用可能存在“干中学”现象(Gilbert et al.,2022),这些具有后发优势的城市可以通过一段时间的学习并借助前沿技术助推企业向更高水平发展。如腾讯公司和支付宝(中国)网络技术有限公司提供的在线支付服务相比于以往的 Google Wallet 和 Apple Pay 占据了更大的市场份额(Chorzempa,2021)。鉴于此,有必要探讨位于不同城市的企业在智能化转型过程中的表现是否存在差异。本章参考赵涛等(2020)对城市的划分方法,若企业自身所在地位于省份城市、直辖市和副省级城市则划分为中心城市,若企业自身所在地位于其他地级市则划分为外围城市。表 6.9 的第(3)列和第(4)列的结果显示,仅有处于外围城市的企业,人工智能才能对企业高质量发展表现出显著的正向作用,但这种积极效应在中心城市表现得并不显著,表明随着外围城市的陆续崛起,这些城市的企业要素吸纳能力也在不断增强,表现更为突出。

表 6.9　不同区域异质性检验

变量名	东部地区	中西部地区	中心城市	外围城市
	(1)	(2)	(3)	(4)
ai	0.0022 (0.0015)	0.0050** (0.0023)	0.0004 (0.0017)	0.0062*** (0.0018)
size	0.0113*** (0.0033)	0.0109* (0.0060)	0.0136*** (0.0046)	0.0088** (0.0039)

续表

变量名	东部地区	中西部地区	中心城市	外围城市
	(1)	(2)	(3)	(4)
fia	0.0480** (0.0228)	-0.0248 (0.0297)	0.0115 (0.0268)	0.0358 (0.0246)
top	0.0004 (0.0003)	0.0002 (0.0003)	0.0006* (0.0003)	0.0002 (0.0003)
cash	0.0152 (0.0116)	0.0013 (0.0204)	-0.0031 (0.0129)	0.0288* (0.0168)
indp	-0.0196 (0.0321)	-0.0322 (0.0431)	-0.0086 (0.0284)	-0.0499 (0.0505)
dual	-0.0064 (0.0042)	-0.0171** (0.0070)	-0.0101** (0.0050)	-0.0105* (0.0054)
固定效应	控制	控制	控制	控制
样本量	7301	3000	5882	4419
R^2	0.0102	0.0557	0.0181	0.0180

注：括号内为企业层面的聚类稳健标准误；*、**和***分别代表10%、5%和1%的显著性水平。

五、基于行业不同属性的检验

由于不同行业的智能化进程存在差异，行业异质性可能同样会影响人工智能对企业高质量发展的进程。人工智能对企业高质量发展的影响可能因行业要素密集度的不同产生差异。产生这些差异的原因在于：第一，从劳动者的吸纳能力来看，随着我国人口红利日渐消退和用工成本不断上涨，劳动密集型行业将逐步更新陈旧设备去替代那些常规化、重复性的工作以实现降本增效。而相比劳动密集型行业，资本密集型行业对技能型劳动力的依赖程度较高，智能技术的引入并不会轻易替代这些高技能劳动力，相反还可以相应地提供更多复杂的、更有创造性的工作岗位。但对于技术密集型行业来说，这类行业更多的是依赖高端人才，由于我国目前人工智能行业人才紧缺,对这类人才的求人倍率还处在上升时期,从而在技术密集型行业中人工智能对企业发展的影响可能还处于遵养待时的阶段。第二,从生产效率的角度看,智能技术的应用可以通过替代低端劳动力来提高劳动密集型行业的生产效率,同时,相比技术密集型行业的发展,资本密集型行业发展得更为成熟,这些前沿技术在资本密集的行业可以更好地发挥技术优势,从而可以通过与技术互补进一步赋能企业发展。按照学术界的一般分类方法,本章根据要素密集度的不同,将样本行业划分为劳动密集型、资本密集型和技术密集型三类。参考尹美群等(2018)的行业划分依据,根据证监会2012年的行业分类标准,对本章所涉及的样本行业按照生产要素的密集程度进行分类,并对劳动密集型、资本密集型和技术密集型三个行业子样本重新进行回归分析。从表6.10的列(1)至列(3)的结果可以看出,无论是劳动密集型行业还是资本密集型行业,人工智能都显著提升了企业的高质量发展,但与劳动密集型行业相比,在资本密集型行业中人工智能对企业高质量发展的影响效果明显更大,而在技术密集型行业中这一影响效果并不显著。这可能是因为虽然目前我国人工智能发展迅速,但整体的技术积累并不充足,这与第四章的测度结果相印证,我国人工智能发展主要集中在应用层,技术层的发展水平还较低。

除了要素密集程度的差异,竞争状况也是行业特征的一个重要维度,在竞争程度不同的行业中,人工智能对企业高质量发展的影响也可能有所不同。一方面,在竞争程度较高的行业中,企业可以通过对市场信息的挖掘和利用来开拓更多的商业模式(Melville et al.,2007;Olivier et al.,2018),即使合作者终止交易,也有其他可供选择的替代对象(袁淳等,2021),能够及时对企业的组织结构、管理与决策模式做出调整(何小钢等,2019),从而提升企业生产力。但在管制程度较高的行业中,事实并非如此,企业对资本、人力等要素依赖性较强,企业要素流动性较弱,不利于实现要素的最优匹配。另一方面,在竞争性行业中,企业可以通过技术创新的途径来影响企业的发展(Aghion et al.,2015;Gu,2016),不断提升自身的效率和质量以避免在优胜劣汰的市场环境中被淘汰出局。相反,垄断性较强的行业可能会削弱企业的创新能力,引起企业创新投入下降,阻碍企业效益的提升。因此,预期人工智能对企业高质量发展的赋能效果在竞争程度较高的行业中更加明显。本章借鉴 Nickell(1996)、张叶青等(2021)关于行业竞争程度的测量方法,采用行业内所有样本企业的主营业务利润率标准差的倒数来衡量该行业的竞争程度，并对行业的竞争程度大小按照计算结果进行排序，以中位数为界点将本章的全样本划分为低市场竞争和高市场竞争两组子样本，并按照基准模型分别在每一组子样本内重新进行回归。从表6.10的列(4)和列(5)的结果可以看出，人工智能 *ai* 的系数仅在第(5)列显著为正，结果与推论一致，说明较之于市场竞争较低的行业，人工智能对企业高质量发展的赋能效果主要体现在高市场竞争的行业中。

表6.10 不同行业异质性检验

变量名	劳动密集型	资本密集型	技术密集型	低市场竞争	高市场竞争
	(1)	(2)	(3)	(4)	(5)
ai	0.0026* (0.0014)	0.0073** (0.0030)	0.0001 (0.0018)	-0.0013 (0.0016)	0.0073*** (0.0018)
size	0.0081* (0.0043)	0.0161** (0.0073)	0.0133*** (0.0040)	0.0118*** (0.0037)	0.0087** (0.0040)
fia	0.0389 (0.0285)	0.0327 (0.0282)	0.0605** (0.0282)	0.0259 (0.0253)	0.0583** (0.0251)
top	-0.0003 (0.0002)	0.0003 (0.0003)	0.0008** (0.0004)	0.0005 (0.0004)	0.0001 (0.0002)
cash	0.0090 (0.0138)	-0.0073 (0.0447)	0.0156 (0.0121)	0.0098 (0.0098)	0.0113 (0.0204)
indp	-0.0297 (0.0283)	-0.1192 (0.0761)	0.0124 (0.0391)	-0.0006 (0.0337)	-0.0477 (0.0386)
dual	-0.0086 (0.0056)	0.0013 (0.0084)	-0.0074 (0.0047)	-0.0087* (0.0044)	-0.0051 (0.0048)
固定效应	控制	控制	控制	控制	控制
样本量	3371	1695	5234	5229	5072
R^2	0.0148	0.0236	0.0133	0.0161	0.0153

注：括号内为企业层面的聚类稳健标准误；*、**和***分别代表10%、5%和1%的显著性水平。

六、基于企业不同特征的检验

除了以上宏观、中观等特征的影响，企业自身的微观特征差异也会导致人工智能对企业高质量发展的影响产生非对称效果。从企业产权性质的角度看，不同企业所处的市场环境和拥有的资源条件并不完全一致，因而企业对人工智能技术的目标要求也会有所不同。国有企业作为政府控股管理的企业，其独特的制度优势能够保障企业拥有和占有部分优质资源和生产资料，无须面对激烈的市场竞争。但这种安逸的现状容易导致体制僵化、发展动力不足，很难依靠自身的创新能力来提高效率。因此，这类企业对于技术创新的要求并不高，在人工智能等前沿技术应用方面往往不足，很难通过技术创新来实现企业自身发展的提升。相比国有企业，非国有企业主要基于公司领导人或法人对企业各种行为做出决策，缺乏地方政府参与控制，若不及时更新技术设备可能无法保障其竞争地位。这类企业往往需要大范围应用前沿技术搭建现代化信息系统以挖掘更多的消费需求，通过敏锐的市场洞察能力及时调整策略以适应市场变化从而占领更多市场份额，才能在资本市场中得到有效的正向反馈，维系企业自身的生存与发展。为了验证上述推论，本章将根据企业的产权属性进行异质性分析，具体地，将全样本划分为国有企业和非国有企业两个子样本，并对两个子样本重新进行实证检验分析，结果见表6.11的第(1)列和第(2)列。从实证结果可以看出，虽然在国有企业的子样本中人工智能对企业高质量发展的回归系数为正值，但并没有通过显著性检验。相反，在非国有企业的子样本中，核心变量 ai 的回归系数通过了5%水平下的检验，并表现为显著的正向影响。上述结果表明，相比于国有企业，人工智能对非国有企业高质量发展的赋能效果更为明显，具有一定的差异化效果。

除此之外，人工智能对不同规模的企业可能也会产生异质性的作用效果。一方面，在智能化大背景下，中小企业可以借助前沿智能技术来摸排消费者喜好，帮助企业开拓新的收入增长点。不仅如此，这类企业还可以通过与关联企业进行战略合作，优化资源分配，激发消费市场的潜在需求，使得企业营业范围不断扩大，进而开拓全新的获益空间，助力企业快速发展。另一方面，在智能技术出现之前，中小企业经常需要面对“融资难、融资贵”的问题，而数字金融作为智能技术与传统金融结合的产物，能够有效降低金融机构在审贷过程中的投入成本，加快贷款审批速度（Fuster 等，2019），为企业高质量发展奠定了坚实的基础。相比小企业，大规模企业的智能化转型已较为成熟，与技术投入相比，人力资本升级等其他因素对企业高质量发展的影响可能更为敏感。基于以上考虑，本章将全样本划分为大规模企业和小规模企业两个子样本，具体以同行业企业期末资产总额的中位数为分界点。如果资产总额大于分界点则定义为大规模企业，否则定义为小规模企业。基于两个子样本探讨在不同企业规模的条件下人工智能对企业高质量发展的差异化作用，检验结果见表 6.11 的第(3)列和第(4)列。结果发现，人工智能对小规模企业的高质量发展影响较大且在统计意义上显著，但是对大规模企业的影响很小且并不显著，与上述推论完全一致。

表 6.11　不同企业异质性检验

变量名	国有企业	非国有企业	大规模企业	小规模企业
	(1)	(2)	(3)	(4)
ai	0.0017 (0.0018)	0.0035** (0.0016)	0.0006 (0.0018)	0.0059*** (0.0019)
size	0.0102** (0.0049)	0.0119*** (0.0042)	0.0087* (0.0051)	0.0175*** (0.0066)
fia	-0.0003 (0.0264)	0.0561** (0.0240)	0.0311 (0.0277)	0.0528** (0.0259)
top	0.0003 (0.0002)	0.0003 (0.0003)	0.0005 (0.0003)	0.0001 (0.0003)
cash	0.0238 (0.0222)	0.0100 (0.0113)	0.0158 (0.0196)	0.0227* (0.0126)
indp	-0.0157 (0.0259)	-0.0288 (0.0481)	-0.0074 (0.0244)	-0.0522 (0.0552)
dual	-0.0031 (0.0055)	-0.0135*** (0.0049)	-0.0053 (0.0058)	-0.0090** (0.0042)
固定效应	控制	控制	控制	控制

续表

变量名	国有企业	非国有企业	大规模企业	小规模企业
	(1)	(2)	(3)	(4)
样本量	4042	6248	5134	5167
R^2	0.0289	0.0141	0.0089	0.0205

注:括号内为企业层面的聚类稳健标准误;*、**和***分别代表10%、5%和1%的显著性水平。

本章小结

本章基于2007—2021年中国A股上市公司数据对人工智能赋能企业高质量发展的影响展开基准检验,为验证基准结果的稳健性。本章通过更换解释变量、增加控制变量、更换研究样本等多种方式重新进行回归,并且基于核心变量滞后期、各城市在1984年的邮局数量和固定电话数量以及基于平均值生成工具变量的方法,处理人工智能赋能企业高质量发展可能存在的内生性问题。此外,本章还从高质量发展的不同子维度、人工智能发展的不同子维度、不同时间、不同区域、不同行业以及不同微观特征企业的角度展开了异质性分析,主要研究结论如下:

第一,人工智能对企业高质量发展存在显著的赋能效果。基于A股上市公司样本数据,以文本挖掘法测度的企业智能化水平作为解释变量,以熵权—TOPSIS法测度的企业高质量发展水平作为被解释变量,并纳入企业规模、固定资产比率、股权集中度、现金流强度、独立董事占比、两职合一等控制变量,利用面板固定效应模型对人工智能与企业高质量发展进行回归分析,回归结果表明企业智能化发展程度越高,高质量发展成效越显著。

第二,多种稳健性检验结果表明,人工智能对企业高质量发展赋能效果依旧显著为正。首先,将文本分析构建的人工智能指标替换为企业智能化投资重新进行固定效应回归,发现基准模型的估计结果依然稳健。同时,考虑到词频数据可能存在一定的噪音,进一步通过构建企业是否披露人工智能相关信息虚拟变量作为企业人工智能发展的代理变量,结果与基准结论并无实质性区别,说明通过更换解释变量的稳健性检验后,基准结论依然成立。其次,本章还进一步增加控制变量,通过分别控制企业策略性操作和城市特征进行稳健性检验,结果显示核心结论"人工智能可以赋能企业高质量发展"并没有发生任何改变。最后,从行业、时间、地区不同层面删除某些特殊样本,以排除某些不可观测因素对基准回归结果的干扰,更换研究样本后人工智能对企业高质量发展的影响依然显著为正,从而验证了赋能效果的可靠性。

第三,本章采取工具变量回归法处理内生性问题,仍然可以得到人工智能可以赋能企业高质量发展的核心结论。首先,分别基于核心解释变量 ai 的滞后一期和滞后二期作为当前的工具变量来处理内生性问题,结果显示核心解释变量系数仍然显著,说明在利用核心变量滞后期作为工具变量后的结论基本不变。其次,基于企业所在地历史的邮局数量和固定电话数量作为工具变量来处理内生性问题,结果显示人工智能对企业高质量发展依旧有着显著的促进作用。最后,选取企业所在城市同行业内剔除本企业外的其他企业人工智能的平均发展水平作为工具变量,核心结论得到了进一步验证。

第四,异质性分析表明,人工智能对企业高质量发展的赋能效果并不是千篇一律的,存在差异化现象。第一,从企业高质量发展的子维度看,人工智能均能显著促进这五个维度的企业高质量发展,但不可否认,相比其他四个维度,人工智能促进创新驱动指数的效果最为明显。第二,从人工智能发展的子维度看,不同人工智能发展层次对企业高质量发展均能产生正向影响,但仅有应用层对企业高质量发展的影响效果最为显著。第三,基于不同时间段的异质性检验发现,自 2017 年我国进入人工智能蓬勃爆发阶段后,人工智能对企业高质量发展的回归系数才显著为正。第四,从不同区域展开异质性分析,得出相比于人工智能产业发展较好的东部地区,人工智能在中西部地区对企业高质量发展的赋能效果更为明显。从城市层面看,相比中心城市,处于外围城市的企业,人工智能对高质量发展的赋能效果更为显著。第五,基于不同行业的异质性检验,发现无论是劳动密集型行业还是资本密集型行业,人工智能都显著提升企业的高质量发展水平,但相比劳动密集型行业的企业,处于资本密集型行业的企业人工智能的赋能效果更大,而这种赋能效果对于技术密集型行业的影响并不显著。从行业竞争状况看,较之于市场竞争较低的行业，人工智能对企业高质量发展的赋能效果主要体现在高市场竞争的行业中。最后，本章还对不同微观特征的企业进行了异质性分析，基于企业不同产权属性的实证结果发现，相比国有企业，在非国有企业样本中人工智能对企业高质量发展的赋能效果更为明显，具有一定的差异化效果。从企业规模的角度看，人工智能对小规模企业的高质量发展影响较大且在统计意义上显著，但是对大规模企业的影响很小且并不显著。

第七章　人工智能赋能企业高质量发展的机理检验

上一章从不同角度已经证实了人工智能可以赋能企业高质量发展，那么人工智能究竟通过什么渠道影响企业高质量发展？这是本章需要深入探究的问题。前文的数理逻辑为本章机理检验提供了重要的理论基础，现阶段企业要想发展壮大，不仅要扩大自身的生产规模，还需借助人工智能等新兴技术，切实提升企业的生产效率。同时，依托智能化手段，调整信贷结构，缓解融资约束，改善企业融资以释放更多的经济增长潜能。接下来，本章将在前文数理逻辑的基础上，结合现阶段的企业发展情况，进一步从规模扩大机制、效率提升机制和融资改善机制等不同渠道分析人工智能对企业高质量发展的影响机理并提出相应的研究假说，从而进行更为丰富和具体的实证检验，以期挖掘更多切合实际的影响路径，进而更好地发挥人工智能在企业发展过程中的重要作用。

第一节　人工智能赋能企业高质量发展的规模扩大机理检验

一、规模扩大机理的理论分析与研究假说

（一）人工智能对企业内部规模的影响效应

企业通过借助智能技术可以获取比以往更大的利润，会进一步扩大规模。一是扩大企业资产规模。从固定资产的角度看，企业在智能化转型过程中固定资产将逐步朝着动态化的方向发展。虽然其坐标位置与以往并无

区别,但智能技术的引进为固定资产注入了活力,通过与传统的固定资产融合成为新式固定资产,其功能将更加全面,这为企业发展带来了极大便利和重要保障。从无形资产的角度看,无形资产是企业进行技术革新的核心体现,与固定资产相比,它并不具备物质实体,而是一种依托有形资产实现的价值存在,是企业拥有的非货币资产。这种资产所具备的高效性、价值性和稀缺性是企业赢得竞争优势的重要源泉,通过与人工智能技术结合能够形成新的经济增长点,为企业高质量发展增添无限动力。二是吸收更多的劳动力。一方面,智能技术与产品融合发展的过程中,智能产品、智能服务相继出现,在智能技术未全面普及前,少数拥有智能技术相关的企业可以抢夺第一波红利,为了获取更大的利润空间,将扩大生产规模,创造更多的就业机会。另一方面,企业通过更新机器设备提高生产率,以此降低产品的生产成本和销售价格,将有效刺激居民消费,同时,企业利润增加,全社会总收益随之扩大,提高了居民收入水平和消费需求,从而促进企业生产规模扩大,进一步增加了对劳动力的需求。三是创造更大的营收规模。营收规模是企业看得见的支柱,通过部署多种人工智能系统,给予企业智能的管理和更高的效率。得益于智能化转型带来的信息化,企业可以更大范围地接触上下游关联企业,提高了交易双方的沟通效率,降低了交易的协商谈判成本,一定程度上缓解了交易不确定性,交易成功率得以提升。同时,在交易过程中可以实时跟踪进展情况,通过对交易细节不断调整和优化,形成一种稳定持续的生产关系和社会关系,有助于企业信誉的提升,从而实现营收增长和利润率增加。基于以上分析,提出本节第一个研究假说:

H_1:人工智能可以通过扩大企业内部规模的渠道促进企业高质量发展。

(二)人工智能对产业集聚规模的影响效应

产业集聚可以在一定程度上作为企业智能化发展的重要着力点,一定的集聚规模不仅可以推动产业结构转型,也可以为企业高质量发展贡献力量,通过要素流动、技术溢出、规模经济等方式为企业智能化转型提供动力。目前关于产业集聚的分类大部分是基于不同集聚经济的来源和性质,现有文献主要是从专业化集聚和多样化集聚的角度研究产业集聚。

专业化集聚一般是指同质性企业在一定区域内的空间集聚现象,不同程度的集聚对企业的影响并不相同。一方面,专业化集聚有助于形成规模经济效应,推动企业发展水平整体跃升。由于诸多同质企业大量聚集,使得资源相对集中形成要素池,缩短了区域内的企业要素转移距离,加大了企业间互动,从而形成规模经济,促使企业降本增效。同时,区域内的企业之间可以通过不断学习的方式扩大知识存量,从而降低企业的创新成本,驱动上下游企业进行技术革新,进而产生“虹吸效应”,有利于带动区域内企业整体发展水平的提升。另一方面,过高的专业化集聚形成的趋同效应和拥挤效应,可能会对企业发展带来不利影响。从趋同效应看,同质企业的过度聚集会加剧企业间的竞争程度,造成资源过度内耗,尤其是对于技术水平低、自身实力较弱的企业而言,这种残酷的竞争环境会让其濒临停产甚至倒闭。从拥挤效应看,当专业化集聚程度超过区域承载力后,所带来的负外部效应会反向作用于企业的创新水平,进而抑制企业高质量发展水平的提升。

多样化集聚一般指的是不同类型的企业在一定区域内的空间集聚现象。一方面,作为引领新一轮科技革命和产业变革的战略性技术,人工智能具有明显的技术外溢特征。由于企业多样性和差异化的存在,区域内企业可以通过知识共享和技术互通进行思维碰撞,从而强化自身知识积累的深度和知识创造的广度,为企业技术创新和转化打下基础,进而推动区域内产业多样化发展,使得生产价值链进一步延伸,因此人工智能可以通过提高多样化集聚进而提升企业的高质量发展水平。另一方面,如果区域内产业结构较为分散,企业所拥有的技术相似性不足,可能会导致整个区域的技术供给和技术需求错乱,进而影响整个地区的协同创新效应。同样地,当多样化集聚超过区域承载力后,可能会出现资源紧缺、生态环境恶化等问题,并不符合新时代我国高质量发展的目标要求。综上所述,提出以下研究假说:

H_2:不同类型的产业集聚规模对人工智能赋能企业高质量发展存在不同的作用效果。

二、模型构建

(一)计量模型与指标测算

通过理论分析可知,人工智能可以通过规模扩大的渠道影响企业高质量发展,这一渠道不仅包括企业内部规模,也包括产业集聚规模。为了验证上述研究假说,本节采用 A 股上市公司 2007—2021 年的面板数据,以企业内部规模和产业集聚规模为被解释变量，人工智能发展水平为核心解释变量构造以下面板固定效应回归模型。

$$size_{it} = \alpha + \beta\, ai_{it} + \sum_i \rho_i control_{it} + industry_j \times year_t + \mu_{it} \tag{7.1}$$

$$cluster_{it} = \alpha + \beta\, ai_{it} + \sum_i \rho_i control_{it} + industry_j \times year_t + \mu_{it} \tag{7.2}$$

其中，下标 i 表示企业，t 表示年份。被解释变量 $size_{it}$ 为企业规模，具体从资产规模、人员规模和营收规模的角度衡量；$cluster_{it}$ 为集聚规模，具体从专业化集聚和多样化集聚的角度衡量。核心解释变量 ai_{it} 表示企业层面的人工智能发展水平。$control_{it}$ 表示相关控制变量。考虑到样本期不同行业随时间变化的特征，进一步控制行业×年份联合固定效应 $industry_j \times year_t$，μ_{it} 表示随机误差项，并将稳健标准误聚类到企业层面。

上述回归模型考察的是人工智能对企业规模、集聚规模的条件期望影响，实际上是均值回归，可能会遗漏一些重要信息，导致无法准确检验变量之间的真实关系。Koenker 和 Bassett（1978）提出的分位数回归方法（Quantile Regression）相较于传统的均值回归，可以研究不同分位数下各影响因素所带来的影响差异。同时，分位数回归的最小化目标函数为残差绝对值的加权平均，其估计结果不易受极端值影响，故本节在稳健性检验中，采用分位数回归进行检验。

具体地，将分位数回归模型中的被解释变量 y 的τ分位数的函数 $Q(\tau)$ 定义如下：

$$Q(\tau) = inf\{y : F(y) \geq \tau\}, (0 < \tau < 1) \tag{7.3}$$

其中，$F(y)$ 定义为 y 的分布函数，τ表示在回归线以下的数据占总体数据的百分比。

之后，许多学者将分位数回归应用于面板数据，面板数据的一般模型为：

$$Y_{it} = x_{it}^T \beta_i + \delta_i + \mu_{it}, (i = 1, 2, \cdots, K; t = 1, 2, \cdots, T) \tag{7.4}$$

其中，i 表示不同个体，t 表示样本观察的时间，β 表示变量系数，δ 表示个体效应，μ 表示随机误差项。将面板分位数回归参数估计的条件分位函数设置如下：

$$Q_{y_{it}}(\tau | x_{it}, \delta_i) = x_{it}^T \beta(\tau_q) + \delta_i, (0 < \tau < 1) \tag{7.5}$$

当 τ 取不同的值时，通过求解最小加权绝对残差，可以获得在不同分位点上的参数估计量，此时$\widehat{\beta}$的计算公式为：

$$\widehat{\beta}=argmin_{\delta,\beta}\sum_{q=1}^{Q}\sum_{t=1}^{T}\sum_{i=1}^{K}W_k\rho_\tau(y_{it}-x_{it}^T\beta(\tau_q)-\delta_i) \quad (7.6)$$

其中，W_k 为权重系数，用于控制在 q 分位点对估计系数的影响程度，$\rho_\tau(\mu)$为分段线性分位数损失函数，其具体式子为：

$$\rho_\tau(u)=\begin{cases}u\times(\tau-1),u<0\\ u\times\tau,u\geq 0\end{cases} \quad (7.7)$$

出于稳健性考虑，本节设定面板分位数回归模型如下：

$$Q_\tau(size_{it})=\alpha+\beta_{i\tau}ai_{it}+\sum_i\rho_{it}control_{it}+industry_j\times year_t+\mu_{it} \quad (7.8)$$

$$Q_\tau(cluster_{it})=\alpha+\beta_{i\tau}ai_{it}+\sum_i\rho_{it}control_{it}+industry_j\times year_t+\mu_{it} \quad (7.9)$$

其中，$Q_\tau(size_{it})$、$Q_\tau(cluster_{it})$分别为企业内部规模和产业集聚规模的 τ 分位数，$\beta_{i\tau}$为人工智能对企业规模、集聚规模的 τ 分位数估计系数，为描述企业内部规模和产业集聚规模的阶梯式上升，选取分位点 τ 分别为 10th、25th、50th、75th、90th（10%、25%、50%、75%、90%），$\rho_{i\tau}$为控制变量在这 5 个分位点对企业规模、集聚规模的估计系数。各指标的测算说明如下：

企业规模。现有文献中衡量企业规模的指标主要有三个，分别为企业资产总额、企业员工人数和企业销售收入，因而，本节从资产规模（*asize*）、人员规模（*psize*）、营收规模（*rsize*）三个角度来测度企业规模。其中，资产规模用企业期末总资产的自然对数表示，人员规模用企业员工人数的自然对数表示，营收规模用企业营业收入的自然对数表示。

产业集聚。关于产业集聚的测度方法有很多，如赫希曼－赫芬达尔指数（H 指数）、Ellision－Glaeser 集聚指数（EG 指数）、哈莱－克依指数（HK 指数）、行业集中度（CRn）、区位熵数法（E 指数）、空间基尼系数（Gini 系数）等。鉴于计算的简便性、数据的可获性以及测度结果的可靠性，现有研究使用区位熵数法测度产业聚集较为普遍，区位熵数值的计算公式如下：

$$Q_{ij}=(X_{ij}/X_i)/(X_{kj}/X_k) \quad (7.10)$$

其中，Q_{ij}表示区位熵数值，X_{ij}表示 i 地区 j 产业包含的就业人数，X_i表示 i 地区的就业人数，X_{kj}表示全国 j 产业的就业人数，X_k表示全国就业人数。使用就业人数测度产业集聚的原因在于各年度的就业人数具有连续性，可比性较强，且不同地区人员的集聚在一定程度上能够反映生产活动的密集程度。

由于本节实证研究的样本为上市公司，涉及的行业较多，为进一步研究集聚规模对人工智能赋能企业高质量发展的影响机制，本节在区位熵数法的基础上，按照国民经济行业分类标准，参考陈长石等(2019)的测度方法对产业集聚进一步分类为专业化产业集聚(*single*)和多样化产业集聚(*diversify*)。

专业化产业集聚的计算公式为：

$$single_{it} = max\ (s_{ijt}/s_{jt}) \tag{7.11}$$

多样化产业集聚的计算公式为：

$$diversify_{it} = \frac{1}{\sum s_{ijt}^2} \tag{7.12}$$

其中，s_{ijt}表示 i 地区 j 产业在第 t 年的就业人数占地区总就业人数的比重，s_{jt}表示 j 产业在第 t 年的就业人数占所有地区就业人数的比重。

人工智能。企业人工智能发展水平数据，采用文本挖掘方法所得的企业人工智能指数表示。数据来源于中国 A 股上市公司年报的文本资料，详细过程见第四章的人工智能测度与评价。

控制变量。为了使模型更加稳健，参考现有相关研究成果(张志元和马永凡，2022；周泽将等，2022；郑明贵和郑舒情，2022)，本节在核心解释变量的基础上，选取了企业年龄(*age*)、固定资产比率(*fia*)、股权集中度(*top*)、现金流强度(*cash*)、独立董事占比(*indp*)、两职合一(*dual*)作为控制变量。

(二)样本数据来源与描述性统计

本节选取的数据集为 2007—2021 年 A 股上市公司数据。数据来源为 CSMAR 数据库、WIND 数据库。按照企业样本数据选取惯例，对核心变量缺失较为严重、资不抵债的样本、金融行业样本、ST、* ST、PT 及样本期间退市的样本进行剔除。同时，为了缓解异常值对回归结果的影响，本节对数据进行了 1% 和 99% 的 Winsor 缩尾处理。规模扩大机制变量的描述性统计如下表7.1 所示。企业资产规模、人员规模、营收规模的均值分别为 22.2773、7.8887、21.6359，标准差分别为 1.4023、1.3125、1.5578，说明样本企业的企业规模存在一定差异。专业化产业集聚和多样化产业集聚的均值分别为 2.3981和 7.1350，最大值分别为 14.9686 和 13.7013，说明产业集聚规模还存在较大的提升空间。

表 7.1 规模扩大机制变量的描述性统计

变量	均值	标准差	最小值	中位数	最大值
asize	22.2773	1.4023	18.7601	22.0235	28.6365
psize	7.8887	1.3125	3.2189	7.7778	13.2228
rsize	21.6359	1.5578	16.3535	21.432	28.6366
single	2.3981	1.5915	1.2360	1.7935	14.9686
diversify	7.1350	2.7311	3.3922	6.4335	13.7013

三、企业内部规模扩大的机理检验

（一）人工智能对企业内部规模的影响分析

根据前文理论分析，本节从资产规模、人员规模和营收规模三个方面实证考察企业规模对人工智能赋能企业高质量发展的影响机制，结果如表 7.2 所示。表格第(1)列报告了人工智能对资产规模的影响，结果显示人工智能在 1% 的水平下显著扩大了企业资产规模。人工智能的发展，是建立在各种先进技术基础之上的，借助智能时代发展带来的优势，企业的数字化管理应运而生，对机器设备等固定资产和以数据为代表的无形资产的需求将大幅提升。表 7.2 第(2)列为人工智能对人员规模的影响。同样地，人工智能在 1% 的水平下显著扩大了企业人员规模，虽然智能机器能够替代人类执行部分低端工作任务，但随着企业智能化改造和数字化转型的逐步实现，对多元化的技能人才需求将进一步扩大。表 7.2 第(3)列的结果为人工智能对企业营收规模的影响。结果显示人工智能在 1% 的水平下显著扩大了企业营收规模，在残酷的优胜劣汰市场竞争中，企业可以借助智能技术提高自身核心竞争力来追求更大的营业收入。总的来说，人工智能可以通过扩大企业内部规模的途径赋能企业高质量发展。

表 7.2　人工智能对企业规模的影响结果

变量名	资产规模	人员规模	营收规模
	(1)	(2)	(3)
ai	0.1381*** (0.0142)	0.0951*** (0.0148)	0.1259*** (0.0167)
age	0.5775*** (0.0225)	0.2726*** (0.0219)	0.5103*** (0.0256)
fia	-1.5682*** (0.2040)	-0.1833 (0.1781)	-1.3224*** (0.2430)
top	-0.0006 (0.0031)	0.0015 (0.0029)	0.0026 (0.0034)
cash	-0.1597* (0.0878)	-0.1825** (0.0901)	-0.1399 (0.1040)
indp	-0.1929 (0.2208)	-0.2457 (0.2156)	-0.1630 (0.2498)
dual	0.0299 (0.0299)	0.0151 (0.0296)	-0.0022 (0.0361)
固定效应	控制	控制	控制
样本量	10301	10298	10301
R^2	0.4281	0.1344	0.2913

注:括号内为企业层面的聚类稳健标准误;*、**和***分别代表 10%、5% 和 1% 的显著性水平。

(二)稳健性检验

本节的稳健性检验由以下两个部分构成:第一,分位数识别检验,主要考察在不同的企业规模分位点上人工智能的赋能影响;第二,更换样本容量,通过随机抽样方式排除特殊样本的影响。

分位数识别检验。从数据描述性分析来看,在样本观测期间,不同企业的资产规模、人员规模和营收规模均存在较大差异。随着企业智能化水平的提升,不同企业规模下的人工智能赋能企业高质量发展的效果可能存在较大的不同。对此,本节针对企业规模的三个维度,即资产规模、人员规模和营收规模进行分位数层面的回归分析。从图 7.1 回归参数的分析结果来看,在条件分布的差异化分位点上,人工智能对扩大企业规模形成了明显差异化的作用效果。同时,从图中明显可以看出,在任何分位点上三个维度的作用效果均在横轴上方,也就是说企业智能化发展一定程度上可以带动企业规模扩大。这与前文基础结论的逻辑是保持一致的,并且随着三个企业规模指标分位点的逐步上升,这种正向促进效应还出现了明显增强的趋势,进一步为前文的核心结论提供了强有力的支持证据。

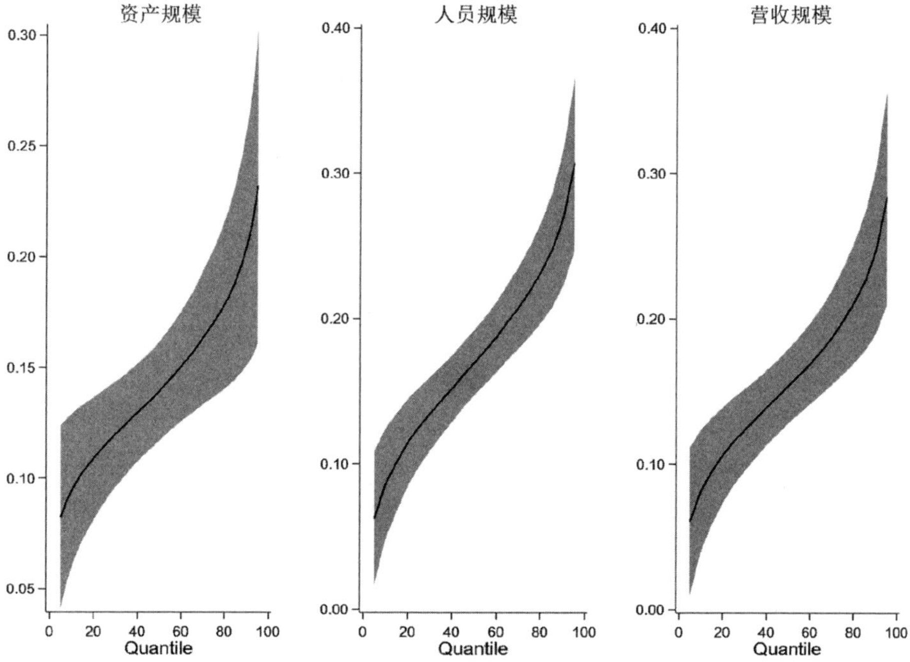

图 7.1　稳健性检验:分位数检验

更换样本容量。在样本筛选过程中可能会因人为因素造成样本偏向性,为排除这一影响,从全样本数据中随机抽取了 2007—2021 年 70% 的数据作为子样本重新进行回归操作,结果如表 7.3。通过将更换样本容量后的回归结果与原来的回归结果进行对比后发现资产规模、人员规模和营收规模三个维度的人工智能 *ai* 的显著性水平和估计系数均没有明显的变化,即原有核心结论“人工智能可以通过扩大企业规模的途径赋能企业高质量发展”并没有发生任何改变，说明本节构建的模型是有效的，回归得到的结论是可靠的。

表 7.3　稳健性检验：更换样本容量

变量名	资产规模	人员规模	营收规模
	(1)	(2)	(3)
ai	0.1425*** (0.0164)	0.1050*** (0.0168)	0.1432*** (0.0195)
age	0.5930*** (0.0259)	0.2792*** (0.0241)	0.5136*** (0.0283)
fia	-1.4339*** (0.2444)	-0.0654 (0.2189)	-1.1825*** (0.3125)
top	-0.0011 (0.0032)	0.0007 (0.0029)	0.0024 (0.0036)
cash	-0.1251 (0.1070)	-0.1854* (0.1080)	-0.1809 (0.1317)
indp	-0.1286 (0.2778)	-0.1361 (0.2632)	-0.0979 (0.3152)
dual	0.0278 (0.0350)	0.0166 (0.0365)	-0.0099 (0.0427)
固定效应	控制	控制	控制
样本量	7210	7208	7210
R^2	0.4299	0.1424	0.2911

注：括号内为企业层面的聚类稳健标准误；*、**和***分别代表 10%、5%和 1%的显著性水平。

四、产业集聚规模扩大的机理检验

（一）人工智能对产业集聚规模的影响分析

产业集聚可以划分为专业化产业集聚和多样化产业集聚。由前文理论分析可知,在不同产业集聚模式下,人工智能对企业发展可能会产生不同的影响。虽然专业化集聚可以借助资源共享的方式降低企业生产成本,并且还可以通过形成规模经济圈进而推动企业高质量发展水平的整体跃升。但不可否认,过高的专业化聚集会产生区域拥挤效应,导致企业间同质化现象严重,反而不利于企业发展。而多样化集聚则可以通过信息互换、技术溢出以及跨界融合,推动企业协调创新,促进产业进一步集聚进而赋能企业高质量发展。基于以上考虑,本节将从专业化集聚和多样化集聚的角度实证分析人工智能对集聚规模的影响,实证结果如表7.4。表7.4的列(1)和列(2)是没有控制固定效应的回归结果,列(3)和列(4)为加入了固定效应的回归结果,整体来看,人工智能对不同产业集聚模式的影响方向和程度是不同的。由于人工智能应用领域的广泛性,必然会促使企业朝着全方位、多样化的方向发展。若企业坚持固有的发展模式,朝着趋同化的方向发展,会极度降低企业的自主创新性,导致适得其反的效果,并不符合企业高质量发展的目标。

表7.4　人工智能对集聚规模的影响结果

变量名	专业化集聚	多样化集聚	专业化集聚	多样化集聚
	(1)	(2)	(3)	(4)
ai	-0.0151 (0.0100)	0.1300*** (0.0111)	-0.0122 (0.0133)	0.1126*** (0.0177)
age	0.0460*** (0.0163)	0.7163*** (0.0190)	0.0152 (0.0221)	0.7795*** (0.0306)
fia	0.0347 (0.1069)	-0.8974*** (0.1211)	0.1145 (0.1360)	-0.8619*** (0.1921)
top	0.0017 (0.0012)	-0.0087*** (0.0014)	-0.0005 (0.0014)	-0.0102*** (0.0027)
cash	0.1460* (0.0845)	0.2847*** (0.0922)	0.0620 (0.0853)	0.2341* (0.1258)
indp	-0.0990 (0.1982)	0.1063 (0.2170)	-0.1512 (0.3244)	0.0671 (0.3187)

续表

变量名	专业化集聚	多样化集聚	专业化集聚	多样化集聚
	(1)	(2)	(3)	(4)
dual	-0.0416* (0.0253)	0.0635** (0.0279)	-0.0182 (0.0334)	0.0864** (0.0434)
固定效应	不控制	不控制	控制	控制
样本量	10132	10132	10132	10132
R^2	0.0002	0.2608	0.0011	0.2617

注:括号内为企业层面的聚类稳健标准误;*、**和***分别代表10%、5%和1%的显著性水平。

（二）稳健性检验

接下来,为了验证产业集聚规模扩大机理的准确性,本节通过剔除特殊样本、考虑内生性问题和控制省份特征变量三种方法,进一步对前文实证分析得到的结论,即人工智能可以通过多样化集聚规模扩大的渠道赋能企业高质量发展重新进行实证检验,以增强研究结果的稳健性。

剔除特殊样本。考虑到一些大型企业主要分布在超大城市或直辖市,且由于直辖市特殊的区位优势和政治经济方面的优势,这些地方的企业人工智能发展水平和产业聚集程度可能会和其他地区存在较大差异。基于这一考虑,本节将四大直辖市内的企业样本剔除后,对新样本重新进行上述回归检验,结果见表7.5的第(1)列。结果显示人工智能对多样化集聚的影响系数为0.1101,与前文基准回归系数基本保持一致,且通过了1%显著性水平的检验,表明人工智能有助于产业多样化集聚,可以证明多样化集聚规模扩大的稳健性。

考虑内生性问题。内生性问题是实证分析的重要内容之一,如果忽略这一问题,可能导致实证结果存在偏误。在本节的实证分析中,考虑到人工智能与多样化产业集聚之间可能存在双向因果关系,进而导致实证结果不准确,解决这一问题的有效手段是可以通过寻找一个合适的工具变量,以缓解模型的内生性问题。因而,本节将通过工具变量法进行稳健性检验。借鉴胡浩然等(2020)的处理方法,将核心解释变量的滞后一期作为工具变量进行回归，这样做的理由归因于产业集聚的滞后一期和当期变量高度相关，符合工具变量的相关性条件，并且当前的产业集聚并不能影响过去的智能化发展，满足工具变量的排他性条件。通过工具变量法缓解内生性问题后的回归结果见表7.5的第(2)列，从结果可以看出Kleibergen - Paap rk的LM统计量在1%的水平下拒绝了工具变量与内生变量无关的原假设，且Kleibergen - Paap rk的Wald F的值大于Stock - Yogo弱识别检验10%水平下的临界值16.38，说明不存在识别不足和弱工具变量的问题。因此，本节以核心解释变量的滞后一期作为工具变量是有效的，可以避免可能存在的内生性问题。在缓解了内生性问题后，人工智能 *ai* 的回归系数仍然显著为正，进一步支持了前文基准回归结果。

控制省份特征。虽然前文在人工智能对集聚规模的基准回归中控制了固定效应和多个企业特征变量，但在人工智能影响企业高质量发展的进程中，各地区自然资源、文化习俗、气候特征等难以量化的外界因素也会对企业内部发展产生重要影响，因而本节在稳健性检验中进一步考虑引入省份虚拟变量以控制省份特征。控制省份特征的相关回归结果报告于表7.5的第(3)列，*ai* 的系数在5%置信水平下显著为正，该结果意味着，在排除了省份特征对产业集聚的影响后，人工智能赋能企业高质量发展的多样化集聚机制依然存在。

表7.5　产业集聚规模稳健性检验

变量名	剔除直辖市	考虑内生性	控制省份特征
	(1)	(2)	(3)
ai	0.1101*** (0.0194)	0.2232*** (0.0400)	0.0364** (0.0148)
age	0.8084*** (0.0331)	0.4823*** (0.0415)	0.3399*** (0.0376)
fia	-0.8969*** (0.2007)	0.1822 (0.2563)	-0.3255* (0.1678)
top	-0.0107*** (0.0029)	0.0107*** (0.0023)	-0.0049** (0.0023)

续表

变量名	剔除直辖市	考虑内生性	控制省份特征
	(1)	(2)	(3)
cash	0.2827** (0.1365)	2.0873*** (0.3381)	0.2169** (0.1065)
indp	0.0422 (0.3643)	2.9529*** (0.6313)	0.0866 (0.2871)
dual	0.0879* (0.0465)	-0.4165*** (0.0745)	0.0349 (0.0364)
固定效应	控制	控制	控制
样本量	9263	6892	10132
R^2	0.2590	0.0384	0.4216
Kleibergen - Paap rk LM statistic		2154.547 [0.0000]	
Kleibergen - Paap rk Wald F statistic		1.4×10^4	

注:圆括号内为企业层面的聚类稳健标准误;方括号内为p值;*、**和***分别代表10%、5%和1%的显著性水平。

(三)分位数回归

由前文变量测度的分析结果可知,企业人工智能发展水平和产业集聚水平均存在分布不均衡问题,基于以上考虑,为优化企业智能化与产业集聚的协同发展,寻找更佳路径赋能高质量发展,有必要在不同产业集聚水平下对人工智能的赋能效果展开具体分析。鉴于此,本节采用面板分位数回归模型,对人工智能通过多样化产业集聚的渠道影响企业高质量发展进行更为深入的研究,选择的分位点分别为10%、25%、50%、75%、90%,具体的回归结果见表7.6。由表7.6可以看出随着分位数的增加,人工智能在各分位点的回归系数呈现不断上升的趋势,从0.0757上升到了0.1556,且系数均在1%或5%的水平上显著为正。表明人工智能对多样化产业集聚的条件分布为右端的影响大于左端的影响,也就是说智能化发展水平越高对产业多样化集聚的影响越大,即多样化产业集聚程度越高,人工智能赋能企业高质量发展的效果越明显。原因在于,随着产业内部智能化水平的不断加深,企业可以突破空间限制,开展更多的外部活动,生产成本和交易成本将不断减少,有利于帮助企业扩大生产范围,使得产业链条不断延展。同时,多样化产业集聚的企业本身也包含大量的先进知识和前沿技术,可以通过多样化的集聚方式获取大量的外部性收益,进而加速人工智能领域知识和技术的溢出与创造。因此,这种多样化的协同溢出效应能够助力企业实现高质量发展,并且随着企业多样化集聚程度的加深,赋能效应将更为明显。

表 7.6　面板分位数回归结果

变量名	Q10	Q25	Q50	Q75	Q90
	(1)	(2)	(3)	(4)	(5)
ai	0.0757** (0.0384)	0.0867*** (0.0317)	0.1086*** (0.0208)	0.1394*** (0.0213)	0.1556*** (0.0292)
age	0.8092*** (0.0613)	0.8004*** (0.0506)	0.7827*** (0.0332)	0.7578*** (0.0340)	0.7448*** (0.0466)
fia	−0.8074** (0.4098)	−0.8236** (0.3380)	−0.8561*** (0.2216)	−0.9016*** (0.2272)	−0.9254*** (0.3112)
top	−0.0072 (0.0052)	−0.0081* (0.0043)	−0.0099*** (0.0028)	−0.0123*** (0.0029)	−0.0136*** (0.0040)
cash	0.0698 (0.2963)	0.1188 (0.2445)	0.2166 (0.1603)	0.3538** (0.1643)	0.4259* (0.2251)
indp	−0.1357 (0.7620)	−0.0752 (0.6286)	0.0455 (0.4120)	0.2149 (0.4225)	0.3039 (0.5788)
dual	0.1222 (0.0939)	0.1115 (0.0775)	0.0902* (0.0508)	0.0604 (0.0521)	0.0447 (0.0714)
固定效应	控制	控制	控制	控制	控制
样本量	10132	10132	10132	10132	10132

注:括号内为企业层面的聚类稳健标准误;*、**和***分别代表 10%、5%和 1%的显著性水平。

第二节 人工智能赋能企业高质量发展的效率提升机理检验

一、效率提升机理的理论分析与研究假说

随着人工智能技术的迅速繁荣发展，带动要素之间不断进行交互，促使资源重新进行优化配置，加速人工智能与实体经济深度转化融合，有助于实现动力变革、质量变革、效率变革。在这样的背景下，如何利用人工智能切实提升企业生产效率，对我国企业实现高质量发展具有重要意义。实际上，企业高质量发展研究与生产率分析紧密相关，经济增长理论认为，资本、劳动力和技术进步是企业生产经营的核心投入要素。但随着资本边际报酬下降、老龄化程度加深、新贸易壁垒出现，传统要素投入的驱动方式可能难以承担企业高质量发展的重任，需要将目光转向以人工智能为代表的新一代信息技术，从而提高要素生产率，促进企业与社会的平稳发展。生产率（Productivity）指的是投入产出的比率，表示单位要素投入可以带来的产出增加值，也即要素转化为产出的效率。基于投入要素的不同属性和不同种类组合，生产率又可以分为单要素生产率（Single Factor Productivity，SFP）和全要素生产率（Total Factor Productivity，TFP）。其中，单要素生产率一般包括劳动生产率和资本生产率。全要素生产率也称为多要素生产率，是产出增长率超出投入增长率的部分，一般用全要素生产率来衡量经济增长效率。如第二次世界大战以前的生产率一般为劳动生产率，是由单位劳动力所生产的产值进行计算得到的，其本质就是单要素生产率。从要素收入分配的角度来看，劳动生产率与居民收入紧密相连，对一国的社会福利和经济发展至关重要。但随着老龄化进程的加速推进，单纯依赖劳动力投入驱动的经济发展方式已难以为继。因而近来许多专家和学者都将要素投入的重点转向技术进步，也就是全要素生产率。随着智能技术的普及，人工智能已经成为提升企业全要素生产率的重要举措，是实现企业高质量发展的关键。因此，伴随第四次工业革命的推进和要素成本的上升，提高生产效率成了企业借助人工智能技术实现智能化转型，迈向高质量发展的关键因素。

（一）人工智能对单要素生产率的影响效应

现有研究中，人工智能对单要素生产率会产生怎样的影响并未达成统

一意见。限于篇幅,本节仅从劳动力这一要素投入入手,对单要素生产率进行分析。企业在进行智能化转型的过程中,主要通过劳动力的替代效应、互补效应和创造效应来影响劳动生产率。从替代效应的角度看,一方面,人工智能可以在一定程度上替代人类进行工作,不仅能够通过全机械式的自动管理将人们从重复、枯燥的工作中解放出来,还能逐步接管环境恶劣、流程繁琐的高危工作,从而减少生产所需的劳动力,同时,智能机器可以延长企业的生产时长,能够降低生产成本,节省大量的必要劳动时间。另一方面,人的精力颇为有限,长时间高强度工作容易造成人员疲劳导致生产效率低下、出错率提高,区别于人类工作时长和注意力集中的要求,人工智能不仅没有生产疲劳和效率低下等问题,生产的产品也更为精准、出错率较低,能够有效提高产品的生产质量。在互补效应方面,越来越多的企业通过人机协同模式来提高企业劳动生产率。如企业领导者可以通过大数据技术密切关注行业动态,把握市场机遇,进而提升劳动生产率。企业管理者可以借助智能技术进行工作交流,明确各部门分工,加强内部治理,进而提升劳动生产率。技术人员可以将产品信息导入机器后,再根据机器生产的产品进行调整,进而提升劳动生产率。在创造效应方面,人工智能在替代部分劳动力的同时也会创造一些新的职业和岗位,带来新的工作和生活方式,促使劳动力持续学习,不断获取新技能,以提升自身价值,企业通过雇佣更多高技能员工以提升劳动生产率。基于上述的分析,提出以下研究假说:

H_3:给定其他条件不变,人工智能将对企业劳动生产率产生正向影响。

(二)人工智能对全要素生产率的影响效应

人工智能是引领未来的一项战略性技术,为抢占发展先机,各行各业正加速与人工智能深度融合,以助力传统产业转型升级。作为企业实现智能化转型的主要途径,人工智能对企业全要素生产率的提升具有重要作用,是赋能企业高质量发展的重要原动力。具体体现在以下几个方面:一是人工智能可以强化和提升资本、劳动等生产要素,通过结合大数据建模技术,对市场趋势进行预判,根据市场需求及时调整和匹配合理的生产计划,以提升企业的资源利用率,降低生产成本。同时,通过对客户数据的分析和整理,精准把握不同消费者的价值需求,从而定制更多个性化产品提升企业的消费者黏性,获取品牌溢价。二是人工智能可以通过“干中学”效应增加企业技术创新力度，通过对企业核心技术攻关，为企业带来更多的技术突破。通过在实践中应用、学习和模仿，形成的实物形态创新能够超越各种非物化的创新活动，由此释放的生产率提升效果也将比其他投资效果更为显著（师博，2020）。三是人工智能具有通用型技术—经济特征，具有很强的技术外溢效应。作为世界第二大经济体，中国具有广阔的人工智能应用场景，通过将共性技术与不同产业深度融合可以为其他领域提供更多的技术解决方案，以形成网络效应，打造全新的产业创新经济增长方式。基于上述分析，提出以下研究假说：

H_4：给定其他条件不变，人工智能将对企业全要素生产率产生正向影响。

（三）新"索洛悖论"下人工智能对生产率的影响效应

1987年诺贝尔奖获得者罗伯特·索洛指出，除了在统计生产率数据时看不见计算机，在其他领域计算机无处不在，这就是著名的"生产率悖论"现象，也叫"索洛悖论"。20世纪，计算机革命凝聚了磅礴力量，美国的信息技术产业在世界上占主导地位，计算机产业投资增长迅猛，但它对生产率的推动作用却收效甚微。因而部分学者否定了信息技术对生产率的贡献，认为计算机应用与生产率增长并无显著相关性，如超过80%的服务业都使用了计算机，但其生产率效应却不及制造业（Roach，1991）。也有学者肯定了信息技术对生产率的正向影响，认为"生产率悖论"已不复存在。如Zeira（1998）通过经济增长模型分析得出，自动化的应用能提高生产率。人工智能作为一种通用目的技术，如同传统信息技术对生产率的影响，存在新"索洛悖论"（陈楠、蔡跃洲，2022）。如前文所述，通用技术确实是生产率提升的重要推动力，但这一推动效应可能并不会在技术到达时立即显现，存在一定的时滞性。从短期来看，人工智能对生产率的影响较低。一是人工智能的应用是建立在各项发展完善的辅助和补充性技术与各部门和产业在规模、效应达到完全耦合后，人工智能技术才能在各部门和产业间扩散和应用。二是企业在引进智能技术后，需要引进大量研发人员对生产模型、业务流程等组织再造，除此之外还需要对其相应的产业链和供应链进行重构，这些都需要花费较长的时间。因此，在通用技术扩散初期对生产率的作用有限，确实存在"索洛悖论"（程文，2021）。从长期来看，随着人工智能与实体经济的深度融合，与各部门和产业间将形成良性互动，加之人工智能发展环境的优化和技术本身的进一步成熟，在这样的条件下，人工智能将转化成为企业生产率提升的动能，且这种推动作用具有长期性。因此，随着人工智能的发展对生产率的促进作用将愈发明显。基于上述的分析，提出以下研究假说：

H_5：给定其他条件不变，人工智能对企业生产率的影响存在一定时滞性。

二、模型构建

（一）计量模型与指标测算

基于前文的理论分析和研究假说，人工智能可以通过效率提升的渠道影响企业高质量发展，这一渠道不仅包括单要素生产效率也包括全要素生产效率。具体地，本节先通过设定静态面板数据模型来验证人工智能赋能企业高质量发展的效率提升机制，考虑到要素生产效率可能存在一定的延续性，在稳健性检验中引入被解释变量的滞后项以构建动态面板数据模型，并采用系统广义矩估计方法来解决因加入被解释变量滞后项以及人工智能和要素生产率间可能存在的双向因果关系所产生的内生性问题。本节所建立的面板数据回归模型如下：

$$labor_{it} = \alpha + \beta\, ai_{it} + \sum_i \rho_i control_{it} + \mu_{it} \quad (7.13)$$

$$labor_{it} = \alpha + \beta\, ai_{it} + \gamma\, labor_{i,t-1} + \sum_i \rho_i control_{it} + z_i\delta + \mu_{it} \quad (7.14)$$

$$tfp_{it} = \alpha + \beta\, ai_{it} + \sum_i \rho_i control_{it} + \mu_{it} \quad (7.15)$$

$$tfp_{it} = \alpha + \beta\, ai_{it} + \gamma\, tfp_{i,t-1} + \sum_i \rho_i control_{it} + z_i\delta + \mu_{it} \quad (7.16)$$

其中，下标 i 表示企业，t 表示年份。$labor_{it}$ 为单要素生产率，tfp_{it} 为全要素生产率，解释变量 ai_{it} 表示企业层面的人工智能发展水平，$control_{it}$ 表示相关控制变量，$z_i\delta$ 为选取的工具变量相关矩阵，α 为常数项，μ_{it} 表示随机误差。同时，考虑到样本期不同行业随时间变化的特征，本节在固定效应的模型中进一步控制了行业×年份联合固定效应。各变量的定义如下：

单要素生产率。一般是指资本、劳动力等单一要素的开发利用效率，本节主要从劳动生产率的视角验证单要素生产率的提升机制。本节所指的劳动生产率为在一定时期内劳动者创造的劳动成果与自身劳动消耗量的比值。现有研究关于劳动生产率的测度方法有很多，对劳动生产率的测度指标并没有统一定论。实际上，关于劳动生产率可以溯源到马克思主义理论，在马克思主义政治经济学视角下，劳动生产率通常为劳动者在单位劳动时间内生产的使用价值量，它衡量了一个地区、企业或劳动者的生产力水平。荣兆梓、李亚平（2018）从这一范畴切入，提出了包括商品生产的活劳动投入和物化劳动消耗在内的全劳动生产率概念。刘一鸣、王艺明（2022）在此基础上，基于马克思主义劳动价值论构建了企业劳动生产率经济指标。本节参考这一做法，采用企业的年度财务相关指标构建劳动生产率变量，如下：

$$labor_{it} = \frac{salary_{it} + tax_{it} + pat_{it}}{staff_{it}} \tag{7.17}$$

其中，$salary_{it}$为企业应付职工薪酬，tax_{it}为企业应交税费，pat_{it}为企业税后净利润，$staff_{it}$为企业员工总人数。

全要素生产率。现有关于全要素生产率计算方法的研究文献中，主要包括指数法、数据包络分析、随机前沿分析、普通最小二乘法、系统广义矩估计法、OP 估计法、修正的 OP 估计法（即 LP 估计法）等。由于半参数估计方法完美结合了生产函数估计和非参数估计的思想，可以较好地解决全要素生产率估计过程中出现的联立性偏误和选择性偏误问题，因而半参数估计方法已经成为目前估计微观企业全要素生产率的主要方法（盛明泉等，2018）。而相较于其他半参数方法，修正的 OP 估计法能够有效地避免样本量低估和内生性等问题，因此，本节优先选取 LP 估计法测算的全要素生产率进行实证分析，并在后文的稳健性检验中将 OP 估计法计算的企业全要素生产率作为被解释变量展开检验。具体地，参考鲁晓东和连玉君（2012）的研究，将 LP 估计法的生产函数设定如下：

$$output_{it} = \alpha + \beta_l l_{it} + \beta_k k_{it} + \beta_m m_{it} + \omega_{it} + \tau_{it} \tag{7.18}$$

其中，$output_{it}$为企业总产出，l_{it}为企业雇佣劳动力数量，k_{it}为企业固定资本存量，m_{it}为中间投入，ω_{it}为生产效率，τ_{it}为残差项。

将中间投入品需求量设置为代理变量，并假设其随全要素生产率的增加而增加，则生产效率公式如下：

$$\omega_{it} = \omega(k_{it}, m_{it}) \tag{7.19}$$

将式（7.19）代入式（7.18）可得：

$$output_{it} = \alpha + \beta_l l_{it} + \varphi(k_{it}, m_{it}) + \tau_{it} \tag{7.20}$$

其中，$\varphi(k_{it}, m_{it}) = \beta_k k_{it} + \beta_m m_{it} + \omega(k_{it}, m_{it})$。

对式(7.20)中的 $\varphi(k_{it},m_{it})$ 采用非参数估计,计算得到 β_l、β_k、β_m,并对式(7.18)的残差予以最小化处理,最终计算出全要素生产率。

根据以上方法对企业生产效率进行统计测算,获得企业的劳动生产率和全要素生产率的相应折线图,如图 7.2 所示。实线表示企业劳动生产率的时间发展趋势,虚线表示企业全要素生产率的时间发展趋势。劳动生产率从 2007 年的 11.1400 增长到 2021 年的 12.3579,上升幅度较大。全要素生产率从 2007 年的 9.1024 增长到 2021 年的 10.0546,基本呈现递增趋势。表明在这 15 年间企业生产效率明显提升,尤其是劳动生产率在 2012—2021 年近 10 年间出现明显的增长态势。值得注意的是,2008 年企业生产率均呈现急速放缓趋势,可能原因在于国际金融危机的爆发,给中国经济带来了严重影响,宏观经济环境恶化,国民购买力降低,导致企业生产规模萎缩,订单减少,加之很多供货企业限产、停产甚至破产,加大了企业生产成本,严重制约了企业的生产效率,对企业高质量发展带来了极大的负面影响。同时,不可忽视的是从 2020 年开始,无论是劳动生产率还是全要素生产率均出现了较为快速的增长,这可能是得益于近年来政策的科学指引以及智能技术的日趋成熟。企业引进智能技术的初衷在于提高企业的运营和生产效率,但在新冠疫情的冲击和肆虐下,面临急迫的智能化转型要求,企业涌现了史无前例的智能技术需求,对人工智能投资也有了飞速增加,需要进一步稳固企业人工智能的核心赛道,促使智能产品加速落地,帮助企业大大提高了生产效率,使得企业未来发展更具韧性。

核心解释变量。企业人工智能发展水平数据,采用文本挖掘方法所得的企业人工智能指数表示。数据来源于中国 A 股上市公司年报的文本资料,详细过程见第四章的人工智能测度与评价。

控制变量。为了使模型更加稳健,参考尹美群等(2018),张曾莲、徐方圆(2021),袁淳等(2021)相关研究成果,本节在核心解释变量的基础上,选取了企业年龄(*age*)、固定资产比率(*fia*)、股权集中度(*top*)、现金流强度(*cash*)、独立董事占比(*indp*)、两职合一(*dual*)作为控制变量。

(二)样本数据来源

本节选取的数据集为 2007—2021 年 A 股上市公司数据。数据主要来源为 CSMAR 数据库、WIND 数据库。按照上市公司样本数据选取惯例,对核

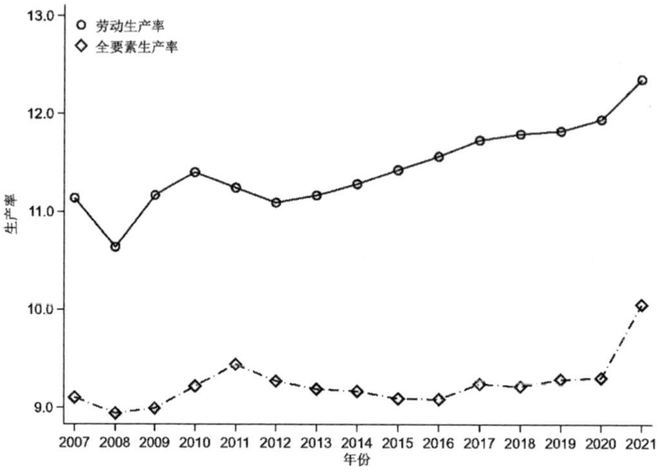

图 7.2　企业生产效率测度结果

心变量缺失较为严重的样本、资不抵债的样本、金融行业样本、ST、* ST、PT及样本期间退市的样本进行剔除。同时,为了缓解异常值对回归结果的影响,本节还对数据进行了 1% 和 99% 的 Winsor 缩尾处理。

三、单要素生产率提升的机理检验

(一)人工智能对劳动生产率的影响分析

为验证假说 H_3,本节先利用企业静态面板数据分别使用混合 OLS 回归模型、固定效应模型、随机效应模型实证检验人工智能对劳动生产率的影响,并通过 LSDV 法和 Hausman 检验来选择恰当的静态面板数据模型。若大多数个体虚拟变量均很显著,则认为存在个体效应,说明静态面板数据模型不宜选择混合 OLS 回归模型。若 Hausman 检验的统计量的 P 值小于 0.01,则拒绝原假设,说明应该选择固定效应模型来进行实证分析。LSDV 结果中大多数个体虚拟变量的 P 值为 0.0000,均小于 0.01,因此在 1% 的显著性水平下拒绝原假设,说明不宜选择混合 OLS 回归模型来估计人工智能对企业劳动生产率的影响。表 7.7 中 Hausman 检验的统计量的 P 值为 0.0000,小于 0.01,也在 1% 的显著性水平下拒绝原假设,说明不宜选择随机效应模型来估计人工智能对企业劳动生产率的影响。综上,人工智能对企业劳动生产率的影响应该使用固定效应模型来估计。

从表7.7第(3)列固定效应模型的估计结果来看,人工智能对企业劳动生产率的弹性系数为0.0738,且在1%的显著性水平下显著,说明在其他条件不变的情况下,企业人工智能发展水平每提高1%,会带动企业的劳动生产率增长7.38%,人工智能对企业劳动生产率具有显著的促进作用。一方面,人工智能作为一项新兴技术,会改变或改造劳动生产过程,进而改变生产方式,促使劳动力向更加高效的道路迈进。另一方面,除了生产方式的改变,智能技术也会改进企业的管理运作效率,通过借助大数据等数字技术将杂乱、重复的信息转变为量化、规律的数字信息,从而有利于加强企业各部门之间的联系,企业内部管理部门的劳动生产率也将得到大幅提升。

表7.7　人工智能对劳动生产率的影响结果

变量名	混合OLS模型	LSDV法	固定效应模型	随机效应模型
	(1)	(2)	(3)	(4)
ai	0.0442*** (0.0169)	0.0738*** (0.0193)	0.0738*** (0.0166)	0.0824*** (0.0133)
age	-0.0153 (0.0209)	0.1921*** (0.0331)	0.1921*** (0.0285)	0.0651*** (0.0164)
fia	-1.6531*** (0.1944)	-2.3812*** (0.3000)	-2.3812*** (0.2579)	-2.0388*** (0.1649)
top	0.0050*** (0.0014)	-0.0021 (0.0040)	-0.0021 (0.0034)	0.0018 (0.0016)
cash	0.4624*** (0.1493)	0.5919*** (0.1332)	0.5919*** (0.1145)	0.5225*** (0.0956)
indp	0.0306 (0.3460)	0.2060 (0.3439)	0.2060 (0.2956)	0.1625 (0.2427)
dual	0.0292 (0.0373)	-0.0071 (0.0454)	-0.0071 (0.0390)	0.0112 (0.00306)
固定效应		控制	控制	
样本量	9598	9598	9598	9598

续表

变量名	混合 OLS 模型	LSDV 法	固定效应模型	随机效应模型
	(1)	(2)	(3)	(4)
R^2	0.0685	0.7503	0.0804	0.0702
Hausman 检验			P - value = 0.0000	

注：括号内为企业层面的聚类稳健标准误；*、**和***分别代表10%、5%和1%的显著性水平；限于篇幅，此处省略了LSDV法的个体虚拟变量结果。

（二）稳健性检验

本节旨在探讨人工智能赋能企业高质量发展的劳动生产率提升机制，为验证实证结果的稳定性，本节开展了更换模型、更换变量、更换时间窗口等一系列稳健性检验，具体实证结果见表7.8。

更换模型。考虑到劳动生产率可能存在一定的时滞性，通过在解释变量中引入劳动生产率的滞后项构建动态面板数据模型重新进行估计。但劳动生产率的滞后项的引入可能会带来内生性问题，且人工智能与劳动生产率之间可能存在双向因果关系，进而导致模型存在内生性问题。为了缓解可能存在的内生性问题，本节使用广义矩估计方法进行回归分析，回归结果见表7.8的第(1)列，在进行扰动项自相关检验中，AR(1)检验的P值小于0.01，而AR(2)检验的P值大于0.1，说明随机扰动项存在一阶自相关而不存在二阶自相关，满足Arellano - Bond自相关检验的条件。同时，在工具变量过度识别的检验中，Sargan检验的P值大于0.1，在10%的显著性水平下不能拒绝原假设，说明模型所选的工具变量是有效的，不存在过度识别检验。回归结果显示，滞后一期的劳动生产率对当期的劳动生产率具有显著的正向影响，说明企业的劳动生产率存在一定的延续性，但这并不影响人工智能对劳动生产率的促进效应，人工智能 *ai* 的系数依然显著为正，表明前文研究结论是稳健的。

更换变量。为了得到更为谨慎的研究结论，本节还从更换被解释变量的角度进行了稳健性检验。参考以往文献，将劳动生产率的衡量方法更换为计算劳动力的平均产出，计算方法如下：

$$labor1_{it} = \frac{opere_{it}}{staff_{it}} \tag{7.21}$$

其中，$opere_{it}$为企业营业收入，$staff_{it}$为企业雇佣劳动力数量，$labor1_{it}$为企业劳动力平均产出。

回归结果见表7.8的第(2)列，可以发现，更换被解释变量后，仍得到了与前文相一致的估计结果，再次证实了假说 H_3 的真实性，表明前文研究结论是可靠的。

更换时间窗口。从企业劳动生产率的测度结果可以看出，在2008年和2020年两个时间点，我国企业的劳动生产率变化较大。不难猜测，2008年的国际金融危机对中国经济带来了较大冲击，无疑会对这些企业的生产率造成重大影响。同样地，新冠疫情暴发短期内可能会因劳动力空间受阻抑制劳动生产率的提升，但疫情冲击下的人工智能具有溢出带动性很强的“头雁效应”，能够催生更多的人工智能产品以满足疫情期间的企业需求，在此次新冠疫情的大考中，作为人工智能第二大国，“中国智造”体现出中国产业的韧性，2020年中国成为全球前十大经济体中仅有的GDP正增速国家。为了排除国际金融危机和新冠疫情对研究结论的干扰，将时间窗口进行缩短，即以2009—2019年的样本进行回归，如果回归结果没有发生明显变化，表明结果是稳健的。表7.9的第(3)列结果显示，通过缩短时间窗口，人工智能对劳动生产率的促进效应并无明显变化，依然支持前文的结论。

表7.8 单要素生产率稳健性检验

变量名	更换模型	更换变量	更换时间窗口
	(1)	(2)	(3)
ai	0.0413** (0.0199)	0.0305** (0.0125)	0.0371** (0.0183)
age	0.0777* (0.0411)	0.2370*** (0.0186)	0.1855*** (0.0292)
fia	-1.2997*** (0.3833)	-1.1076*** (0.1571)	-2.3998*** (0.2659)
top	-0.0013 (0.0042)	0.0012 (0.0024)	-0.0021 (0.0036)

续表

变量名	更换模型	更换变量	更换时间窗口
	(1)	(2)	(3)
cash	0.3347* (0.1725)	0.0322 (0.0898)	0.5280*** (0.1235)
indp	-0.0908 (0.3425)	0.0707 (0.1919)	0.2262 (0.3171)
dual	0.0443 (0.0493)	-0.0176 (0.0208)	-0.0186 (0.0409)
L. labor	0.5640*** (0.0615)		
固定效应	控制	控制	控制
样本量	6181	10298	8086
R^2		0.1058	0.0655
AR(1) -P 值	0.0030		
AR(2) -P 值	0.5810		
Sargan -P 值	0.4380		

注:括号内为企业层面的聚类稳健标准误;*、**和***分别代表10%、5%和1%的显著性水平。

四、全要素生产率提升的机理检验

(一)人工智能对全要素生产率的影响分析

类似地,本节通过对比混合OLS模型、固定效应模型和随机效应模型,以找出恰当的静态面板数据模型深入分析人工智能与企业全要素生产率之间的关系,结果如表7.9所示。LSDV法、Hausman检验结果表明对该问题的研究使用固定效应模型最为适合,且本节的研究样本为A股上市公司,采用固定效应模型也更加适宜,因此在后文的稳健性检验中均加入固定效应进行验证。

从表7.9第(3)列固定效应模型的估计结果来看,人工智能对企业全要素生产率的弹性系数为0.0739,且在1%的水平下显著,说明在其他条件不变的情况下，企业人工智能发展水平每提高1%，会带动企业的全要素生产率增长7.39%，人工智能对企业全要素生产率具有显著的促进作用。这是因为智能化的快速普及不仅能够强化和提升资本、劳动等单要素的生产效率，还能够利用数据、算力、算法等新型生产要素加快研发效率，通过强化学习、自我学习、深度学习以解决传统创新模式难以完成的工作和任务，实现全要素生产率的提升。

表7.9　人工智能对全要素生产率的影响结果

变量名	混合 OLS 模型	LSDV 法	固定效应模型	随机效应模型
	(1)	(2)	(3)	(4)
ai	0.1109*** (0.0190)	0.0739*** (0.0173)	0.0739*** (0.0150)	0.0720*** (0.0135)
age	0.5310*** (0.0289)	0.4982*** (0.0334)	0.4982*** (0.0289)	0.5295*** (0.0212)
fia	-0.8180*** (0.1893)	-1.7846*** (0.2356)	-1.7846*** (0.2043)	-1.5308*** (0.1690)
top	0.0199*** (0.0017)	0.0024 (0.0030)	0.0024 (0.0026)	0.0074*** (0.0018)
cash	-1.3777*** (0.1789)	0.0302 (0.0963)	0.0302 (0.0835)	-0.0791 (0.07944)
indp	0.7583* (0.4522)	-0.1140 (0.2493)	-0.1140 (0.2162)	-0.1064 (0.2078)
dual	-0.1811*** (0.0470)	-0.0008 (0.0350)	-0.0008 (0.0304)	-0.0252 (0.0280)
固定效应		控制	控制	
样本量	8934	8934	8934	8934
R^2	0.2354	0.9357	0.2966	0.2887
Hausman 检验			P - value = 0.0000	

注：括号内为企业层面的聚类稳健标准误；*、**和***分别代表10%、5%和1%的显著性水平；限于篇幅，此处省略了LSDV法的个体虚拟变量结果。

(二)稳健性检验

基于上述分析可以基本判断人工智能赋能企业高质量发展的全要素生产率提升机制。为了进一步探讨研究结论的稳定性,本节通过更换全要素生产率的估计方法、考虑滞后性问题、更换研究样本等一系列稳健性检验方法,对研究结果进行验证,具体实证结果见表7.10。

更换全要素生产率的估计方法。Olley 和 Pakes(1996)提出了另一种半参数估计方法 Olley - Pakes 法(简称 OP 法)来测算全要素生产率,这种方法与 LP 法的主要区别在于 LP 法采用中间投入品作为代理变量,而 OP 法采用投资作为代理变量。本节采用 OP 法对企业全要素生产率重新进行了测算,并将测算结果作为被解释变量进行了检验,实证结果如表 7.10 第(1)列所示。结果显示,替换全要素生产率后的回归结果与前文保持一致,说明实证结果是稳健的。

考虑时滞性问题。人工智能作为新一代信息技术对要素生产率的提升具有很大潜力,但也有学者提出新一代信息技术并不能突破传统生产效率的限制(Gordon,2018),由此提出了智能时代的新“索洛悖论”(Brynjolfsson et al.,2017)。产生这一担忧的原因在于企业在进行智能化转型的过程中,除了对内部流程、组织进行再造和重新配置外,还需要重构与之相关的产业链和供应链,这些都需要花费一定的时间,由此对生产率的促进效果可能存在一定时滞性。基于以上考虑,在实证模型中引入全要素生产率的滞后项,并利用广义矩估计方法重新进行估计,结果见表 7.10 第(2)列。人工智能对全要素生产率的提升确实存在一定的时滞性,但这并不影响本节结论的可靠性,人工智能 ai 的系数依然显著为正。

更换研究样本。为了获取更为精准的结果,本节还将未进行智能化转型的样本企业剔除重新进行回归。具体衡量方式为,若企业年报中出现了人工智能相关文本表明企业有智能化转型意愿,否则为未进行智能化转型企业。表 7.10 第(3)列回归结果显示,人工智能发展水平越高,企业全要素生产率越高,结论和前文一致。

表 7.10 全要素生产率稳健性检验

变量名	OP 法	动态面板模型	更换研究样本
	(1)	(2)	(3)
ai	0.0473*** (0.0117)	0.0199** (0.0098)	0.0605*** (0.0140)
age	0.3955*** (0.0243)	0.2196*** (0.0517)	0.4931*** (0.0300)
fia	-1.5222*** (0.1638)	-1.9364*** (0.1714)	-1.8579*** (0.2004)
top	0.0018 (0.0020)	0.0018 (0.0028)	-0.0002 (0.0025)
cash	0.0918 (0.0751)	-0.1808** (0.0846)	-0.1118 (0.0865)
indp	0.0173 (0.1681)	-0.1752 (0.1631)	-0.3767** (0.1814)
dual	-0.0063 (0.0240)	-0.0396* (0.0230)	0.0073 (0.0309)
L. tfp		0.4631*** (0.0782)	
固定效应	控制	控制	控制
样本量	8934	6047	6527
R^2	0.2482		0.3104
AR(1)-P 值		0.0003	
AR(2)-P 值		0.1120	
Sargan-P 值		0.2030	

注：括号内为企业层面的聚类稳健标准误；*、**和***分别代表 10%、5%和 1%的显著性水平。

第三节 人工智能赋能企业高质量发展的融资改善机理检验

一、融资改善机理的理论分析与研究假说

人工智能是驱动社会经济发展的新引擎，也是企业经济增长的新动力。企业的高质量发展离不开智能技术的支持，然而智能化转型需要大量且持续性的资金投入，此时，企业的融资活动成了企业资金来源的重要渠道。近年来，随着智能技术的不断成熟，打破了金融机构的传统审核门槛，通过智能系统实现了企业融资需求与银行供给产品的快速精准对接，使得金融机构的信贷效率明显提高，为企业的融资模式带来了根本性变革，极大地改善了企业的融资困境。因此，有必要从企业融资的路径系统深入地探讨人工智能赋能企业高质量发展的效果。按照资金来源渠道的不同，企业的融资结构可以分为内源融资与外源融资。其中，内源融资一般是指企业利用自身生产经营活动产生的现金流进行再投资，包括企业的留存收益和折旧摊销。外源融资一般是指企业的发展资金主要通过资本市场或某些投资者等外部渠道转化而来，主要包括股权融资和债务融资，股权融资主要包括股本、资本公积等，债务融资主要包括短期借款、长期借款、应付债券等。

根据优序融资理论，当企业具有融资需求时，内源融资会成为企业融资决策的优先选择，只有当内源融资无法满足企业的资金需求时，才会选择从其他渠道吸收外源融资。从内源融资的角度看，这种融资方式主要是将企业上一期的自有资金转入下一期的生产经营活动中，这些资金不受债权人和外部股东的影响，能够极大地避免道德风险和逆向选择，不仅不需要支付利息和股息，也不产生任何的融资费用，具有较强的自主性，通过这种便捷的融资方式，能够帮助企业提升经营绩效（Fazzari et al.，1988）。当外源融资的成本较高时，企业会更加依赖成本较低的内源融资来进行智能化转型，从而为企业高质量发展提供稳定的经济发展环境。但不可否认，一方面，企业的智能化发展过程周期较长，存在风险不确定性，需要投入的资金较多，受企业上一期盈利能力的影响，融资规模受到较大的制约，无法进行大规模的融资，当资金中断时可能会影响企业内部的整体效率，进而对企业高质量发展产生不利影响。另一方面，由于内源融资缺少债权人和外部股东的监督

机制，相比企业的股东，对于只拥有企业经营权的管理者而言，他们需要承担企业经营过程中全部的成本，收益却只能享受薪酬部分，这可能会导致管理者为了增加自身的短期业绩，将企业大量的自由资金长期投入预期收益较高的项目中，而这类收益较高的项目一般风险性也比较高，可能会降低企业的价值，相比企业管理者，股东追求的往往是企业价值最大化，所以，当企业管理层与股东之间出现委托代理的矛盾时，可能内源融资并不能帮助企业缓解智能化转型的融资困境。基于上述的分析，提出以下两条竞争性假设：

H_{6a}：内源融资在人工智能与企业高质量发展之间的作用机制表现为"积极效应"，即人工智能会通过内源融资的渠道促进企业高质量发展。

H_{6b}：内源融资在人工智能与企业高质量发展之间的作用机制表现为"消极效应"，即人工智能会通过内源融资的渠道抑制企业高质量发展。

企业在人工智能的发展过程中所需的资金数额较大，仅依赖企业的内部资金可能无法支撑企业完成智能化转型，实现高质量发展，故企业会寻找外部融资的渠道为企业发展提供更多的资金支持，此时，外源融资成了企业重要的资金来源。外源融资是企业经营状况的体现，通过将企业资金在时间和空间转移能够有效降低企业自身发展的限制。从外源融资的角度看，股权融资是企业可持续发展的重要保障，原始股东通过出让企业部分股份的所有权以增资扩股。对资金的使用者来说，一方面，通过股权融资募集到的资金没有固定的还款日期且无需归还，这些资金主要是依据具体的盈利情况来确定股利分配的数额，因而能够持续为企业发展提供有力的资金支持。另一方面，股权融资不仅拥有较低的财务风险还可以帮助降低企业融资成本，通过与企业风险共担的方式，确保经营者行为的长期化，以促进企业扭亏增盈，持续健康发展，同时，企业还可以引入战略投资者来提升企业的市场知名度和市场竞争能力，促使企业朝着更加规范、有序的方向迈进。但也有学者认为这种股权融资被经营者强烈偏好的原因在于经营者可以大量、低成本地使用这些资金而不受股东和资本市场的约束（黄少安和张岗，2001），这无疑会增加经营者的道德风险。经营者不是企业的所有者，这种委托代理关系极易导致经营者为了自身利益而忽略所有者权益，且此时委托人无法及时获取经营者的动机，可能会随即产生委托代理关系中的道德风险。这种风险将降低企业资金的使用效率，削弱企业的创新能力，进而引发企业亏损，对企业商业信誉和企业成长的负面影响将越来越大。基于上述分析，提出以下两条竞争性假设：

H_{7a}：股权融资在人工智能与企业高质量发展之间的作用机制表现为“积极效应”，即人工智能会通过股权融资的渠道促进企业高质量发展。

H_{7b}：股权融资在人工智能与企业高质量发展之间的作用机制表现为“消极效应”，即人工智能会通过股权融资的渠道抑制企业高质量发展。

相比之下，债务融资作为另一种外源融资渠道，具有融资成本高、条件严苛的特点，在某些情形下可能会抑制企业创新，不利于企业发展。这是因为在债务融资的过程中，债权人只能获得借贷资金的利息收入，并不能共享企业创造的收益，若企业投资失败，债权人可能会面临企业无法还本付息的风险，因而债权人在借贷资金的过程中会期望获得更高的利息收入，此时将会提高企业债务融资的成本。如以银行为代表的债权人通常为风险规避型，一方面为保证资金的安全性，在债务融资的过程中会附加很多约束性条款；另一方面，债权人期望获得稳定的现金流会促使企业的融资门槛提高，企业需要以厂房、机器设备等实物资本作为抵押才能获取资金，即使债权人通过了企业的债务融资申请，在企业后续的投资过程中，债权人仍会依据契约关系对企业行为进行监督。通过信息共享加强企业行为的信息透明度，帮助企业及时识别资本匹配不足问题，防止企业出现过度投资或机会主义行为，以控制潜在风险，但因此出现的信息泄露问题可能会降低企业的投资积极性抑制企业发展。相反，若信息匹配失衡导致债权人无法及时识别企业违反债务契约的行为，这将影响企业项目资金的后续投入，可能会降低企业利用债务融资的相对效率。既有文献大多认为，企业进行债务融资时必须保证投资收益高于资金成本，否则将出现收不抵支不利于企业发展，一旦债务过度，会导致企业筹资风险急剧增大，可能会危及企业的生存能力。如 Yazdanfar 和 Öhman（2015）将瑞士部分中小企业作为研究样本，发现如果企业长期存在较高的负债率，还款压力较大，可能会面临较大的财务风险和破产风险，会对企业自身发展产生一定的消极影响。基于上述的分析，提出以下假设：

H_8：债务融资在人工智能与企业高质量发展之间的作用机制表现为“消极效应”，即人工智能会通过减少债务融资渠道促进企业高质量发展。

充足的资金是企业高质量发展的重要保障，虽然上述内源融资和外源融资渠道能够有效缓解企业资金不足等问题,但企业从自身内部或外部金融机构募集的资金相对有限,仅靠传统的融资模式可能难以推动企业进一步发展。人工智能等前沿技术的应用对传统金融市场产生了颠覆性影响(Lee and Shin,2018),能够通过缓解融资约束拓宽企业融资渠道,因此,智能技术衍生的金融科技助力企业高质量发展已是大势所趋。一方面,随着前沿技术与传统金融机构的深度融合,促使企业在融资过程中能够极大程度地缓解债权人和债务人之间的信息不对称问题。借助人工智能带来的便利,企业可以充分掌握外部金融机构的融资信息,根据自身发展需求能够更加方便快捷地向金融机构发出融资申请。同时,人工智能技术能够帮助金融机构进行风险管理,通过借助智能化技术精准掌握贷款企业自身的财务信息和非财务信息,进而构筑企业"数字化画像",帮助金融机构快速预测未来其转化不良贷款的概率,以减少不良贷款的发生率,降低信贷风险,通过贷中监控和贷后催收环节对相关不良账户提前进行识别预警,避免资金损失。另一方面,人工智能技术在识别数据模式方面要比人类手动识别高效得多,在贷款审批过程中对贷款决策、预测信用、评估风险等方面发挥着关键作用,加快了信贷审批速度,不仅提升了金融机构的服务效率,还能够极大降低企业的融资成本,展现了人工智能在金融领域的独特优势。此外,以人工智能为依托,能够打破时间和空间的限制,催生更多新的金融服务模式,在传统金融服务模式融资约束趋紧的形势下企业还可以通过互联网金融、科技金融等新兴金融技术从金融机构中募集资金。基于上述的分析,提出以下假设:

H_9:人工智能可以通过缓解融资约束的渠道促进企业高质量发展。

二、模型构建

(一)计量模型与指标测算

为了检验人工智能赋能企业高质量发展的融资改善机制,本节选择固定效应模型分别从融资结构改善和融资约束缓解的角度进行验证。从上述理论分析来看,融资结构主要体现为内源融资与外源融资,其中外源融资又包括股权融资和债务融资。融资结构的改善能够为企业高质量发展提供稳定的资金支持,融资约束缓解主要是通过智能技术衍生的金融科技助力企业高质量发展。理论分析已经对机制变量到被解释变量的关系进行了论证,接下来主要通过解释变量到机制变量的回归来验证传导机制,具体的回归模型设定如下:

$$fs_{it} = \alpha + \beta ai_{it} + \sum_i \rho_i control_{it} + industry_j \times year_t + \mu_{it} \tag{7.22}$$

$$fc_{it} = \alpha + \beta ai_{it} + \sum_i \rho_i control_{it} + industry_j \times year_t + \mu_{it} \tag{7.23}$$

其中,下标 i 表示企业个体,t 表示年份。fs_{it} 为融资结构机制变量,具体包括内源融资、股权融资和债务融资,fc_{it} 为融资约束机制变量,解释变量 ai_{it} 表示企业层面的人工智能发展水平,$control_{it}$ 表示相关控制变量,$industry_j \times year_t$ 表示行业×年份联合固定效应,α 为常数项,μ_{it} 表示随机误差项,并将稳健标准误控制在企业层面聚类,各变量的定义如下:

融资结构。本节选取的融资结构变量主要包括内源融资(*endo*)、股权融资(*equf*)和债务融资(*debtf*)三个指标。其中,内源融资以企业留存收益和折旧摊销之和占企业期末总资产的比重来衡量,股权融资以企业股本和资本公积之和占企业期末总资产的比重来衡量,债务融资以企业短期借款、长期借款与应付债券之和占企业期末总资产的比重来衡量。

融资约束。目前,学术界对融资约束的度量主要包括单一替代变量法、投资—现金流敏感度模型、现金—现金流敏感度模型、复合指数构造法等。其中,单一替代变量中,如用资产负债率、股利支付率等单一指标来代替企业的融资约束程度,这些单一指标主要是从信息不对称的角度出发,认为信息不对称是企业融资约束的重要影响因素,因而可以在一定程度上代替企业的融资约束水平,但实际上影响企业融资约束的因素较多,某个单一指标并不能代表企业融资约束全貌,因而仅用单一指标衡量存在较大缺陷。Fazzari 等(1988)将现金流变量引入投资模型中,利用投资—现金流敏感度来衡量企业的融资约束水平,但目前这一方法对于衡量融资约束水平的有效性问题并未得到一致的结论。随着学者们对相关研究的不断深入,学者们提出了现金—现金流敏感度模型(Almeida et al.,2004),即采用敏感系数的大小来衡量融资约束的程度,但这一模型的指标构成过于单一,依旧无法直接衡量融资约束程度,可能存在较强的内生性问题。相比以上方法,由复合指数构造法计算的融资约束指标相对更为均衡,能够更全面地反映融资约束程度,如 Kaplan 和 Zingales(1997)构造的 KZ 指数、Hadlock 和 Pierce

(2010)构造的SA指数等，本节将沿用复合指数的构造方法分别计算KZ指数和SA指数来衡量企业的融资约束程度。

KZ指数。借鉴上述构建KZ指数的方法，同时参考李建军和韩珣(2019)计算KZ指数的做法。首先，将经营性现金流净额/总资产定义为KZ_1，如果KZ_1的数值低于同年度同行业的中位数，则KZ_1取1，否则取0；将现金股利/总资产定义为KZ_2，如果KZ_2的数值低于同年度同行业的中位数，则KZ_2取1，否则取0；将现金持有/总资产定义为KZ_3，如果KZ_3的数值低于同年度同行业的中位数，则KZ_3取1，否则取0；将资产负债率定义为KZ_4，如果KZ_4的数值低于同年度同行业的中位数，则KZ_4取1，否则取0；将托宾Q值定义为KZ_5，如果KZ_5的数值低于同年度同行业的中位数，则KZ_5取1，否则取0。其次，将$KZ_1 \sim KZ_5$汇总求和，并将其求和结果定义为KZ。再次，采用排序逻辑回归，估计各个变量的回归系数。最后，根据回归结果将分项指标带入，求出KZ指数，KZ指数越大，说明企业融资约束程度越高。

SA指数。借鉴以上构建SA指数的做法，主要用企业规模和年龄两个相对外生变量测度企业的融资约束程度，一般SA指数的测算结果为负，SA指数的绝对值越大，说明企业的融资约束程度越高，具体的计算公式如下：

$$SA_{it} = 0.043 \times size_{it}^2 - 0.737 \times size_{it} - 0.04 \times age_{it} \tag{7.24}$$

其中，SA_{it}表示融资约束程度，$size_{it}$表示企业规模，age_{it}表示企业年龄。

人工智能。采用文本挖掘方法所得的企业人工智能指数表示，数据来源于中国A股上市公司年报的文本资料，详细过程见第四章的人工智能测度与评价。

控制变量。参考吴非等(2021)、肖土盛等(2022)、武常岐等(2022)相关研究成果，本节主要选取了企业规模、固定资产比率、股权集中度、现金流强度、独立董事占比、两职合一等作为控制变量，变量的具体衡量方式与第五章控制变量的度量方式一致，此处不再赘述。

(二)样本数据来源与描述性统计

本节选取了2007—2021年A股上市公司数据分析人工智能赋能企业高质量发展的融资改善机制。数据来源主要为CSMAR数据库、WIND数据库。按照上市公司样本数据选取惯例，对核心变量缺失较为严重的样本、资不抵债的样本、金融行业样本、ST、*ST、PT及样本期间退市的样本进行剔除,最终选定了 10266 个企业样本。此外,为了缓解异常值对回归结果的影响,本节还对数据进行了 1% 和 99% 的 Winsor 缩尾处理。表 7.11 为本节融资改善机制变量的描述性统计,内源融资(*endo*)的均值为0.2074,表明样本企业中约有 20.74% 的企业进行了内源融资;股权融资(*equf*)的均值为 0.3857,表明样本企业中约有 38.57% 的企业进行了股权融资;债务融资(*debtf*)的均值为 0.1781,表明样本企业中约有 17.81% 的企业进行了债务融资。从平均意义的角度看,股权融资的数值相对较大,而债务融资的数值相对最小,表明了企业的股权融资偏好,股权融资在融资活动中占有重要的位置,也间接表明了企业"融资难"的现状。KZ 指数的平均值为 0.5633,标准差为 2.4272,SA 指数的平均值为 -3.7642,标准差为 0.2773,可以看出样本企业之间融资约束程度的差异较大。

表 7.11　融资改善机制变量的描述性统计

变量	均值	标准差	25% 分位数	中位数	75% 分位数
endo	0.2074	0.3390	0.1331	0.2134	0.3126
equf	0.3857	0.2234	0.2337	0.3666	0.5048
debtf	0.1781	0.1492	0.0400	0.1615	0.2839
KZ	0.5633	2.4272	-0.8415	0.7895	2.1942
SA	-3.7642	0.2773	-3.9393	-3.7700	-3.6056

三、融资结构改善的机理检验

(一)人工智能对融资结构的影响分析

根据前文理论分析,本节进一步从内源融资和外源融资两个方面实证考察人工智能赋能企业高质量发展的融资改善机制。结果如表 7.12 所示,表格的第(1)列报告了人工智能对企业内源融资的影响,结果显示人工智能在 5% 的水平下显著改善了企业内源融资,这验证了假说 H_{6a},说明内源融资在人工智能与企业高质量发展之间的作用机制表现为"积极效应",即人工智能会通过内源融资的渠道促进企业高质量发展。产生以上结果的原因可能在于企业在智能化发展的过程中为了避免自身掌握的前沿技术信息被泄漏,在融资过程中会尽量选择资金获取便捷、限制较少的内源融资。表7.12

的第(2)列报告了人工智能对企业股权融资的影响,结果显示人工智能在10%的水平下显著改善了企业股权融资,这验证了假说 H_{7a},说明股权融资在人工智能与企业高质量发展之间的作用机制表现为“积极效应”,即人工智能会通过股权融资的渠道促进企业高质量发展。这一结果产生的原因可能在于股权融资能够增强投资者的信心,促使企业获取更多的融资机会,进而确保高质量发展的平稳运行,值得注意的是,相比其他融资模式,股权融资的系数绝对值最小,说明人工智能对股权融资的影响最小,这也符合优序融资理论。根据“啄食顺序理论”,股权融资位于内源融资与债务融资之后,过高的股权融资会让企业面临股权稀释的风险,因而企业应当合理进行股权融资。表7.12的第(3)列报告了人工智能对企业债务融资的影响,结果显示人工智能在1%的水平下显著减少了企业债务融资,这验证了假说 H_8,说明债务融资在人工智能与企业高质量发展之间的作用机制表现为“消极效应”,即人工智能可以通过减少债务融资的渠道促进企业高质量发展。产生以上结果的原因可能在于,根据信号传递理论,企业若选择以举债的方式募集资金,可能会给投资者传递负面信号,影响投资决策,因此在高质量发展的过程中应当减少债务融资。

表7.12　人工智能对融资结构的影响结果

变量名	内源融资	股权融资	债务融资
	(1)	(2)	(3)
ai	0.0107** (0.0054)	0.0048* (0.0026)	-0.0096*** (0.0029)
size	0.0834** (0.0344)	-0.1027*** (0.0166)	0.0231*** (0.0057)
fia	-0.4647 (0.4440)	0.0054 (0.0360)	0.0700** (0.0312)
top	0.0053* (0.0029)	-0.0034*** (0.0007)	0.0012** (0.0005)
cash	0.1130* (0.0599)	0.1611*** (0.0244)	-0.1644*** (0.0239)

续表

变量名	内源融资	股权融资	债务融资
	(1)	(2)	(3)
indp	0.1031 (0.0937)	-0.1149 (0.0858)	-0.0536 (0.0334)
dual	-0.0277* (0.0162)	0.0172* (0.0092)	-0.0026 (0.0061)
固定效应	控制	控制	控制
样本量	6372	10244	5174
R^2	0.0075	0.0126	0.0129

注:括号内为企业层面的聚类稳健标准误;*、**和***分别代表10%、5%和1%的显著性水平。

(二)稳健性检验

接下来本节将从更换解释变量和更换计量模型两个角度来检验上述研究结论的稳健性。

考虑到文本挖掘获取的词频数据可能存在一定噪音,本节进一步将核心解释变量进行离散化处理,通过构建虚拟变量,变量符号仍然用 *ai* 表示,若企业年报中披露了人工智能相关信息则设为1,否则为0。回归结果如表7.13的第(1)列至第(3)列所示,人工智能依旧对内源融资和股权融资的影响效应为正,对债务融资的影响效应为负,表明人工智能可以通过改善融资结构进而促进企业高质量发展,主要实证结果依然保持稳健。

鉴于本文测度的融资结构变量结果都是大于等于0且在1附近聚集,为了防止OLS回归结果的精度不准确,本节选用Tobit模型重新进行回归。Tobit模型的优越性在于可以有效避免受限变量可能存在的参数不一致性和有偏性的问题,其基本模型如下:

$$y_i = \begin{cases} m_1, 当 y_i^* \leq m_1 \\ \beta x_i + \varepsilon_i, 当 m_1 \leq y_i^* \leq m_2 \\ m_2, 当 y_i^* \geq m_2 \end{cases} \tag{7.25}$$

其中,m_1为下限值,一般设定为0,m_2为上限值,可根据需要设定,一般设置下限的情况下,m_2为无穷大,β 为参数向量,x_i为解释变量向量,y_i为被解释变量向量,ε 服从正态分布 $N(0,\delta^2)$。

基于上文计量模型的变量设置,分别建立如下内源融资、股权融资、债务融资的 Tobit 模型:

$$endo_{it} = \alpha + \beta\, ai_{it} + \sum_i \rho_i control_{it} + industry_j \times year_t + \mu_{it} \tag{7.26}$$

$$equf_{it} = \alpha + \beta\, ai_{it} + \sum_i \rho_i control_{it} + industry_j \times year_t + \mu_{it} \tag{7.27}$$

$$debtf_{it} = \alpha + \beta\, ai_{it} + \sum_i \rho_i control_{it} + industry_j \times year_t + \mu_{it} \tag{7.28}$$

Tobit 回归结果如表 7.13 第(4)列至第(6)列所示。从第(4)列和第(5)列的结果可以看出,人工智能发展水平越高,对内源融资和股权融资的需求越强。从第(6)列的结果可以看出,人工智能发展水平越高,对债务融资的需求越少。说明更换回归模型后,其回归结论与前文结论保持一致,人工智能的确可以通过改善融资结构的途径促进企业高质量发展。

表 7.13　融资结构稳健性检验

变量名	变量离散化			Tobit 模型		
	内源融资	股权融资	债务融资	内源融资	股权融资	债务融资
	(1)	(2)	(3)	(4)	(5)	(6)
ai	0.0175** (0.0084)	0.0083* (0.0047)	-0.0151*** (0.0048)	0.0174*** (0.0044)	0.0044*** (0.0014)	-0.0129*** (0.0017)
size	0.0862** (0.0346)	-0.1016*** (0.0163)	0.0209*** (0.0056)	0.0268*** (0.0045)	-0.0848*** (0.0018)	0.0306*** (0.0017)
fia	-0.4654 (0.4442)	0.0055 (0.0360)	0.0690** (0.0313)	-0.2163*** (0.0398)	0.0094 (0.0145)	0.1507*** (0.0147)
top	0.0052* (0.0029)	-0.0034*** (0.0007)	0.0013*** (0.0005)	0.0018*** (0.0004)	-0.0019*** (0.0002)	0.0001 (0.0002)
cash	0.1124* (0.0598)	0.1611*** (0.0244)	-0.1654*** (0.0240)	0.1594*** (0.0376)	0.1675*** (0.0119)	-0.2049*** (0.0146)
indp	0.1054 (0.0938)	-0.1140 (0.0858)	-0.0538 (0.0335)	0.0083 (0.0864)	-0.0363 (0.0281)	-0.0433 (0.0298)

续表

变量名	变量离散化			Tobit 模型		
	内源融资	股权融资	债务融资	内源融资	股权融资	债务融资
	(1)	(2)	(3)	(4)	(5)	(6)
dual	-0.0278* (0.0162)	0.0174* (0.0092)	-0.0029 (0.0061)	-0.0041 (0.0107)	0.0162*** (0.0035)	-0.0043 (0.0041)
固定效应	控制	控制	控制	控制	控制	控制
样本量	6372	10244	5174	6372	10244	5174
R^2	0.0601	0.1811	0.0604			

注:括号内为企业层面的聚类稳健标准误;*、**和***分别代表10%、5%和1%的显著性水平。

(三)融资需求视角下的分组检验

前文基准回归和稳健性检验部分证实了人工智能可以通过融资结构改善的路径促进企业高质量发展。进一步地,考虑到不同企业的融资动机和信号获取存在差异,在其他条件保持一定的情况下,企业的融资需求可能会有所区别,对不同融资渠道的资金需求也会存在不同。基于此,接下来将从不同融资需求的视角下进行分组检验。现有文献对于融资需求的度量并无统一规定,早期多采用一些单一变量,如利息保障倍数来代替企业融资需求,但企业的融资动机会受到多方面因素的影响,仅从单一维度度量融资需求可能并不准确。Demirguc - kunt 和 Maksimovic(1998)从企业资产规模和企业净资产收益率的角度提出了 DKM 模型用来衡量企业的融资需求,该模型用企业的整体成长性与内源成长性的差额来表示企业融资需求,具体计算公式如下:

$$DKM = \frac{(size_{it} - size_{it-1})}{size_{it-1}} - \frac{roe_{it}}{(1 - roe_{it})} \tag{7.29}$$

其中,$size_{it}$表示 t 时期 i 企业的期末总资产,$\frac{(size_{it} - size_{it-1})}{size_{it-1}}$表示企业的整体成长性,$roe_{it}$表示 t 时期 i 企业的净资产收益率,$\frac{roe_{it}}{(1 - roe_{it})}$表示企业的内

源成长性，*DKM*为企业的整体成长性与内源成长性的差额，即融资需求，差额数值越大表示企业的融资需求越高。

接下来，按照以上融资需求的度量方法，将企业的融资需求按照行业和年份进行排序，以中位数为分界点，高于中位数的样本企业定义为融资需求较高组，低于中位数的样本企业定义为融资需求较低组，并分别从内源融资、股权融资、债务融资的三个层面进行异质性分析，具体实证结果如表7.14所示。融资需求较高的企业对内源融资和股权融资更具偏好，说明人工智能在融资动机更为强烈的企业中对高质量发展的赋能效果更为明显，而人工智能仅在融资需求较低的企业中能够通过减缓债务融资来促进企业高质量发展。因此，企业在智能化转型的过程中应根据自身的融资需求来促进高质量发展水平的提升。

表7.14　融资需求视角下的分组检验结果

变量名	内源融资		股权融资		债务融资	
	高	低	高	低	高	低
	(1)	(2)	(3)	(4)	(5)	(6)
ai	0.0120*** (0.0034)	0.0005 (0.0052)	0.0551*** (0.0179)	0.0016 (0.0023)	0.0090 (0.0257)	-0.0087*** (0.0024)
size	0.0276*** (0.0085)	0.1059*** (0.0400)	-0.2990*** (0.0627)	-0.0857*** (0.0111)	-0.0681** (0.0335)	0.0272*** (0.0052)
fia	-0.0126 (0.0442)	-0.0380 (0.0764)	-0.1510 (0.2000)	-0.0208 (0.0319)	-0.0576 (0.1282)	0.0578* (0.0317)
top	-0.0005 (0.0006)	0.0048*** (0.0015)	-0.0119*** (0.0034)	-0.0026*** (0.0006)	0.0005 (0.0033)	0.0017*** (0.0004)
cash	-0.0385 (0.0253)	0.0610 (0.0653)	0.1338 (0.1982)	0.1601*** (0.0176)	-0.5519 (0.3826)	-0.1396*** (0.0193)
indp	0.0568 (0.0488)	0.1735 (0.1832)	0.1391 (0.3010)	-0.1117* (0.0661)	-0.1578 (0.1932)	-0.0464 (0.0346)
dual	-0.0138** (0.0069)	-0.0174 (0.0251)	0.0045 (0.0259)	0.0121** (0.0056)	0.0801* (0.0483)	-0.0042 (0.0066)

续表

变量名	内源融资		股权融资		债务融资	
	高	低	高	低	高	低
	(1)	(2)	(3)	(4)	(5)	(6)
固定效应	控制	控制	控制	控制	控制	控制
样本量	3034	3338	680	9564	368	4806
R^2	0.0974	0.1196	0.4152	0.1995	0.1121	0.0781

注:括号内为企业层面的聚类稳健标准误;*、**和***分别代表10%、5%和1%的显著性水平。

四、融资约束缓解的机理检验

(一)人工智能对融资约束的影响分析

虽然内源融资和外源融资渠道能够极大缓解企业的资金短缺,但是从融资约束的角度来看,我国企业面临"融资难、融资贵"的困境已经是不争事实。由于信息不对称等问题的存在,企业的内源融资和外源融资并不能及时替代,企业面临不同程度的融资约束。且与发达国家相比,我国金融市场尚不健全,企业外部融资成本较高,仅靠企业内部资金难以缓解融资约束难题。若企业融资约束较强,资金链条周转不畅可能会影响企业的最优决策,进而影响企业高质量发展。而智能技术的应用可以通过缓解信息不对称、降低信贷风险等途径有效地节约融资成本,提高企业的资源配置能力。接下来,将对人工智能通过融资约束缓解的赋能机制进行检验,为了确保结果的稳健性,本节通过计算KZ指数和SA指数来表征融资约束,结果如表7.15所示。第(1)列为人工智能发展水平对KZ指数的影响结果,人工智能 ai 的系数在1%的水平下显著为负,表明企业引入智能技术后可以通过缓解融资约束来赋能企业高质量发展。第(2)列和第(3)列分别逐步加入控制变量和固定效应,结果依然稳健。由此可见,人工智能确实可以通过缓解融资约束的渠道促进企业高质量发展,假说 H_9 得以验证。为了进一步验证结果的准确性,在第(4)列至第(6)列分别用SA指数来替代KZ指数进行回归,在替换变量后并没有影响基本结论,进一步证实了假说 H_9 的正确性。

表 7.15　人工智能对融资约束的影响结果

变量名	KZ 指数			SA 指数		
	(1)	(2)	(3)	(4)	(5)	(6)
ai	-0.2222*** (0.0286)	-0.1958*** (0.0261)	-0.0869** (0.0342)	-0.0580*** (0.0026)	-0.0335*** (0.0024)	-0.0294*** (0.0027)
size		-0.0869** (0.0344)	-0.5362*** (0.0749)		-0.0888*** (0.0068)	-0.1208*** (0.0092)
fia		0.5576** (0.2428)	1.2583*** (0.4154)		0.0872*** (0.0299)	0.0343 (0.0352)
top		-0.0049* (0.0028)	-0.0045 (0.0060)		0.0031*** (0.0004)	0.0026*** (0.0005)
cash		-9.4504*** (0.2946)	-8.9272*** (0.3389)		0.1402*** (0.0182)	0.1251*** (0.0184)
indp		0.5082 (0.4681)	0.2477 (0.5424)		-0.0931** (0.0460)	-0.1268*** (0.0482)
dual		-0.2152*** (0.0685)	-0.0047 (0.0859)		0.0084 (0.0069)	0.0088 (0.0074)
固定效应	不控制	不控制	控制	不控制	不控制	控制
样本量	9108	9107	9107	10267	10266	10266
R^2	0.0070	0.2032	0.2227	0.1682	0.4401	0.4484

注:括号内为企业层面的聚类稳健标准误;*、**和***分别代表10%、5%和1%的显著性水平。

(二)稳健性检验

同样地,本节从变量离散化和更换计量模型的两个角度来检验上述融资约束缓解机制的稳健性。变量离散化的度量方法和前述融资结构改善渠道的度量方法相同。鉴于本节计算的 KZ 指数和 SA 指数的绝对值结果都是大于等于 0,依旧采用 Tobit 模型进行进一步验证,模型设定具体如下:

$$kz_{it} = \alpha + \beta\ ai_{it} + \sum_i \rho_i control_{it} + industry_j \times year_t + \mu_{it} \tag{7.30}$$

$$sa_{it} = \alpha + \beta\, ai_{it} + \sum_i \rho_i control_{it} + industry_j \times year_t + \mu_{it} \tag{7.31}$$

结果如表7.16所示，无论是更换解释变量，还是更换计量模型，人工智能通过缓解融资约束促进企业高质量发展的渠道依旧存在。

表7.16 融资约束稳健性检验

变量名	KZ 指数		SA 指数	
	变量离散化	Tobit 模型	变量离散化	Tobit 模型
	(1)	(2)	(3)	(4)
ai	-0.1904*** (0.0559)	-0.1817*** (0.0241)	-0.0431*** (0.0039)	-0.0330*** (0.0014)
size	-0.5482*** (0.0719)	0.0259 (0.0272)	-0.1291*** (0.0090)	-0.0948*** (0.0021)
fia	1.2511*** (0.4150)	0.9588*** (0.2387)	0.0345 (0.0353)	0.0797*** (0.0154)
top	-0.0040 (0.0060)	-0.0060*** (0.0023)	0.0028*** (0.0005)	0.0031*** (0.0002)
cash	-8.9240*** (0.3383)	-9.4178*** (0.2132)	0.1255*** (0.0186)	0.1378*** (0.0115)
indp	0.2369 (0.5421)	0.5060 (0.4787)	-0.1338*** (0.0482)	-0.0999*** (0.0274)
dual	-0.0070 (0.0858)	-0.2228*** (0.0589)	0.0078 (0.0073)	0.0081** (0.0035)
固定效应	控制	控制	控制	控制
样本量	9107	9107	10266	10266
R^2	0.2233		0.4385	

注：括号内为企业层面的聚类稳健标准误；*、**和***分别代表10%、5%和1%的显著性水平。

本章小结

本章采用理论分析与计量分析相结合的方式，考察了人工智能赋能企业高质量发展的作用机制。首先，基于规模扩大机制，分别从企业规模和集聚规模的角度对这一传导机制进行验证，具体地，以资产规模、人员规模和营收规模衡量企业规模，以专业化集聚和多样化集聚衡量产业集聚规模，并分别从这五个方面实证考察人工智能赋能企业高质量发展的规模扩大机制。其次，基于效率提升机制，分别从单要素生产率和全要素生产率的角度对这一传导机制进行验证，具体地，以劳动生产率衡量单要素生产率，以 LP 估计法测度全要素生产率，并分别从这两个方面实证考察人工智能赋能企业高质量发展的效率提升机制，同时还发现，由于新"索洛悖论"的影响，人工智能对企业生产率的影响存在一定时滞性。最后，基于融资改善机制，分别从企业融资结构和融资约束的角度对这一传导机制进行验证，具体地，分别从内源融资、外源融资和融资约束三个方面实证考察人工智能赋能企业高质量发展的融资改善机制，主要研究结论如下：

第一，人工智能可以通过规模扩大机制赋能企业高质量发展。采用 A 股上市公司 2007—2021 年的面板数据，以企业内部规模和产业集聚规模为被解释变量，人工智能发展水平为核心解释变量构造面板固定效应模型进行回归。其中，企业内部规模分别从资产规模、人员规模和营收规模三个角度进行测度，产业集聚规模则是借助区位熵数法分别从专业化产业集聚和多样化产业集聚的角度进行衡量。首先，人工智能对企业内部规模的回归结果表明，人工智能对企业资产规模、人员规模和营收规模均存在显著的正向影响，说明人工智能可以通过扩大企业内部规模的途径赋能企业高质量发展。从分位数回归的稳健性检验结果可知，人工智能一定程度上可以带动企业扩大规模，并且随着企业内部规模分位点的逐步上升，这种正向促进效应出现了明显增强的趋势。进一步地，将更换样本容量后的回归结果与原来的回归结果进行对比后发现原有核心结论"人工智能可以通过扩大企业规模的途径赋能企业高质量发展"没有发生任何改变。其次，人工智能对产业集聚规模的回归结果表明，人工智能对不同产业集聚模式的影响方向和程度是不同的，仅能通过促进多样化产业集聚赋能企业高质量发展。通过将位于直辖市的特殊样本剔除后回归发现，这一结论依然稳健，通过利用核心解释变量的滞后一期作为工具变量来缓解模型的内生性问题依然得出了相同的结论，在稳健性检验中还通过控制省份特征重新进行回归，发现人工智能赋能企业高质量发展的多样化集聚机制依然存在。同时，本节还采用面板分位数回归模型做了进一步研究，发现人工智能对多样化产业集聚的条件分布为右端的影响大于左端的影响。

第二，人工智能可以通过效率提升机制赋能企业高质量发展。同样地，采用A股上市公司2007—2021年的面板数据，以企业单要素生产率和全要素生产率为被解释变量，人工智能发展水平为核心解释变量构造面板模型进行回归。其中，企业单要素生产率以劳动生产率来衡量，全要素生产率采用LP估计法进行测度。首先，人工智能对劳动生产率的静态面板回归结果表明，人工智能可以通过提高企业劳动生产率的渠道进而促进企业高质量发展。在更换模型的稳健性检验中，发现企业的劳动生产率存在一定的延续性，但这并不影响人工智能对劳动生产率的促进效应。为了得到更为谨慎的研究结论，将劳动生产率的衡量方法更换为计算劳动力的平均产出，仍得到了一致的估计结果。进一步地，通过缩短时间窗口进行稳健性检验，发现人工智能对劳动生产率的促进效应并无明显变化。其次，人工智能对全要素生产率的静态面板回归结果表明，人工智能对企业全要素生产率具有显著的促进作用。利用OP法重新测算全要素生产率并进行回归后发现这一结论并无任何改变。同时，考虑到时滞性问题，在实证模型中引入全要素生产率的滞后项重新进行估计，证实了智能时代新“索洛悖论”确实存在。将未进行智能化转型的样本企业剔除并重新进行回归，进一步证实了结论的稳健性，说明人工智能可以通过全要素生产率提升机制赋能企业高质量发展。

第三，人工智能可以通过融资改善机制赋能企业高质量发展。采用A股上市公司2007—2021年的面板数据，以企业融资结构和融资约束为被解释变量，人工智能发展水平为核心解释变量构造面板固定模型进行回归。其中，企业融资结构分别以内源融资、股权融资和债务融资来衡量，融资约束采用计算KZ指数和SA指数进行测度。首先，人工智能对融资结构的回归结果表明，人工智能会通过促进内源融资和股权融资以及抑制债务融资的渠道改善融资结构，进而促进企业高质量发展。通过将核心解释变量进行离散化处理,得到的实证结果依然保持稳健,在更换计量模型的稳健性检验中,选用 Tobit 模型重新进行回归,发现人工智能的确可以通过改善融资结构的途径促进企业高质量发展。进一步地,基于企业融资需求进行分组检验,发现融资需求较高的企业对内源融资和股权融资更具偏好,而人工智能仅在融资需求较低的企业能够通过减缓债务融资来促进企业高质量发展。其次,无论是 KZ 指数还是 SA 指数,人工智能对融资约束的回归结果均表明,人工智能可以通过缓解融资约束的渠道促进企业高质量发展。从变量离散化和更换计量模型的两个角度进行稳健性检验,发现将构建的虚拟变量代入模型重新回归后并没有影响基本结论。同样地,选用 Tobit 模型重新进行回归,发现人工智能通过缓解融资约束促进企业高质量发展的渠道依旧存在。

第八章　人工智能产业政策影响企业高质量发展的实证剖析

第一节　政策背景与研究假说

在全球智能化飞速发展的今天，人工智能技术已经成为全球主要经济体抢占科技强国的关键赛道，为充分把握新一轮科技革命的历史机遇，世界主要国家纷纷将人工智能上升为国家战略，争相发布人工智能相关规划和政策，力争在新一轮的科技竞争中抢占更多技术优势，进而占据更多市场红利。作为世界上最大的发展中国家，为了紧抓智能时代的发展机遇，抢占未来发展制高点，中央和各地也纷纷响应，陆续颁布了相关政策，对人工智能产业的发展进行全面布局，以期全面推动产业转型升级。2017 年作为我国“人工智能应用元年”，我国首次将人工智能发展上升为国家战略，成了我国人工智能发展历程的一个重要转折点，随后地方政府纷纷积极响应中央战略布局，因地制宜出台人工智能产业扶持政策。在这样的进程中，人工智能产业政策备受期待，政策利好已经成了我国企业人工智能发展的重要组成部分。因此，有必要从产业政策的角度对人工智能与企业高质量发展的关系进行深入研究，对于企业利用相应政策赋能企业发展具有重要启示。

一、政策背景

随着人工智能的不断进步和发展，不仅对人们的生活方式和生产模式产生了颠覆性改变，同时也对经济社会产生了广泛而深远的影响。作为智能时代的通用型技术，依托以往科技革命和产业变革的创新成果，人工智能将借助大数据的东风进一步释放巨大能量，进而成为智能化转型升级的强大引擎。通过系统重构生产活动的各个环节，人工智能可以不断改变人类的生活方式和思维模式，从而引致更多的智能化新需求，催生大量的新产品、新业态、新模式，进而形成从微观、中观到宏观的经济发展潜力，促使社会经济结构发生重大变革，最终实现社会生产力的整体跃升。新征程上，国内统筹扩大内需和深化供给侧结构性改革的任务仍然十分艰巨，必须紧抓智能时代机遇，加快智能化转型工作部署，不断拓宽人工智能产业领域，加快建设创新型国家，从而为我国经济发展提供更多动能保障。为抢抓智能化浪潮中的重大发展机遇，2017 年，经中央政治局常委会、国务院常务会议审议通过，印发了《新一代人工智能发展规划》（以下简称“人工智能规划”）。

就国内人工智能产业而言，“人工智能规划”首次将发展人工智能上升到了国家战略层面，这将把我国人工智能产业发展推至重要转折关头，是一次非常大的质的飞跃。在这样的紧要关头，我国将发展重点瞄准部署高端、高效的智能经济。不同于以往低端产业的发展目标，这些产业主要从三个方面发展人工智能。第一个方面是大力发展人工智能战略性新兴产业，如基于人工智能创造的人脸识别、智能运载工具、智能终端、物联网基础器件等新领域。第二个方面是加快改造和提升传统产业，力争实现智能化产业全覆盖，如智能农业、智能制造、智能物流、智能家居、智能教育等。第三个方面是培育和壮大人工智能领军企业，企业可以通过借助智能技术进行智能化转型升级，以点带面，培育更多的龙头企业。同时，“人工智能规划”中还强调，各地区要基于自身资源禀赋和发展优势，对人工智能产业进行分门别类的布局，从而形成具有特定区域优势的产业集群。不仅如此，还要制定具体实施方案对人工智能产业的重大任务进行部署，通过开展示范试点引导重点政策落地实施。同时，地方政府应加大对人工智能产业的支持力度，重视高端人才引进，从而汇聚更多高端要素促使产业链和创新链与人工智能深度融合，进而打造人工智能创新高地，推进人工智能产业健康有序发展。整体上，“人工智能规划”出台之后，有关人工智能的产业政策不断涌现，为各领域“拥抱”智能化提供了无可比拟的优势。

二、理论分析

人类的每一次工业革命都会开创一个崭新的时代，作为第四次工业革命的通用技术，人工智能具有很强的外溢带动特征。随着大数据、物联网、区块链等新技术的不断发展，“人工智能规划”已在众多行业和赛道落地实施。值得注意的是，在推动智能化发展过程中，企业并不是遵循特定的固化路径赋能，而是处于百花齐放、相互使能的新形态。从产品生命周期来看，智能技术与企业产品融合发展的过程一般可以分为智能化萌芽期、智能化渗透期和智能化发展期三大发展阶段。当企业产品不能很好满足消费者需求时，企业会选择引进新的智能技术来加快自身产品的改进速度，从而推陈出新，开发创新更多新的智能产品以满足市场需求，以此作为新市场的回应，此时便进入了企业智能化的萌芽期。这一阶段更多是处于“流变期”或“酝酿期”，许多市场参与者都在进行大量的实验，深度搜寻有助于企业在技术领域积淀的海量智能化相关知识，希望能够通过进行知识重组，以应对新旧技术模式的替换，使之能最大可能地削弱外界复杂多变环境带来的消极影响，以满足市场潜在需求。随着“智能浪潮”的滚滚向前，人工智能产业政策逐渐落地，企业迎来了智能技术的渗透阶段，经过前期的快速学习，市场参与者具备了能够透过技术转型问题表象总结智能化产品发展的内在规律，继而可以将越来越多的资源转向自身产品的主导设计上。随着时间推移，会出现诸如仿制、改进和完善的模仿创新，导致相关技术在不同市场逐渐扩散和转移到市场不同层次，从而促成企业与外部进行创新合作。在与外部建立合作共识、协调互助的过程中会逐渐形成依赖、信任、承诺等社会资本推动企业共同进入智能化发展期，进而形成规模经济和流程创新，以此降本增效，推动企业高质量发展。结合上述分析，提出如下研究假设：

H_1：人工智能产业政策的实施将发挥提质增效的作用，促进企业高质量发展。

企业实现高质量发展往往不是一蹴而就的，从企业的生命周期来看，企业一般要经历成长期、成熟期、衰退期三个发展阶段。“人工智能规划”的落地实施会对相关企业进行扶持，处在不同生命周期的企业发展状态并不一致，会导致人工智能对不同发展阶段的企业的赋能效果存在显著区别。处于成长期的企业，扩大生产规模的意愿较强，但受限于商业模式的不成熟，企业盈利能力较弱，内部闲置的物力和人力较少，技术研发方向模糊。处于此阶段的企业，一般会根据自身发展现状，选择在市场采购技术完备并且发展成熟的低成本智能产品。当使用这些智能产品一段时间并且获得良好的收益效果后，再不断拓宽智能化应用广度和加深智能化应用深度，通过这种循序渐进的方式逐步实现企业智能化转型，同时，还能降低企业的交易成本，达到双赢目的，帮助企业早日实现人工智能的红利变现。对于成熟期企业，组织结构日渐完善，市场占有率逐步提升，留存收益增加，创新意愿强烈。在此阶段，企业会选择紧跟市场动态，把握客户需求，通过不断加大智能化投资，积极赋能企业发展，这一举措不仅能够帮助企业占据其在市场中的地位，增加其竞争优势，同时还能收获更高利润，扩大自身品牌的影响力。而对于衰退期企业，由于其组织灵活性下降，市场需求敏锐度钝化，现有产能输出与消费者偏好逐渐偏离，内部资金短缺，很难再依靠技术研发来推动企业发展。结合上述分析，提出如下研究假设：

H_2：当企业处于不同生命周期阶段时，人工智能产业政策对企业高质量发展的影响效果截然不同。

第二节　研究设计

一、模型构建

为了考察人工智能产业政策对企业高质量发展的影响，本章将 2017 年提出的“人工智能规划”作为准自然实验，将这一外生冲击纳入实证模型，运用双重差分法实证研究人工智能产业政策对我国企业高质量发展的影响。在具体模型的构建上，将待检验的双重差分模型设定如下：

$$hq_{itpz} = \gamma_0 + \gamma_1 treat_i \times post_t + \gamma_2 X_{itpz} + \delta_i + \delta_p + \delta_z + \varepsilon_{itpz} \tag{8.1}$$

其中，hq 表示企业高质量发展水平，下标 i 表示企业个体、t 表示年份、p 表示省份、z 表示行业。$treat$ 表示处理变量，$post$ 表示政策冲击变量。本章重点关注两者的交互项系数 γ_1，它度量了“人工智能规划”政策提出前后人工智能对企业高质量发展的影响效果，若系数 γ_1 显著为正，说明人工智能产业政策具有驱动企业高质量发展的效果。X 为控制变量矩阵，包括企业特征变量和地区特征变量。考虑到企业、省份和行业层面不随时间的变化因素可能会对回归结果产生影响，本章还控制了企业固定效应 δ_i、省份固定效应 δ_p 和行业固定效应 δ_z，并将稳健标准误聚类到企业个体层面。此外，各地区和各行业随时间变化的因素可能会对企业高质量发展产生影响，本章还进一步加入省份×时间固定效应和行业×时间固定效应，以消除中观、宏观层面的其他外生冲击对本章实证结果的影响，提高结论的精准性（范子英、周小昶，2022），ε_{itpz}是随机扰动项。具体地，各指标设定说明如下：

被解释变量。本章主要考察人工智能产业政策对企业高质量发展的促进效果，现有文献中从行业、区域等不同角度提出了测度高质量发展的不同方法。如客观性、可操作性较强的单一指标替代法，是企业高质量发展的测度研究中出现频率较高的研究方法，其中，全要素生产率是近年来评价企业高质量发展的流行指标，因其包含丰富信息、综合性强而被广泛应用（陈昭、刘映曼，2019；吕康娟等，2022）。除了全要素生产率，也有学者选择使用一些出现频率较低的单一指标作为企业高质量发展水平的替代变量，如刘和旺等（2020）选择使用经济增加值、总资产周转率、税前和税后利润作为企业高质量发展的度量。而本书所要求的企业高质量发展，应当立足于“创新、协调、绿色、开放、共享”和“质量第一，效益优先”的发展理念，如果采用单一指标替代法不足以反映企业高质量发展全貌。因而本书从企业实际情况出发，选取多种指标构建评价体系，具体见本书第四章，测度结果相较于仅利用单一指标测度企业高质量发展水平而言具有更为广泛的适用性。

解释变量。本章的核心解释变量为 $treat \times post$，用以刻画人工智能产业政策对企业高质量发展的影响。具体地，本章将 2017 年提出的“人工智能规划”视为一项准自然实验，设置政策冲击时间虚拟变量 $post$，考虑到该规划提出时间为下半年，本章取 2017 年以后的年份为实验期，如果企业样本数据的年份处于 2017 年以后，则时间虚拟变量取值为 1，否则为 0。同时，本章还设置了处理变量 $treat$，具体以具备重大技术突破条件的高新技术产业、战略性新兴产业的重点发展领域和发展方向[①]为判别准则，若样本企业的经营范围和主营产品类型属于以上重点发展领域或方向，则为政策激励型样本，此时变量 $treat$ 取值为 1，否则取 0。

① 如新一代信息技术、高端装备制造、新材料、新能源、新能源汽车、生物医药、高性能医疗器械等。

控制变量。参考现有企业发展的相关研究（何瑛等，2019；黄大禹等，2021），本章通过加入一系列的企业特征变量来控制其他特征因素对企业高质量发展的影响，具体包括企业规模（*size*）、企业年龄（*age*）、固定资产率（*fia*）、股权集中度（*top*）、现金流强度（*cash*）、独立董事占比（*indp*）、两职合一（*dual*）。通常认为企业内部的规模大小会对企业的发展产生影响，规模越大的企业抗风险能力越强，企业可持续性一般也会更好。企业成立年限也会影响企业发展状况，成立越久的企业往往具有良好的经营状况，企业发展更加稳定。除此之外，固定资产率、股权集中度、现金流强度、独立董事占比、两职合一情况等因素也都被证实会对企业各方面发展产生影响（陈丽姗、傅元海，2019；范子英、周小昶，2022；肖土盛等，2022）。同时，考虑到区域宏观经济外部环境可能也会影响企业高质量发展，本章还控制了省级层面的区域特征变量，具体包括经济发展水平（*pgdp*）、产业结构（*industrial*）和开放水平（*open*）。各控制变量的符号和定义参见表 8.1。

表 8.1　控制变量定义

变量名称	变量符号	变量定义
企业规模	size	期末资产总额自然对数
企业年龄	age	企业成立年限
固定资产率	fia	固定资产净额/资产总额
股权集中度	top	第一大股东持股比例
现金流强度	cash	现金及其现金等价物/资产总额
独立董事占比	indp	独立董事人数/董事会规模
两职合一	dual	董事长与总经理是否兼任，是则为 1，否则为 0
经济发展水平	pgdp	人均地区生产总值自然对数
产业结构	industrial	地区第三产业增加值/地区第二产业增加值
开放水平	open	地区进出口总额自然对数

二、样本选择与数据说明

由于“人工智能规划”首次提出的时间为 2017 年，为保证政策事件发生前后的时间区间一致，本章以 2013—2021 年作为研究区间，既可以确保研究样本的充足性，也可以避免样本研究区间过宽与其他政策效应混淆。上市公司作为资本市场的微观基础和活力源泉，智能化转型敏感度较高，对智能技术的需求旺盛，因而本章选取 A 股上市公司作为研究样本进一步剖析人工智能产业政策对企业高质量发展的影响。研究数据主要包括上市公司个体数据和宏观经济数据两个部分，其中上市公司个体数据主要来自 WIND 数据库和 CSMAR 数据库，宏观经济数据的来源包括《中国统计年鉴》和国家统计局网站。此外，为了保证本章结论的精准性，在实证分析前，对数据进行了预处理。具体的筛选样本过程如下：考虑到各公司财务迥异，本章基于 2012 年证监会对不同行业的分类标准，将金融类和 ST 类等出入较大的上市公司样本予以剔除；为了保证实证检验的可行性，将相关变量年份数据缺失较为严重的研究样本予以剔除；剔除上市时间为 2017 年之后的研究样本，以确保政策实施效果的可比性。此外，鉴于异常值的特殊性，本章在各变量的第 1 和第 99 分位数上进行了双边缩尾处理，以提高实证结果的准确性。将上述微观企业数据和宏观经济数据按照年份和省份进行匹配，最终得到 8265 个上市公司数据。

第三节　实证分析

一、基准回归

本章从“人工智能规划”这一准自然实验出发，运用双重差分法评估人工智能产业政策驱动企业高质量发展的效果，结果如表 8.2 所示。从表中第（1）列结果可知，在仅纳入核心解释变量的情况下，核心解释变量 $treat \times post$ 的系数在 1% 的水平下显著为正，表明在“人工智能规划”提出后，相比一般企业，人工智能对政策激励型企业的赋能效果更为明显。表中第（2）和第（3）列分别为依次加入企业层面控制变量和区域层面控制变量的基准回归模型结果，结果显示 $treat \times post$ 系数仍然显著为正，进一步表明该项产业政策冲击可以显著促进企业高质量发展。表中第(4)列呈现的是进一步考虑个体、行业、省份固定效应的回归结果,可以发现,*treat* × *post* 交互项的估计系数与前述实证结果并没有实质性的区别,具有显著的经济意义。为排除省份和行业层面其他事件冲击的干扰,在表中第(5)列进一步加入了省份 × 年份交叉固定效应以及行业 × 年份交叉固定效应,从结果可知研究结论依然保持稳健,在其他条件不变的情况下,政策激励型企业的赋能效果在 1% 的水平上比其他企业显著高 0.0189。从企业层面的控制变量看,企业年龄、现金流强度、两职合一情况等变量和以往研究一致,确实会对企业高质量发展产生影响,宏观经济层面也在一定程度上会影响"人工智能规划"的政策激励效果,因此在本章后文分析中有必要对企业层面和区域层面的特征变量进行控制。上述逐步分析的实证结果验证了本章的假说 H_1,即"人工智能规划"的实施确实可以赋能企业高质量发展。

表 8.2 基准回归结果

变量名	(1)	(2)	(3)	(4)	(5)
treat × post	0.0221*** (0.0028)	0.0169*** (0.0030)	0.0197*** (0.0031)	0.0190*** (0.0030)	0.0189*** (0.0030)
size		−0.0070*** (0.0023)	0.0006 (0.0024)	−0.0009 (0.0033)	−0.0016 (0.0033)
age		0.0205*** (0.0025)	0.0313*** (0.0029)	0.0330*** (0.0041)	0.0315*** (0.0041)
fia		0.0061 (0.0136)	−0.0005 (0.0135)	0.0260 (0.0176)	0.0262 (0.0176)
top		0.0006*** (0.0002)	0.0004*** (0.0002)	0.0003 (0.0002)	0.0003 (0.0002)
cash		0.0321*** (0.0095)	0.0320*** (0.0094)	0.0282*** (0.0101)	0.0258** (0.0101)
indp		−0.0204 (0.0222)	−0.0149 (0.0219)	−0.0198 (0.0255)	−0.0184 (0.0255)
dual		−0.0096*** (0.0029)	−0.0091*** (0.0028)	−0.0071* (0.0037)	−0.0066* (0.0037)

续表

变量名	(1)	(2)	(3)	(4)	(5)
pgdp			-0.0877*** (0.0102)	-0.0902*** (0.0134)	-0.1406*** (0.0180)
industrial			0.0117* (0.0065)	0.0122 (0.0075)	0.0183** (0.0076)
open			0.0466*** (0.0050)	0.0437*** (0.0065)	0.0452*** (0.0066)
固定效应	不控制	不控制	不控制	控制	控制
省份×年份	不控制	不控制	不控制	不控制	控制
行业×年份	不控制	不控制	不控制	不控制	控制
样本量	8265	8264	8264	8264	8264
R^2	0.0100	0.0253	0.0483	0.1018	0.1055

注:括号内为企业层面的聚类稳健标准误;*、**和***分别代表10%、5%和1%的显著性水平。

二、平行趋势检验

本章将2017年提出的“人工智能规划”政策作为准自然实验,利用双重差分法验证这一外生冲击对企业高质量发展的赋能效应。双重差分法适用的有效前提重点在于实验组和对照组在准自然实验设定之前是否具有共同的时间趋势,即在没有实行“人工智能规划”政策之前政策激励型企业和普通企业的高质量发展趋势应该保持趋同性。这也是本章实证策略的重要前提假设。为了直观反映这一政策冲击的影响效果,图8.1描绘了实验组和对照组的企业高质量发展年平均综合得分的逐年变化趋势,实线代表政策激励型企业,虚线表示为一般企业。从图8.1可以看出,在2017年以前,即“人工智能规划”提出以前,对照组和实验组的企业高质量发展水平综合得分几乎相差不大,有着相似的发展趋势,但是在2017年“人工智能规划”政策提出以后,实验组的企业高质量发展水平呈现快速上涨的趋势,并且随着年份的增加实验组与对照组两者的差异呈现明显扩大,基本满足双重差分法应用的前提条件。

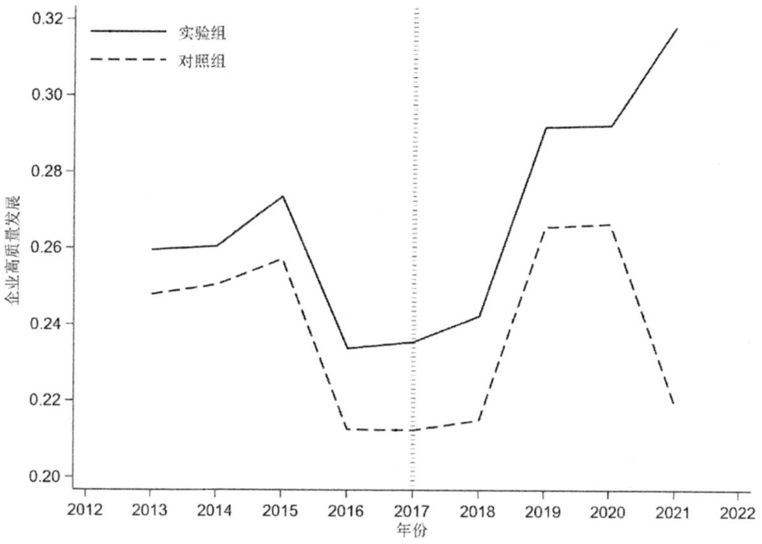

图 8.1　平行趋势检验

三、其他干扰政策的排除

“人工智能规划”作为我国第一部关于人工智能产业政策的纲领性文件,在规划颁布前后,我国相应颁布与实施了多项相关导向性政策与之呼应,同时各地区也做出了积极响应并先后发布了有关行动方案,这些相关措施可能会对企业高质量发展产生影响,进而高估或者低估“人工智能规划”的政策效应。为排除样本期内其他相关政策的干扰,本章搜集和梳理了样本期内国家层面和区域层面的相关事件,发现与“人工智能规划”相关度较高的导向性政策文件主要包括 2015 年由国务院发布的《中国制造 2025》、2016 年由工业和信息化部、国家发展改革委、财政部联合印发的《机器人产业发展规划(2016—2020 年)》(以下简称“机器人规划”)、2019 年由国务院印发部署的《关于促进人工智能和实体经济深度融合的指导意见》(以下简称“指导意见”)、由工信部批复的八大人工智能创新应用先导区①先后发布的人工智能行动方案。除了以上政策方案,各地区、各行业也积极出台了相

① 北京、天津(滨海新区)、杭州、广州、成都、上海(浦东新区)、深圳、济南－青岛。

关政策支持人工智能基础设施发展，这些战略或方案可能会混淆样本期间的政策效应。因此，接下来很有必要对这些干扰事项进行逐一排除，具体结果见表8.3。

为加快步入创新型国家行列，2015年国务院正式印发第一个十年的行动纲领——《中国制造2025》，全面部署智能制造发展，并陆续批复了“中国制造2025”试点示范城市[①]，纲领文件旨在提升我国制造业的智能化水平，实现制造业转型升级。为识别这一影响，本章在基准回归中加入了这些城市作为控制变量。具体为，如果企业地址位于批复的试点示范城市，则该控制变量设为1，否则为0。表8.3列(1)显示，“人工智能规划”的赋能效应与前文基准回归估计所得的结果是一致的，“中国制造”并没有影响本章的基本结论。

为加快实施创新驱动发展战略，建设世界科技强国，我国以发展机器人作为重要切入点，大力发展机器人产业，并于2016年印发了《机器人产业发展规划(2016—2020年)》，旨在推进我国机器人产业快速健康可持续发展。为了排除这一政策干扰，本章通过进一步控制区域机器人密度来验证“机器人规划”政策的影响。机器人密度可理解为各地区每万人的机器人拥有量，是一个能够反映不同地区机器人渗透程度的具体指标。为排除这一政策影响，本章参考Acemoglu和Restrepo(2017)，李志强和刘英(2022)对机器人密度的测量方法，假定同一个国家相同行业所涉及的机器人分布是一致的，这也可以理解为某个地区不同行业的机器人密度仅由就业人员数量所决定。因而，基于以上假定，本章将各行业的城镇单位就业人员数量设置为权重，以此计算不同行业的机器人密度，其中，不同行业机器人安装量的数据来源于国际机器人联盟(IFR)，不同地区和行业城镇单位从业者数量来源于《中国统计年鉴》。

$$p_{it}=\frac{number_{it}}{L_{it}} \tag{8.2}$$

其中，p_{it}表示i行业第t年的机器人密度，$number_{it}$表示i行业第t年的机器人安装量，L_{it}表示i行业第t年的全国城镇单位就业人员总体数量。

---

① 宁波、泉州、沈阳、长春、武汉、吴忠、青岛、成都、赣州、广州、合肥、湖州等12个城市，苏南5市，珠江西岸6市1区，长株潭衡、郑洛新等城市群。

然后对每个地区涉及的行业机器人密度加权求和，得到该地区的机器人密度，具体计算公式如下：

$$robot_{st} = \sum_{i \in I} \frac{L_{sit}}{L_{st}} \cdot p_{it} \tag{8.3}$$

其中，L_{sit}表示 s 地区 i 行业第 t 年的城镇单位就业人员数量，L_{st}表示 s 地区第 t 年的城镇单位就业人员总量，将 s 地区所有行业的机器人密度求和，即为 s 地区第 t 年的机器人密度$robot_{st}$。

从表 8.3 第(2)列的实证结果可以看出，在基准回归的基础上，进一步控制“机器人规划”政策的影响后，结果显示“人工智能规划”政策的双重差分交互项系数依然通过了 1% 水平下的显著性检验，这表明人工智能产业政策对企业高质量发展的驱动效应结果是稳健可靠的。

受技术瓶颈、人才缺乏、行业壁垒等多重影响因素的限制，目前我国人工智能与实体经济融合仍处于发展阶段，赋能效率还存在较大的上升空间，为进一步推动人工智能与实体经济深度融合，加速人工智能“拥抱”实体经济，中央全面深化改革委员会第七次会议审议通过了《关于促进人工智能和实体经济深度融合的指导意见》。为排除此项政策对回归结果的干扰，本章通过设置“指导意见”的虚拟变量。具体地，引入一个年份虚拟变量，将“指导意见”提出后的年份虚拟变量设置为 1，其他时间取值为 0。列(3)结果显示，在加入 2019 年这一政策虚拟变量后，“指导意见”并没有影响本章基本结论，核心结论依然稳健。

当前发展人工智能已经成为经济社会不同领域生产活动中的关键环节，作为智能时代技术创新的重要代表，人工智能正引领各领域实现跨界融合，通过不同领域迭代加速技术成熟，进而形成从宏观到微观各领域一体的智能化新实践。除了国家不断推出相关政策助力人工智能持续进步，地区和行业不同层面也高度重视人工智能领域的发展，纷纷以国家战略为指引，不断加大智能化投入，以求积蓄更多“领跑”力量，占据更多的人工智能发展先机。尤其是在地区层面已拥有较为清晰的建设思路，设立了人工智能基础设施建设的八大先导区，如将基础研究聚焦于北京、上海、广东等地，将应用研究汇聚在江苏、浙江、福建、山东等省份。而八大先导区先后颁布的人工智能发展政策可能会造成对“人工智能规划”政策效应的高估，为此将这些重点地区的样本企业予以剔除后重新回归，具体的估计结果如表 8.3 第

(4)列所示,*treat* × *post* 的估计系数并无明显变化。同时,各地区、各行业对人工智能发展也做出了有益探索,凭借人工智能的高融合性、强赋能性,形成了强大的规模效应和网络效应,能在一定程度上影响企业高质量发展。基于以上考虑,本章借鉴田彬彬、范子英(2018)的做法,进一步加入省份与年份平方的交互项和行业与年份平方的交互项,进而排除这些政策对企业高质量发展的非线性关系,表 8.3 中第(5)列的结果表明,区域性、行业性政策的非线性影响并不会改变本章核心结论。

表 8.3 排除其他干扰政策结果

变量名	"中国制造"	"机器人规划"	"指导意见"	八大先导区	时间平方
	(1)	(2)	(3)	(4)	(5)
treat × post	0.0176*** (0.0030)	0.0177*** (0.0030)	0.0182*** (0.0029)	0.0194*** (0.0042)	0.0113*** (0.0032)
size	-0.0008 (0.0033)	-0.0011 (0.0033)	-0.0018 (0.0032)	-0.0039 (0.0042)	0.0024 (0.0033)
age	0.0325*** (0.0041)	0.0329*** (0.0041)	0.0245*** (0.0041)	0.0254*** (0.0052)	0.0186*** (0.0045)
fia	0.0207 (0.0174)	0.0267 (0.0176)	0.0267 (0.0172)	0.0271 (0.0212)	0.0251 (0.0171)
top	0.0004* (0.0002)	0.0003 (0.0002)	0.0003 (0.0002)	0.0003 (0.0003)	0.0001 (0.0002)
cash	0.0232** (0.0101)	0.0272*** (0.0102)	0.0180* (0.0099)	0.0333*** (0.0127)	0.0133 (0.0100)
indp	-0.0183 (0.0252)	-0.0193 (0.0256)	-0.0184 (0.0249)	-0.0614* (0.0366)	-0.0251 (0.0243)
dual	-0.0068* (0.0037)	-0.0070* (0.0037)	-0.0058 (0.0036)	-0.0072* (0.0042)	-0.0050 (0.0036)
pgdp	-0.1214*** (0.0176)	-0.1099*** (0.0163)	-0.1079*** (0.0167)	-0.1233*** (0.0191)	-0.0808*** (0.0183)
industrial	0.0121* (0.0073)	0.0107 (0.0077)	0.0063 (0.0071)	-0.0176 (0.0111)	0.0133** (0.0065)

续表

变量名	“中国制造”	“机器人规划”	“指导意见”	八大先导区	时间平方
	(1)	(2)	(3)	(4)	(5)
open	0.0427*** (0.0061)	0.0443*** (0.0067)	0.0375*** (0.0057)	0.0448*** (0.0064)	0.0171*** (0.0066)
固定效应	控制	控制	控制	控制	控制
省份×年份	控制	控制	控制	控制	控制
行业×年份	控制	控制	控制	控制	控制
样本量	8264	8264	8264	5521	8264
R^2	0.1161	0.1032	0.1308	0.1158	0.1746

注:括号内为企业层面的聚类稳健标准误;*、**和***分别代表10%、5%和1%的显著性水平。

四、安慰剂检验

除了上述政策的干扰,本章还通过安慰剂检验排除其他非观测遗漏变量对实证结果的影响,借鉴周茂等(2018)相同的做法,利用间接性安慰剂检验进行验证。将式(8.1)计算得到 $treat_i \times post_t$ 系数估计值纳入检验方程,具体的表达式如下:

$$\widehat{\alpha_1} = \alpha_1 + \theta \times \frac{cov(treat_i \times post_t, \varepsilon_{ipt} \mid \Phi)}{var(treat_i \times post_t \mid \Phi)} \tag{8.4}$$

其中,Φ 为前文涉及的所有控制变量,θ 为其他非观测遗漏变量对解释变量的影响。

如果 $\theta = 0$,则这些遗漏变量不会影响到估计结果,即证明结果是无偏的,但这一点无法直接验证。为此,本章以计算机随机生成政策冲击,同时为了避免小概率事件的干扰,重复模拟500次,产生了500个虚假的分布,这些估计系数的概率密度分布如图8.2所示。图中显示随机产生的估计系数绝大部分汇集在0附近,且基本服从正态分布,说明随机产生的冲击并不会对估计结果产生影响,从而证明其他非观测遗漏变量几乎不会对解释变量产生影响。虚线表示表8.2中第(5)列交互项回归系数估计值,从图中明显可以看出,基准回归得到的估计结果 0.0189 与间接安慰剂检验的估计系数相差较大,明显属于异常值,说明"人工智能规划"对企业高质量发展的影响并非偶然事件,证实了基准回归结果的稳健性。

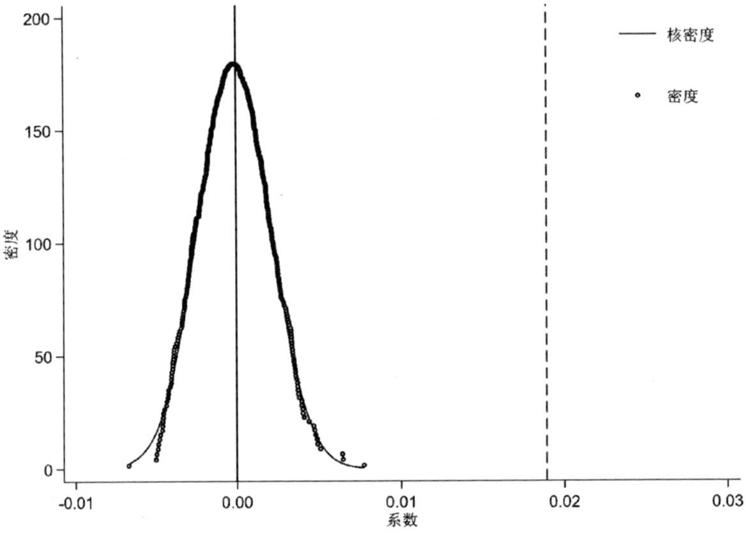

图 8.2　安慰剂检验结果

五、稳健性检验

(一)改变计量方法

为了防止"人工智能规划"以外的其他因素对企业高质量发展产生影响,避免一般企业和政策激励型企业的其他差异因素可能催生的内生性问题,本章进一步采用倾向得分匹配法重新设置实验组进行准自然实验。首先,利用逻辑回归模型计算每个样本的倾向得分,将研究样本是否属于政策激励型企业设置为被解释变量,若属于则取值为 1,否则为 0,解释变量则为本章基准回归中涉及的所有企业层面的控制变量。然后根据估计的倾向得分,从一般企业的样本中选取与政策激励型企业在倾向得分上较为一致的一组样本作为对照组,并通过 1∶1 比例按照近邻匹配的方法进行有放回抽样的逐年匹配。最后,将这些新样本按照基准模型重新进行双重差分回归。新样本的回归结果见表 8.4 列(1),双重差分估计系数为正且显著,从而排除了其他因素可能导致的内生性问题，确保了前文基准回归结论的稳健性。

（二）更换支持企业的划分方法

本章基准回归中的处理变量划分主要依据具备重大技术突破的高新技术产业、战略性新兴产业的重点发展领域和发展方向的标准，按照样本企业的经营范围和主营产品类型划分处理组和控制组。这么划分的理由在于，鉴于我国人工智能发展阶段的特殊性，“人工智能规划”旨在提升各行各业的科技创新能力，突破关键技术瓶颈，加快建设创新型国家。基于这一政策目标，我国已建设布局了多个具有重大引领带动作用的国家新一代人工智能创新发展试验区，这些试验区所在地的企业更易受到“人工智能规划”的影响。基于这一考虑，本章重新设置处理变量，将位于试验区所在地的企业设置为1，位于其他地区的企业设置为0，以此构建新的处理组和控制组。表8.4的第(2)列结果显示，在采用了新的处理组后，研究结论依然保持不变。

（三）考虑样本选择

在样本选择方面，本章还通过调整研究样本对前文研究结论再次进行稳健性检验。前文平行趋势检验的结果显示在“人工智能规划”提出后，从“人工智能规划”的第二年开始对企业高质量发展的影响幅度明显变大，可能存在时滞效应，考虑到结果的稳健性，将“人工智能规划”提出当年的所有研究样本删除。同时，由于我国仍处于人工智能发展初期，智能技术对不同行业的影响可能存在差异，在整理数据时发现制造业样本数量较多，接近所有样本的65%，本章将研究样本聚焦于制造业子样本重新进行双重差分检验，结果见表8.4列(3)和列(4)。不难发现，基准回归结果未发生根本性改变，双重差分变量 $treat \times post$ 的系数依然显著为正，证实了基准回归的稳健性。为了识别人工智能的赋能效果是否会随着时间窗口的变化而变化，本章通过缩短时间窗口来判断估计结果的敏感性。具体做法为，考虑到2019年底新冠疫情暴发，疫情的蔓延和复工复产的一再推迟导致市场逐渐走向低迷，严重影响了企业高质量发展，为此本章将2019年以后样本予以剔除，为了保证政策事件发生前后的时间区间一致，将时间窗口缩短为五年，即以2015—2019年的样本进行回归，如果回归结果没有发生明显变化，表明结果是稳健的，表8.4列(5)结果显示，通过缩短时间窗口，人工智能的赋能效果并无明显变化，依然支持前文的结论。

表 8.4 稳健性检验

变量名	PSM - DID	更换划分方法	删除 2017 年	保留制造业	缩短时间窗口
	(1)	(2)	(3)	(4)	(5)
treat × post	0.0185*** (0.0030)	0.0175*** (0.0026)	0.0129*** (0.0037)	0.0256*** (0.0041)	0.0126*** (0.0026)
size	-0.0017 (0.0033)	-0.0013 (0.0033)	-0.0026 (0.0034)	-0.0005 (0.0050)	-0.0101** (0.0050)
age	0.0315*** (0.0042)	0.0306*** (0.0042)	0.0259*** (0.0045)	0.0335*** (0.0055)	0.0309*** (0.0046)
fia	0.0270 (0.0178)	0.0299* (0.0178)	0.0083 (0.0172)	0.0339 (0.0229)	0.0233 (0.0237)
top	0.0003 (0.0002)	0.0003 (0.0002)	0.0003 (0.0002)	0.0004 (0.0003)	0.0004 (0.0003)
cash	0.0252** (0.0103)	0.0256** (0.0100)	0.0207* (0.0106)	0.0366** (0.0146)	0.0196 (0.0122)
indp	-0.0186 (0.0257)	-0.0214 (0.0253)	-0.0045 (0.0243)	-0.0494 (0.0416)	0.0146 (0.0339)
dual	-0.0065* (0.0038)	-0.0069* (0.0037)	-0.0070* (0.0037)	-0.0067 (0.0048)	-0.0106** (0.0051)
pgdp	-0.1401*** (0.0181)	-0.1491*** (0.0181)	-0.1154*** (0.0170)	-0.1752*** (0.0238)	-0.1328*** (0.0226)
industrial	0.0187** (0.0076)	0.0116 (0.0077)	0.0182** (0.0071)	0.0183* (0.0106)	0.0060 (0.0109)
open	0.0448*** (0.0066)	0.0422*** (0.0067)	0.0394*** (0.0063)	0.0518*** (0.0085)	0.0480*** (0.0082)
固定效应	控制	控制	控制	控制	控制
省份 × 年份	控制	控制	控制	控制	控制
行业 × 年份	控制	控制	控制	控制	控制
样本量	8211	8264	7073	5362	5439
R^2	0.1047	0.1062	0.0926	0.0867	0.0784

注：括号内为企业层面的聚类稳健标准误；*、**和***分别代表 10%、5%和 1%的显著性水平。

第四节　基于企业生命周期的拓展性分析

从前文理论分析可以了解到,随着企业生命周期的推移,人工智能产业政策对企业高质量发展的赋能效果可能存在差异。为了进一步探讨在不同生命周期阶段人工智能产业政策对企业高质量发展的影响,本章对研究样本目前所处的生命周期进行阶段划分。由于本章的研究样本均为上市公司,根据我国上市公司的实际情况,基本已经度过了初始阶段的启动期。同时,考虑到不同企业发展阶段的差异性,本章将企业所处的生命周期划分为成长期、成熟期和衰退期三个阶段。然而,现有研究中对企业生命周期的划分方法多样,如 Anthony 和 Ramesh(1992)通过计算股利支付、销售收入增长、资本支出和企业年龄四个指标的综合分数,来界定企业所处的生命周期,但也有学者基于国内上市公司偏好,提出股利支付与企业成长性关系不大,应该采用资本支出率进行替代(李云鹤等,2011)。本章参考这一做法,对销售收入增长率、留存收益率、资本支出率和企业年龄四个指标进行打分,并根据企业最终得分来划分企业所属的生命周期阶段。其中,销售收入增长率使用营业收入相比于上一年的增长率来表示,采用企业购建固定资产、无形资产和其他长期资产支付的现金与企业总资产的比值来表示资本支出率,留存收益率使用税后利润减去应付股利的差额和税后利润的比率来表示,企业年龄与上文定义方式相同。考虑到行业之间的差异,分别对四个变量按照数据的行业和年份进行分组,并按从高到低的顺序采用三分法将数值偏高的部分赋值为 3 分,数值偏低的部分赋值为 1 分,其余部分赋值为 2 分,再将每个样本的四个指标得分进行汇总,并采取同样的方法对样本总分再次进行分组,若企业最终分值为 10 ~ 12 分则定义为成长期企业,若企业最终分值为 7 ~ 9 分则定义为成熟期企业,若企业最终分值为 4 ~ 6 分则定义为衰退期企业,将划分好的三个子样本按照式(8.1)进行分组多元回归。表 8.5 报告了不同生命周期下人工智能对企业高质量发展的影响。列(1)和列(2)中的核心变量系数均在 1% 水平下显著,说明在成长期和成熟期的企业中,人工智能产业政策可以显著促进企业高质量发展。列(3)中的核心变量系数为 0.0074,不显著,且远低于成长期和成熟期的样本回归系数,说明在衰退期的企业中，人工智能对企业高质量发展不会产生显著影响。产生以上结果的原因可能是处于不同发展阶段的企业，由于其自身特点不同，对于发展布局和推进方式各异，人工智能对其作用方式及赋能模式也不尽相同，由此本章提出的假设 H_2 得到了验证。

表 8.5　企业生命周期分组回归

变量名	成长期	成熟期	衰退期
	(1)	(2)	(3)
treat × post	0.0270*** (0.0071)	0.0289*** (0.0066)	0.0074 (0.0049)
size	-0.0275*** (0.0093)	0.0090 (0.0091)	0.0043 (0.0067)
age	0.0425*** (0.0091)	0.0191** (0.0081)	0.0317*** (0.0096)
fia	0.0048 (0.0326)	0.0188 (0.0348)	0.0069 (0.0424)
top	0.0002 (0.0004)	0.0007* (0.0004)	0.0004 (0.0003)
cash	0.0133 (0.0237)	-0.0049 (0.0201)	0.0044 (0.0200)
indp	0.0034 (0.0500)	-0.0564 (0.0430)	-0.0109 (0.0386)
dual	-0.0037 (0.0076)	-0.0024 (0.0081)	-0.0153** (0.0061)
pgdp	-0.2153*** (0.0474)	-0.1696*** (0.0396)	-0.0883*** (0.0262)
industrial	0.0534*** (0.0157)	0.0100 (0.0173)	0.0015 (0.0124)
open	0.0488*** (0.0158)	0.0551*** (0.0145)	0.0346*** (0.0101)

续表

变量名	成长期	成熟期	衰退期
	(1)	(2)	(3)
固定效应	控制	控制	控制
省份×年份	控制	控制	控制
行业×年份	控制	控制	控制
样本量	2753	2779	2732
R^2	0.0891	0.1310	0.1273

注:括号内为企业层面的聚类稳健标准误;*、**和***分别代表10%、5%和1%的显著性水平。

考虑到样本具体指标处于不同生命周期可能也会对人工智能的赋能效果产生影响,进一步对分指标进行回归分析,结果见表8.6和表8.7。除销售收入增长率处于衰退阶段以及企业年龄处于成长阶段时的赋能效果没有通过显著性检验外,其他情况下,人工智能对企业高质量发展均有明显的赋能效果。该结果表明,当企业处于衰退期时,受市场份额和销售收入的影响,人工智能可发挥的作用有限,可能很难介入企业新的生产、经营、销售等范围;而当企业年龄处于成长阶段时,生产规模较小,产品类别单一,此阶段的企业专注于盈利创收,引进智能产品也仅能达到降低成本的预期效果。因此,随着人工智能进入大规模落地应用阶段,企业要根据自身发展补齐当前短板,按照企业所处发展阶段根据运行中所涉及的各个环节进行系统性的分析,以探讨人工智能赋能自身发展的模式和路径。

表8.6　企业生命周期分指标回归Ⅰ

变量名	销售收入增长率			留存收益率		
	成长期	成熟期	衰退期	成长期	成熟期	衰退期
	(1)	(2)	(3)	(4)	(5)	(6)
treat×post	0.0295*** (0.0092)	0.0233*** (0.0058)	0.0063 (0.0064)	0.0242*** (0.0074)	0.0220* (0.0123)	0.0166*** (0.0035)

续表

变量名	销售收入增长率			留存收益率		
	成长期	成熟期	衰退期	成长期	成熟期	衰退期
	(1)	(2)	(3)	(4)	(5)	(6)
固定效应	控制	控制	控制	控制	控制	控制
省份×年份	控制	控制	控制	控制	控制	控制
行业×年份	控制	控制	控制	控制	控制	控制
样本量	2752	2779	2733	1084	1137	6043
R^2	0.1451	0.0873	0.1313	0.1655	0.1539	0.0932

注:括号内为企业层面的聚类稳健标准误;*、**和***分别代表10%、5%和1%的显著性水平;同时控制了企业、地区特征。

表8.7 企业生命周期分指标回归Ⅱ

变量名	资本支出率			企业年龄		
	成长期	成熟期	衰退期	成长期	成熟期	衰退期
	(1)	(2)	(3)	(4)	(5)	(6)
treat×post	0.0224*** (0.0064)	0.0148** (0.0062)	0.0144*** (0.0053)	0.0118 (0.0071)	0.0158*** (0.0049)	0.0162*** (0.0050)
固定效应	控制	控制	控制	控制	控制	控制
省份×年份	控制	控制	控制	控制	控制	控制
行业×年份	控制	控制	控制	控制	控制	控制
样本量	2750	2778	2736	2733	2779	2752
R^2	0.0980	0.1195	0.1327	0.0984	0.1084	0.1325

注:括号内为企业层面的聚类稳健标准误;*、**和***分别代表10%、5%和1%的显著性水平;同时控制了企业、地区特征。

本章小结

本章借助2017年国务院印发的《新一代人工智能发展规划》作为准自

然实验，选取2013—2021年A股上市公司企业作为研究样本，利用双重差分法评估了人工智能产业政策的实施对企业高质量发展的影响效果，并通过排除其他干扰政策、安慰剂检验、改变计量方法、更换支持企业的划分方法、考虑样本选择等多种方式进行了稳健性检验。同时，基于企业生命周期视角展开了拓展性研究。主要研究结论如下：

第一，"人工智能规划"提出后，政策激励型企业的高质量发展水平明显提高。基于2013—2021年的A股上市公司数据，将企业是否受到2017年提出的"人工智能规划"政策激励作为解释变量，企业高质量发展作为被解释变量，同时控制企业特征和省份特征，运用双重差分法实证研究人工智能产业政策对我国企业高质量发展的影响。可以得到在依次加入企业特征变量、省份特征变量和固定效应后，人工智能产业政策的实施均显著提高了企业高质量发展。

第二，多种稳健性检验结果表明，人工智能产业政策具有推动企业高质量发展的积极效应。首先，通过排除《中国制造2025》《机器人产业发展规划(2016—2020年)》《关于促进人工智能和实体经济深度融合的指导意见》、八大先导区政策以及其他区域和行业相关政策的干扰，发现这些政策并没有影响本章的基本结论，核心结论依然稳健。其次，为了避免小概率事件的干扰，基于间接性安慰剂检验，得出"人工智能规划"的影响效应并非偶然事件。然后，进一步采用倾向得分匹配法重新设置实验组进行准自然实验，排除了其他因素可能导致的内生性问题。接着，采用更换支持企业的划分方法，通过设置新的处理变量重新进行双重差分回归，结果发现研究结论依然稳健。最后，通过保留制造业企业、缩短时间窗口等更换研究样本的方法，得到"人工智能规划"依然能显著推动企业高质量发展。

第三，处于不同生命周期的企业，人工智能产业政策驱动企业高质量发展的效应存在差异。本章特别关注了企业生命周期对人工智能产业政策影响企业高质量发展的差异性，结果表明，当企业处于成长阶段或成熟阶段时，人工智能的赋能效果更为突出。同时也发现，当企业处于衰退期时，受市场份额和销售收入的影响，人工智能可发挥的作用有限；当企业年龄处于成长阶段时，企业引进人工智能技术的效果可能较为单一。

第九章　人工智能赋能企业高质量发展的领域探讨

第一节　“AI + 制造”点燃企业发展新引擎

一、AI 助力制造企业降本增效

在全球制造业都在升级换代的大趋势下，智能化改造、数字化转型已经成为当下制造业企业的热议词，越来越多的企业逐渐将智能产线代替人工产线，将数字管理代替人工管理，从而在激烈竞争中脱颖而出。在企业“改”与“转”的过程中，信息化是 AI 制造的前提条件，企业利用信息技术对各种资源进行高效整合、加工和利用，从而有效避免“数据壁垒”“信息孤岛”，实现更高效的信息交流，进而提高决策的效率和准确性。自动化是智能制造的核心要素之一，企业利用计算机技术和机械控制技术，执行生产过程中的各项任务，从而降低生产成本，提高生产效率。数字化是智能制造的重要组成部分，企业利用数字技术，将生产、销售、管理等各项关键业务转变为数字化模式，并将产生业务的信息、资料等转换为数字形式，以便于存储、传输和利用。在高质量发展进程中，企业根据自身的实际情况和需求，结合信息化、自动化和数字化等手段，实现降本增效，健康、快速发展。

二、AI 加速制造业产业链贯通发展

智能制造产业链涵盖感知层、网络层、执行层、应用层四个方面。其中，

上游作为制造业的发展基石,主要包括变速器、减速器、主轴/轴承等零部件、传感器、控制器、显示器、伺服系统等感知层相关产品。智能设备的引入可以帮助上游企业实现连续、高速、精确的生产流程。中游则涵盖了物联网、云技术、人工智能等网络层的信息技术,机器人、智能机床、3D打印等执行层的自动化设备。中游作为核心环节,对于智能制造的实现起着非常重要的作用,能够对于各种制造行业的产品进行高质量的生产。下游为智能制造的应用领域,主要涵盖汽车制造、工程机械、钢铁化工、能源、生物医药、航天航空以及物流等领域。因此,人工智能技术的嵌入,助力企业"智改数转",推动全链条质量提升,从而赋能企业高质量发展。

三、AI实现制造企业智能场景全覆盖

表9.1为AI制造的应用场景,在研发设计环节,智能制造对工艺设计提出了更高要求,如通过将数字孪生技术、计算机技术引入生产工艺设计,从而不断改进工艺方案,极大提升企业工艺设计的效率与质量。在制造加工环节,需要处理的参数和数据较为复杂。由于技术限制,传统的生产设备需要大量的人力投入,且人工记录和统计容易出现数据遗漏和偏差。而智慧平台的引进,可以对工业机器人自动焊接生产线、机器人自动喷涂和码垛、激光切割、数控折弯等各项流程进行统一调度和管理,实时记录和统计设备的运行状态,极大提高了生产过程的可靠性和稳定性。在物流管控环节,通过高效调度、智能扫描、运输跟踪等物流管控场景,企业可以优化配置物流资源,降低物流成本,提高物流效率。在质量检测环节,随着企业生产自动化程度不断提高,以往简单的质量检测手段已难以满足现有企业对质量管控的要求。随着人工智能技术的发展,智能质检系统是企业智能化生产过程中应用较为广泛的技术之一,借助人工智能和机器视觉技术、3D工业相机等技术,不仅能够提升产品合格率,还可以显著降低生产成本。在设备维护环节,人工智能可以实时监测设备的运行情况,能够对设备故障提前预警并提出维护措施,降低了突发性故障带来的安全风险,提高了生产的稳定性。

表 9.1　AI 制造的应用场景

生产环节	典型应用场景
研发设计	数字孪生技术、计算机辅助工艺、智能工艺决策
制造加工	工业机器人自动焊接生产线、机器人自动喷涂和码垛、激光切割技术、数控折弯机
物流管控	自动化巡检、AGV 智能拣选机器人、智能扫描、智能仓储、可视化管理、配送机器人
质量检测	人工智能和机器视觉技术、3D 工业相机
设备维护	故障报警、数据阈值报警、运行工况报警

第二节　“AI + 金融”推动企业智慧化升级

一、AI 赋能金融业的发展历程

(一) IT + 金融发展阶段

在 IT + 金融发展阶段，金融行业借助信息系统逐渐将纸质文本管理转向电子文本管理，数据交互能力不断提高。1950 年，第一张由塑料制成的大莱卡的出现，标志着信用卡的诞生。1952 年，美国加利福尼亚州的富兰克林国民银行成了世界上首家发行信用卡的银行金融机构，由此，信用卡全球范围内的应用正式开启。1967 年，第一台 ATM 机出现在伦敦北部的巴克莱银行伦敦北区支行，英国著名电视演员雷吉瓦尼从机器中提取了 10 英镑的纸钞，完成了 ATM 机历史上的第一笔交易，两年后，美国的第一台 ATM 自动取款机在纽约首次公开亮相，成为自动取款一个重要的开端。之后，随着电子支付的兴起和第一代 POS 机的出现，POS 机逐渐成为商业领域中不可或缺的一部分。

(二) 互联网 + 金融发展阶段

在互联网 + 金融发展阶段，相关利益主体利用互联网平台与移动智能终端汇集海量用户数据，打通各参与方信息交互渠道，实现金融服务方式变革。1995 年 10 月，美国成立了第一家网上银行——安全第一网络银行，之后网上银行业务在世界各国获得迅猛发展。与此同时，国内开始出现网上商城，B2C，一些大型的购物网站，人们对支付的需求也在不断提高。于是，第三方支付公司此时登上了历史舞台，较好地解决了 B2C 电商模式下的支付问题。2003 年，淘宝成立，C2C 开始普及，并于第二年推出支付宝，创造性地解决了两个陌生人之间的信任问题。此后，移动支付、无卡支付等支付服务迅速兴起，互联网信贷、个人理财等金融产品相继出现。

（三）人工智能 + 金融发展阶段

当前的人工智能 + 金融发展阶段，是建立在 IT 信息系统稳定可靠、互联网发展环境较为成熟的基础之上。这一阶段的技术创新对于行业的改变明显高于以往任何阶段，将对未来金融行业的发展产生深远影响。在市场需求的驱动下，支付领域的不断创新，探索推出生物识别支付技术，摆脱了钱包、银行卡、手机的限制，即通过指纹、人脸、虹膜、耳纹、掌纹、静脉、声纹、眼纹、步态、笔迹等生物特征来辅助就能完成支付，在促进效率提升的同时，也极大地简化了用户操作。

二、AI 推动构建智慧金融新生态

随着人工智能、大数据、区块链等新兴技术与金融行业的深度融合，不断加快金融行业智能化革新，金融市场正逐渐形成新的生态格局，进入了全新的发展阶段。如表 9.2，AI 在银行业、证券业、保险业的应用场景广泛。银行业是金融领域中人工智能技术应用最为广泛的细分行业之一，在人工智能的推动下，大模型、AIGC 技术持续火热，身份识别、智能运营、信贷评估、智能反诈、智能客服等应用场景丰富。证券业因其丰富的数据资源、良好的数字化基础以及多元化的业务应用场景，生成式 AI 有望在证券行业广泛应用，如在财富管理方面，智能客服、智能审核等的应用已有一定基础，与此同时，券商对风控、内部流程管理等方面的智能化需求也在不断提高。在保险行业中，人工智能的应用也取得了显著的成效。保险行业是一个为客户提供风险保障的行业，而人工智能的应用可以帮助保险公司更好地进行风险评估，推出更多的个性化保险产品，并提供更好的理赔服务。总的来说，随着智能技术的不断发展，人工智能在金融业中的应用将会越来越广泛和深入。

9.2　AI 金融的行业应用场景

行业	典型应用场景
银行业	身份识别、智能运营、信贷评估、智能反诈、智能客服
证券业	智能投研、智能营销、智能风控、智能运维、智能审核
保险业	智能投顾、智能合规、智能核保、智能理赔

三、AI 打造企业金融服务新模式

（一）AI 创新支付方式

随着智能技术的不断发展，支付宝、微信支付、Apple Pay 和 Google Pay 等智能化支付工具已经成为智能时代不可或缺的一部分。智能化支付工具为企业经营发展带来了诸多好处。一是，相较于传统的支付服务，智能化支付工具无需大量的人力和物力投入，就可以准确无误计算价格，减少人为错误。二是，传统的支付方式周期长、环节多，而智能化支付可以实现实时到账，能够节省大量时间，大大提高企业的交易效率和资金流转速度。三是，智能化支付工具推进了线上线下多方面场景融合，通过线上平台加强了交易双方的交流，可以帮助企业拓展业务范围和渠道，同时，企业可以更加方便地与产业链上下游企业进行交易，挖掘更多潜在客户。

（二）AI 构建精准用户画像

对于很多以营销或销售为主导的企业来说，构建精准用户画像已成为企业实现持续创收的关键。传统的营销或销售方式很难准确定位与识别目标客户，导致企业的营销和销售工作效果不佳。基于大数据分析和机器学习算法，可以从海量数据中系统分析客户的购物习惯与消费偏好，深入挖掘客户的行为和偏好特征，从而构建完整的客户画像，制定个性化的营销和销售策略。通过对客户的精准识别，企业能够制定个性化的营销策略，提高营销效果和转化率。此外，随着社会和科技的发展，消费需求日趋分散化和个性化，企业可以借助客户管理系统实时更新客户画像，并根据消费需求，不断创新升级，贴合不断变化的用户需求。

（三）AI助力金融风险的识别与监控

人工智能在风险评估和风险管理中扮演着重要角色，借助自然语言、大数据分析和机器学习等技术手段，建立动态精准的风险防控体系帮助金融机构进行风险评估和预测。首先，企业在生产交易活动中产生的大量数据可以用来评估与预测风险。人工智能能够通过处理海量的客户交易数据和市场数据，快速准确地识别潜在的风险因素，并预测未来可能发生的风险事件。其次，人工智能可以通过机器学习算法，运用信用评估模型，综合考虑各方面因素来进行信用评估，从而快速识别和预测欺诈行为，降低欺诈风险。最后，人工智能可以通过监控大量的交易数据和市场行情，自动发现异常交易活动，确保金融交易的合法性和安全性，从而改善金融市场的安全性和透明度。

第三节　“AI+教育”为企业人才保驾护航

一、“AI+教育”的内涵

“AI+教育”，就是将人工智能技术应用于教学、管理和评估等各个教育环节。这种精准、创新、优化的教育模式旨在利用大数据分析、机器学习、自然语言处理等技术手段，为学生提供更加高效、个性、智能的学习体验，为教师提供更加便捷的辅助工具，帮助他们更好地备课、授课和评估，从而提高教学效果。

二、“AI+教育”的多元应用场景

伴随人工智能技术的飞速发展，教育行业发生了翻天覆地的变革。“AI+教育”已广泛应用于学生、教师、管理者等多类教育主体的学习和工作当中。从学生端来看，智能教学系统可以根据学生的认知能力、任务要求、兴趣爱好为他们提供定制化的学习内容，同时通过分析历史数据，为其提供个性化的学习路径和资源，从而满足他们不同的学习需求。此外，人工智能可以通过构建虚拟实验室，让学生在安全的环境下学习物理、化学等实操课程，通过模拟训练，不断提高学生的实践能力。从教师端来看，不同于传统

的人工批改、人工监考等教育考核方式,借助自然语言处理、图像识别等技术,人工智能可以自动评估和分析学生的作业、考试情况,并及时地将评估结果反馈给教师,从而帮助教师更好地调整教学策略,同时,学生也能更好地了解自己的学习情况。从管理者来看,教育管理者可以通过人工智能技术管理学生信息、制订课程安排计划、分配教学资源等,从而为教育事业提质增效。

三、"AI+教育"对企业发展的深远影响

人工智能技术的应用不仅改变了教育资源的分配方式,还对企业发展产生了深远的影响。在传统的教育模式下,企业相关从业者的培训工作需要涉及课程设计、讲师授课、学员参与、效果评估等多项工作,在"AI+教育"的背景下,传统的培训工作迎来了前所未有的变革。疫情期间,线上教育迅速崛起,为数亿学子提供了教学保障,到后疫情时代,人们的思维方式,学习惯等发生了巨大变化,差异化模式的个性也应运而生,再到现在AI在线辅导服务的兴起,让"AI+教育"迎来了高速发展期。在课程设计环节,人工智能技术可以根据企业要求和学员的个性化需求,定制生成高度相关的培训课程,大大提高了课程的针对性和实效性,从而帮助企业员工快速掌握相关技能,进入工作状态。在授课环节,人工智能技术可以模拟真实的教学场景,为学员提供沉浸式的学习体验,让其身临其境地进行实践探索,以深入理解和掌握技能知识。同时,在智能化教育环境下,学员可以借助语音识别和翻译技术实现多语言环境下的无障碍学习,使得海量学习资源唾手可得,为他们打开更广阔的国际视野。在学员参与和效果评估环节,人工智能技术也同样发挥着重要作用。当学员感到学习很难或者理解不了某些知识点时,可以通过实时互动随时随地提出问题,同时,当学员有好的想法或建议时,可以通过反馈机制分享学习过程中的心得,从而帮助老师及时调整和优化教学方案。因此,"AI+教育"能够让企业在维持现有教育投入成本不变的情况下快速提高员工的专业素质和综合能力,帮助企业积累更多的人力资本,从而增强企业的竞争力。

第四节 “AI + 交通”助力企业跑出加速度

一、AI 优化交通运输的发展历程

(一)发展初期

20 世纪 80 年代初,在交通运输方面,我国对规划城市道路、满足地区交通需求、缓解地面交通拥堵等方面作出了巨大努力。这一阶段的交通运输更多地表现为城市配套属性,其主要目的是满足城市之间的基本交通运输。这种被动的交通治理方式只将思路停留在道路与运输本身的供需匹配上,可能导致城市更加拥堵,降低整个交通网络的服务水准。

(三)发展加速期

21 世纪初,信息技术快速发展,传统交通治理方式也在不断转型,2000 年,我国专门成立了全国智能交通系统协调指导小组及办公室,组织研究中国智能运输系统的发展,我国智能交通发展由此拉开序幕。在交通运输发展加速阶段,交通治理模式不仅注重交通体系内部设施建设,同时还注重交通运输与城市开发、人群、经济、文化、环保等综合性很强的复杂体建设。

(三)发展繁荣期

人工智能、云计算、大数据等新技术的广泛运用,让交通领域步入了新一轮变革,“AI + 交通”已经成为城市建设不可分割的组成部分。车联网、自动驾驶技术、交通预测等已成为广为人知的应用场景。如近期热议的无人驾驶汽车是通过车载传感系统感知道路环境,自动规划行车路线并控制车辆到达预定目标的智能汽车,能够大大增强交通安全性,预期无人驾驶汽车将成为未来交通的新趋势。

二、AI 在交通运输领域的应用

随着城市化进程的加速推进和城市人口的快速增长,经济社会对交通的需求越来越高,“AI + 交通”正成为现代城市发展的必然趋势。“AI + 交通”是基于物联网、云计算、移动互联网、区块链等新一代信息技术,在综合运用交通科学、人工智能、地理信息系统等理论与工具的基础上,通过构建

实时的动态信息服务系统，深度挖掘交通运输相关数据，从而构建分析模型实现交通资源合理配置。如表9.3，在AI+高速领域，人工智能的嵌入可以精准反映高速卡口的布局及运行车辆相关情况，通过分析实时数据监测交通流量，从而进行动态管理，降低潜在风险，提高通行效率。在AI+高铁领域，人工智能技术应用于高铁站的建设和运营管理，可以对站点人员、车辆等进行实时监测，可视化分析人流密度，并对异常数据提出预警，确保高铁站正常运营。在AI+隧道领域，人工智能技术在隧道的运营管理中发挥着重要作用，通过实时监测车流量，可以对车辆超速、逆行、滞留等异常情况发出警告，从而确保隧道的行车安全。在AI+公交领域，基于客流统计设备，对站点客流进行实时监控，并运用可视化系统直观展示站点客流热力，从而辅助现场指挥员进行车辆调度及人流疏导。在AI+机场领域，人工智能技术为机场的运营管理提供了强有力的支撑，基于三维全球地图，可以直观展示空域航班通航情况，同时机场管理平台可以精细化复现机场全景态势，从而为管理者提供决策支撑。在AI+港口领域，人工智能技术可以大幅提高港口运营效率、降低物流成本，通过对港口口岸、码头、船舶等进行真实复现，实时监测港口调度，辅助管理者全面掌控港口运行态势。

表9.3 "AI+交通"的应用场景

交通类别	典型应用场景
AI+高速	卡口运行管理、交通安全管控
AI+高铁	站点区域态势监测、站点人流监测
AI+隧道	车辆通行监测、安全巡检监测
AI+公交	站点流量监控、车辆智能调度
AI+机场	航线运行总览、机场运行状态监测
AI+港口	港口调度监测、港口库场管理监测

三、AI对企业运输管理的影响

（一）AI可以助力企业提高交通运输的效率

从效率角度看，物流不仅关乎企业的运营成本，更是保障整个供应链完整和稳定的重要因素。如集人工智能、视觉计算、自动控制等技术于一体的无人驾驶汽车可以通过实时监测道路交通状况和预测交通拥堵情况，帮助企业从路线规划、配送区域分布、配送时间窗口等多角度优化交通调度和路线规划，进而提高物流配送效率，降低企业成本，同时也能够提升客户满意度和企业竞争力。

（二）AI 可以助力企业提高交通运输的安全性

从安全角度看，无人驾驶的最大优势之一就是在交通安全方面有所突破。众所周知，驾驶员的疲劳、酒驾等因素是导致交通事故的主要原因，而无人驾驶车辆通过实时感知周围环境可以做出安全、准确的驾驶决策，从而有效降低由人为错误导致的交通事故。不仅如此，在矿山、港口和工业园区内等特殊工作环境中，这些无人驾驶的运输工具，可以自动完成物料搬运和运输作业，减少对人力资源的需求，降低事故风险，帮助企业实现整体降本增效，助力数字化转型。

（三）AI 可以助力企业提高交通运输的可持续性

从可持续性角度看，无人驾驶技术的引入在提高了交通运输效率的同时也带来了诸多经济效益，助力企业可持续发展。一方面，无人驾驶汽车可以大大降低交通事故的发生率，减少车辆维修和保险赔偿等相关费用。另一方面，AI 技术的引进实现了交通基础设施的互联互通，通过实时选择最优行驶路线和速度能够节省大量的时间和能源，提升企业的可持续发展能力。

第五节 “AI + 旅游”擦亮文旅企业新名片

一、AI 塑造文旅产品新体验

《“十四五”旅游业发展规划》中强调，加快推动大数据、云计算、物联网、区块链及 5G、北斗系统、虚拟现实、增强现实等新技术在旅游领域的应用普及，以科技创新提升旅游业发展水平，并首次将“扩大新技术场景应用”作为智慧旅游的建设方向。在各项政策措施的引领推动下，“AI + 旅游”已经成为中国旅游业发展的重要组成部分。新技术场景应用解锁了众多文旅新体验，如表 9.4 所示，在旅游管理方面，运用物联网、大数据、云计算、卫星定位、生物识别等技术,传感设备等技术实时监测特定区域的人流和通行状况,实时发布游客流量预警信息,疏导景点道路拥堵、游客分流,实现智慧调度,提高游客的舒适度。同时,在景点交通枢纽地带、事故易发地等安置视频监控和物联传感设备,通过 SOS 救援系统、无人机巡检等,及时发现和有效处置各类安全隐患,确保游客人身和财产安全。在旅游服务方面,游客在出发前可以通过公众号、小程序、门户网站、微博、小红书等渠道及时了解景点综合信息,并通过网上预约功能提前预约参观,从而科学制订出行或游览计划。到达景点时,游客可以实时更新、查询、预订停车位,根据智能导航和指示快速进入停车场,节省停车时间。在办理酒店入住时,人证对比、票据打印、房卡发放回收、一键退房等服务可以帮助游客快速办理入住。进入景区后,个性化路线推荐、导览和讲解等服务能够满足游客的个性化和多样化游览需求。同时,借助 AR、VR、MR、裸眼 3D、4D/5D、全息投影等技术打造沉浸式旅游新场景,让许多传统景区焕发出新的活力,从而提升游客的感官体验和认知体验。在旅游营销方面,通过收集游客的结构特征、兴趣爱好、消费习惯等数据,精准捕捉目的地高意向人群,从而构建新媒体营销矩阵,锁定消费客群以获得意向明确的潜在客户,不断解锁旅游市场消费的“流量密码”,从而在激烈的市场竞争中以较低的成本获得更多的优势。

表 9.4 “AI + 交通”的应用场景

功能分类	典型应用场景
旅游管理	交通调度、游客分流、安全监管
旅游服务	信息发布、预约预订、旅游停车、酒店入住、导览讲解、沉浸式体验
旅游营销	AI 定向、智能投放、多元创意

二、AI 掀起旅游消费新热潮

在个性化、差异化旅游体验新诉求的驱动下,文旅消费领域日渐宽泛,消费业态不断出新。据文化和旅游部数据中心测算,2024 年“五一”假期,全国国内旅游出游合计 2.95 亿人次,同比增长 7.6%,按可比口径较 2019 年同期增长 28.2%;国内游客出游总花费 1668.9 亿元,同比增长 12.7%,按可比口径较2019年同期增长13.5%。沉浸式旅游给人们带来全新的消费体验,各地纷纷紧抓这一新的消费增长点,运用增强现实、虚拟现实、人工智能等数字科技,有机融合文化创意等元素,发力"AI+旅游"市场,让游客深度介入与互动体验,形成消费新场景。同时,"下沉式旅游"兴起,许多人选择避开网红城市、热门景点,将目光聚焦在一些小众旅游城市或知名度较低的景点旅游,开启"反向旅游"。县域旅游市场增长强劲,小城市正在取代一线热门城市成为游客新宠,广西柳州、山东淄博、甘肃天水等城市受到游客关注,贵州西江千户苗寨、安徽宏村等乡村古镇深受游客青睐,旅游消费市场再度掀起了消费热潮。

三、AI释放文旅发展新动能

(一)助力打造文旅特色品牌

在文旅强势复苏的当下,文旅行业正在迅速拥抱新兴技术,结合区域性特色文旅资源,着力开辟文旅新业态新赛道。"旅游+X"新意不断涌现,通过将传统文化、红色资源和自然风光与现代科技完美融合,打造文旅特色品牌。如虚拟数字人作为元宇宙重要的细分赛道之一,已被拓展到文旅行业的多个场景中,文博数字人、演艺数字人、文旅数字人等解锁了文旅新玩法,让游客沉浸式体验文旅产品与内容。

(二)助力提升文旅产业能级

人工智能、大数据、增强现实、虚拟现实等新兴技术在"AI+文旅"中扮演着重要角色,为文化和旅游产业链注入了新的活力,有望吸引更多资金进场。搭乘智能时代东风,各地文旅部门积极探索,出台系列政策,创新要素配置,加快推动文旅产业智能化改造和升级,着力提升旅游服务的智能化水平,力求为游客提供更多多样化、精品化、个性化的旅游产品。

(三)优化提升文旅服务保障

文化和旅游一头连着"国之大者",一头连着"人间烟火",随着文旅行业的快速发展,景区的服务水平也变得越来越重要。为了提供优质的服务,让旅游景点更具吸引力,越来越多的景区开始采用科技手段,全力满足游客的多元化需求。如智能化导览系统、智能化服务机器人可以帮助游客更好地了解景区,为游客提供更加智能化、高效的服务体验。智能化安全监控系统可以及时发现安全隐患，提高景区的安全性。智能化票务管理系统可以为游客提供更加便捷、高效的购票体验，提高游客的购票效率。

第六节 “AI＋医疗”释放生命科学新动力

一、AI在医疗领域的发展历程

（一）知识驱动期

人工智能在医疗健康领域的研究始于20世纪60年代，当时科学家们聚焦于知识驱动体系，赋予计算机逻辑和因果推理能力，可以将其理解为许许多多的“如果—那么”规则或决策树，也被称为符号AI时代。早期科学家们开始尝试研发模仿医生决策过程的临床知识库，从而创造了以专家知识库为主的一系列研究成果。医疗领域最早的人工智能专家系统是1972年由利兹大学研发的AAPHelp系统，这个系统主要是用于腹部剧痛的辅助诊断以及手术的相关需求。INTERNISTI于1974年由匹兹堡大学研发问世，主要用于内科复杂疾病的辅助诊断。MYCIN于1976年由斯坦福大学的肖特列夫等研制的，它是一种帮助医生对住院的血液感染患者进行诊断和选用抗生素类药物进行治疗的人工智能，使用了人工智能的早期模拟决策系统，用来进行严重感染时的感染菌诊断以及抗生素给药推荐。在随后的整个70年代，又有CASNET、PuFF等系统相继问世。然而，随着医疗数据信息化和复杂度的不断提升，基于知识驱动的研究范式已无法支撑进一步的智能化。

（二）数据驱动期

1993年至今，以数据驱动的研究和应用开始逐步占据主流，深度神经网络以其优越的数据拟合能力，在电子病历、生理信号和医学影像等方面均有突破。基于自然语言处理（NLP）、图神经网络（GNN）和医疗知识图谱（KG）技术，对电子病历中的文本数据进行解析和建模，可实现疾病智能问诊、辅助诊断、治疗推荐和预后预测等；基于循环神经网络（RNN）对心电和脑电等生理信号进行分析，聚焦于实现心脑血管疾病的预警和诊断；基于影像组学（Radiomics）、卷积神经网络（CNN）和生成对抗网络（GAN）技术，对医学影像进行分析和学习，实现病灶的定位、检测、分割、分类以及图像重建等。最近几年，随着全球资本和技术的协同发展,加上各国政策的支持,医疗 AI 更是进入了高速发展时期——科技巨头纷纷成立“大健康事业部”布局医疗业务,创业公司扎堆涌入智能医疗设备和软件开发领域,AI 在医疗领域的落地尝试愈发丰富,医学影像、辅助诊疗、健康管理、数字医疗服务等场景中的新技术、新产品正不断涌现。

二、AI 驱动数智医疗新势能

如表 9.5 所示,人工智能(AI)在医疗领域的应用逐渐深入,不仅提升了医疗服务的效率和准确性,还为医生和患者带来了更好的体验和更广阔的可能性,成了推动医疗事业进步的关键力量。通过机器学习和深度学习算法,人工智能可以快速处理大量的医疗数据,从中发现潜在的模式和规律,帮助医生制定更精确的治疗方案,提供更准确的疾病预测,从而提高治疗效果和生存率。通过与人工智能技术的结合,医疗设备可以变得更加智能化和自动化,例如,智能影像设备可以自动识别和标记疑似病灶,提高医生的诊断效率。智能机器人可以协助医生进行手术操作,提高手术的安全性和精确性。AI 辅诊引擎还可通过模拟医生的成长学习、积累医学诊断能力,从而辅助医生诊断、预测几百种疾病,基本涵盖医院门诊 90% 的高频诊断。在新药的研发上 AI 也发挥着至关重要的作用,传统的新药研发周期长、成本高,而 AI 技术则有助于缩短新药研发时间并节省试错成本。据研究统计,传统新药发现需要 5 ~6 年方能筛选出合适的先导化合物作为临床研究候选,而借助 AI 技术则可以使该过程缩短至 1 ~2 年甚至得以在几个月内完成。

表 9.5　“AI + 医疗”的应用场景

功能分类	典型应用场景
医学影像	超声心动图的 AI 图像分析、CT 的 AI 图像分析、CMR 的 AI 图像分析
辅助诊断	CTA 头颈血管智能分析系统、CTA 冠脉智能分析系统、电子病历,导诊机器人、虚拟助理
药物研发	靶点确认、化合物筛选、ADMET 性质预测、药物警戒
健康管理	AI 与移动健康、AI 与超声心动图
疾病预测	恋家云健康心脏健康风险评估和预测系统

三、AI在医疗领域的案例实践

(一)人工智能赋能药物研发降本增效

新药研发是一个漫长而复杂的过程,伴随着高昂的研发成本及高度不确定性。AI凭借其强大的自适应特征和学习能力,将其算法、推演等核心技术应用到新药研发的各个环节,在保证分析质量的同时,大幅降低药物研发成本,缩短研发时间,提高研发效率,使新药开发走上快速高效的道路。德睿智药是一家临床阶段AI驱动的创新药物研发公司。其研发的AI制药平台"Molecule Pro",实现了在小分子新药临床前研发中节省约50%以上的周期和成本。在AI技术的协助下,德睿智药公司的MDR-001项目在短短8个月内就完成了PCC确认,远远快于行业内的平均3~5年时间。

(二)人工智能为医院管理增值赋能

河北北方学院附属第一医院位于河北省张家口市长青路12号,始建于1938年,占地面积10万余平方米,建筑面积15.7万余平方米,是一所集医疗、教学、科研、保健和康复为一体的三级甲等综合性医院。2021年,该医院历时近5个月,圆满完成医院电子病历系统的升级,实现了对住院电子病历、病历质控系统、权限管理及病案首页的信息化改造,升级后的新一代智能电子病历,能实现一体化书写、病人列表、诊断补打、上下文引用等操作功能,还能实现病历数据全面共享。该系统不仅能更好地保障医院电子病历信息系统的安全运行,为临床一线的病案质量和医疗质控提供了良好的信息化环境,更是成功助力医院通过了三甲医院评级复审。

(三)人工智能赋能医疗新质生产力

2006年,经过多年科学研究与临床实践后,江西中医药大学附属医院陈日新及其研发团队发现人体身上存在一些对艾热产生特殊的反应穴位,小小的刺激便会使这些穴位出现较大的反应,陈日新及其团队将其定义为热敏穴位,热敏灸技术也由此诞生。但是热敏灸技术的诞生并不是终点,为了让热敏灸技术更加普及,能够惠及更多的人,陈日新及其团队积极探索、大胆创新,将热敏灸技术与人工智能等现代科技结合,研发了热敏灸机器人,用科技为热敏灸技术插上了腾飞的翅膀。目前,热敏灸机器人已在社区戒毒所投入使用,在强制隔离戒毒人员戒除毒瘾、缓解稽延性戒断症状、促进身心康复方面发挥功效。据悉,热敏灸机器人家庭版已研发成功,在不久的将来,医生能通过基于热敏灸大数据平台的视频终端远程指导病人居家治疗,患者也有望在家中实现医生亲自施灸的效果,从而大大降低就医成本。

第七节 “AI+家居”开启智能生活新纪元

一、AI在家居行业的发展历程

(一)“AI+家居”单品化时代

单品化时代的智能家居以智能单品设备为核心,通过手动、语音、遥控等方式完成设备的基础调控。这一阶段的企业针对自身产品特点纷纷推出了各自的智能家居产品。如谷歌、苹果、小米、乐视等互联网公司推出了智能路由、智能电视盒子等网络互联设备,海尔、美的、海信等家电企业推出了轻智能的电视、冰箱、洗衣机等家电产品,海康威视萤石、中安消物联传感等安防企业推出了家用摄像机、烟雾探测器等安防产品。

(二)“AI+家居”多元化时代

随着技术的进步和多元化需求的推动,智能家居迎来了多元化发展阶段,产品种类更加丰富。多元化时代的智能家居以中央控制系统为核心,通过物联网技术的应用,实现了多个智能家居设备互联互通和协同工作,促成跨空间、跨设备的联动。用户只需在手机、平板等移动设备上发出指令,就能自动调节设备状态,让其执行各种任务。

(三)“AI+家居”智能化时代

云计算、人工智能、5G等新技术的落地促使智能家居步入全新发展阶段。这一阶段的智能家居主要以用户个性化需求为核心,用户可以根据自己的喜好和需求,定制出独一无二的智能家居方案。同时,智能家居系统及设备可以通过洞察用户的需求,并结合用户的使用习惯,为用户提供智能化决策服务。随着智能技术的普及,智能家居的功能和应用场景还会不断拓展,将为人们的生活带来无限可能。

二、AI 在家居行业的应用场景

随着科技的飞速发展和人们对便利生活的不断追求,越来越多的科技元素融入现代生活,为人们带来了便捷化、智能化的生活体验。如表 9.6 所示,从智能家具看,智能沙发可以借助智能化技术实现按摩、加热、通风等多种功能,让用户享受更加舒适的坐姿体验。智能马桶的座圈加热、温水清洗、暖风烘干、自动感应等功能,为人们生活带来了诸多便利。从智能家电看,在各大商场中,以智能为关键词的家电产品数不胜数,智能音响、智能冰箱、智能洗衣机、智能投影仪、智能电饭煲、扫地机器人等帮助人们从繁杂的家务劳动中解放双手。从智能家装看,智能地板实现了对室内温度的精准调控,智能灯光能让生活增添更多亮丽色彩,智能安防可以提高居住环境的安全性,智能家纺为生活营造了温馨、舒适、惬意的氛围。

表 9.6 “AI + 家居”的应用场景

家居类别	典型应用场景
家具	智能沙发、智能橱柜、智能马桶
家电	智能音响、智能冰箱、智能洗衣机、智能投影仪、智能电饭煲、扫地机器人
家装	智能地板、智能灯光、智能安防、智能猫眼、智能门锁
家纺	智能床垫、智能枕头、智能窗帘

三、AI 在家居行业的案例实践

(一)萤石网络:智能家居时代的“暴走族”

国家统计局数据显示,2023 年我国全年社会消费品零售总额比上年增长 7.2%,但家具类社零总额同比只增长了 2.8%,大幅低于社零总额增速,家居行业正进入慢增长周期。在这样的背景下,萤石网络却取得了净利润增长 68% 的好成绩。萤石作为具备全球视野的智能家居品牌,将自身定位为安全智能生活平台,并于 2014 年开启了智能家居配套云平台“萤石云视频”的搭建。2015 年萤石网络开始独立运营,并于 2022 年底成功上市。萤石网络作为海康威视在C端市场的有力延伸，一直以来积极布局C端市场，专注C端业务，在智能家居的赛场中拓展了C端安防市场的赛道。

（二）海尔智家：满足国际市场多元化需求

尽管国内房地产市场持续低迷间接抑制了家电需求，2023年，海尔智家仍然交付了历史最好业绩。2023年，海尔智家实现营收2614.3亿元，同比增长7.3%，其中海外收入为1364.12亿元，占总营收比52.2%。显然，增长的主要原因在于海尔智家深入挖掘海外市场，如针对北美市场推出高端化产品，针对南亚市场推出侧T冰箱以满足素食消费者需求，针对日本市场推出TX超薄大冰箱，通过满足国际市场多元化需求，进而扩大了营收面。

（三）小米集团：效率制胜，性价比为王

小米智能家居是围绕小米手机、小米电视、小米路由器三大核心产品，由小米生态链企业的智能硬件产品组成一套完整的闭环体验。2023年，小米实现营业收入2709.7亿元，主营业务包括智能手机、IoT与生活消费产品、互联网服务，分别占整体营收的58.11%、29.56%、11.11%。相比同等配置产品，价格低实属小米家居产品的共性，在低价高性价比的道路上，小米独树一帜地采用紧贴成本定价的商业模式，在智能家居领域，屡屡被称为"爆品收割机"。

（四）华为：引领未来智能家居新潮流

华为全屋智能从2021年正式推出至今，已历经数次迭代。作为全球知名的通信设备供应商，华为的品牌影响力在智能家居领域也得到了广泛的认可。2023年，华为全球销售收入为7042亿元，净利润达到了870亿元，同比增长9.64%和144.4%。作为硬件阵营的代表厂商，华为在鸿蒙系统、智能硬件方面具有突出优势，与市场上其他操作系统相比，鸿蒙系统集成了华为在云计算、大数据、物联网等多个领域的先进技术，能够实现跨平台数据的无缝同步和共享，更具跨平台兼容性。

本章小结

本章分别从制造、金融、教育、交通运输、旅游、医疗、家居行业详细阐述了人工智能在行业中的发展历程及发展现状，并浅析了人工智能技术对各行业带来的深刻变化,人工智能技术助力各行业发展进入了快车道,是社会高质量发展的关键因素。人工智能技术无论是从技术上还是从应用上都在重塑我们的生活和工作,本章还对各领域的人工智能技术的应用进行了案例列举。

第十章 人工智能赋能企业高质量发展的路径和展望

第一节 人工智能赋能企业高质量发展存在的问题

一、人工智能产业发展不平衡态势明显

(一)人工智能产业结构有待优化

我国智能产业存在基础层发展薄弱的问题,在共性技术平台、芯片处理器等基础层企业数量较少,发展相对薄弱。人工智能基础层是关于基础支撑平台的搭建,创新难度大、技术和资金壁垒高。清华大学发布的2022年人工智能全球最具影响力学者榜单(AI 2000)显示,近几年中国数据库、计算理论等人工智能基础领域的学者数量相比于美国仍然悬殊。

(二)人工智能应用鸿沟有待破局

相对于庞大的经济体量,目前我国人工智能推广应用有限,仍有不小提升空间。但是我国传统企业的整体智能化程度偏低,即使有了大模型的研发和创新,对于这些传统企业来说,他们还面临如何将大模型落地行业,解决现实复杂、琐碎场景中的应用问题。以传统制造业为例,部分岗位主要以人工为主,岗位工序信息化水平不足导致场景数据获取困难,这需要企业加大研发投入,同时,还存在交付周期长的问题,往往成为一部分企业利用AI进行转型升级的制约因素。据国际数据公司(IDC)调研发现,未来超过80%的组织表示会考虑购买预先训练好的人工智能模型,而不是自己进行

训练。但是预先训练的模型在可用性和适应性、运行模型的基础设施，以及内部专业知识等方面还存在提升的空间，企业目前亟需解决方案，缩小人工智能技术创新和落地应用之间的鸿沟。

（三）人工智能产学研合作有待加强

自2016年后全球掀起了人工智能研究的热潮，但主要聚焦在人工智能的基础研究，如科技论文等，对人工智能企业的关注甚少，产学研合作不够紧密。许多研究都证明，加强人工智能的产学研合作，有利于企业获得缺少的资源，降低研发投入，缩短研发周期。我国现有产学研合作培养模式较为单一，高校、科研院所、企业之间的产学研合作模式多为委托研发型、技术服务型，大多是一些自发性的短期行为，缺乏顶层统筹以及可持续运行机制。目前我国人工智能产学研合作单一、不够紧密主要是因为企业、高职院校、科研院所在能力、资源、定位等方面存在不同程度的差异，使得各方在协同创新过程中产生目标、理念等冲突，导致人工智能产学研协同创新力不足。对我国人工智能产业而言，高校、科研院所、企业之间如何实现密切合作的问题亟待解决。

二、企业高质量发展要素匹配相对不足

（一）复合型人才极度匮乏

在数智化时代，学科交叉融合、综合化的趋势愈加明朗化，一些专业概念也在不断淡化。企业面临着管理升级、业务创新、战略转型三大困境，同时受到数字化技术的冲击，企业间的边界越来越模糊，跨界竞争愈加激烈，企业不再满足于专业性人才，对复合型人才的需求表现得越发强烈。复合型人才是在各方面都具备一定能力，但在某一领域比较突出的人。对于企业来说复合型人才是企业的核心资源，也是企业高质量发展的动力。尽管无论是在企业还是在高校都在强调要培养复合型人才，但是目前的人才市场中，既了解行业趋势和企业业务，还拥有数字化专业技术、具备高效协同和创新能力的复合型人才依然严重缺乏。

（二）关键核心技术有待突破

我国在改革开放后得到了快速发展，已经建立起了世界上最完善的工业体系，但是自主创新技术的缺乏一直是个严重的问题，长期以来我国的科

技创新主要由“逆向工程”模式主导，这导致企业创新系统碎片化，同时也越来越依赖进口。对企业来讲，关键核心技术是指企业能够进入某一领域并能在竞争中获取优势所必须拥有或掌握的技术，也是企业实现高质量发展的必不可少的资源要素。自从我国与其他发达国家的关系开始进入以科技竞争为核心竞争的阶段后，发达国家进一步加大了对我国的技术封锁、投资限制、产品进出口限制和市场准入限制，也就导致了更多所谓的关键核心技术“卡脖子”困境。目前我国企业关键核心技术突破的阻力不完全来自发达国家的技术封锁，还存在针对性的创新政策支持缺乏、知识产权保护体系不完善、创新资源共享渠道少的问题。

（三）数据孤岛问题普遍存在

在数字化时代，数据已经成了企业不可或缺的重要资产，但是目前在我国绝大部分企业缺乏信息系统的顶层设计，导致企业内部存在系统异构性、组织结构分散、数据治理不规范等问题，从而导致企业内部部门或系统之间存在着数据割裂现象，使得数据无法流通和共享，从而形成数据孤岛的现象。对于企业来说，数据孤岛问题是十分普遍的，它阻碍了企业数据的价值释放以及数字化转型的实现。由于数据标准不统一、采集方式异质等原因，企业各部门在收集数据时会产生重复行为，造成了数据的重复、冗余、无效等情况，影响了数据的质量和准确度。同时，由于各个系统之间的数据交互不畅，也会妨碍业务决策的科学性和实效性，影响企业的高质量发展。

三、伦理困境与道德约束问题亟待解决

（一）个人隐私和数据泄露问题突出

人工智能需要海量的数据来进行学习和训练，其利用大数据收集汇总人类的日常生活和工作等数据信息，从而对人类的生活习性和工作进行解读，导致人类生活轨迹将会落入人工智能技术掌控者的眼中，毫无隐私可言。尽管各国都在强调数据安全和用户隐私问题，甚至不少国家都已出台相应的政策用以保护用户隐私，构筑数据安全防线，但是人工智能技术在处理大数据时依然可能涉及用户隐私和算法偏见问题，数据还是会存在泄露和滥用风险。目前各种信息数据泄露和滥用的案例层出不穷。2023 年微软的 AI 研究团队在网上发布开源训练数据时意外暴露了 38TB 的其他内部数

据,包含了机密、私人密钥、密码和数百名 Microsoft 员工超过 30000 条 Microsoft Teams 内部消息。

(二)问责和损失补偿机制还需健全

在计算机领域,在系统产品是由多个主体共同完成的情况下,当系统发生故障并造成损失时,如何分配责任,是一个经典难题。有学者将其总结为“多手问题”,意指因集体行动而导致的问责难题。如果事故是由“多双手”造成的,那么就很难说谁应该受到谴责,因为其最显著和最直接的因果因素往往与其决策点不一致。这种“多手问题”会造成责任性的丧失,最终导致无人负责的结果。尽快推进人工智能立法,构建完善治理体系,弥补监管空白,是近年两会政协委员们热议的话题。但目前,我国尚未设立统一的算法监管机构,当前相关管理规定主要为部门规章、规范性文件和推荐性国家标准,法律效力较低,且法律责任上多为框架化、倡导性原则,导致算法治理内容与违法侵权间未形成充分对应关系。

(三)社会效益的普惠包容性有待提升

人工智能技术的应用存在一定的潜在风险,如果开发和使用者不考虑为全体人民服务,那么此类人工智能的应用将会给社会带来不可估量的负面影响。人工智能技术可以替代部分人类劳动,我们将之称为人工智能的劳动力替代效益。但这也势必会对社会现有的一些岗位存在威胁,据美国麦肯锡咨询公司预测近 20 年将会有 9%~47% 的岗位受到威胁,严重影响就业。人工智能技术在提高企业生产效率和扩大规模的同时,还会产生部分岗位劳动力需求。如果不重视人工智能技术发展的包容性,劳动力替代效应将占据主导,短期内将会使得大量工作岗位消失,导致就业“极化”现象,由此社会将面临大规模结构性失业问题。

第二节 人工智能赋能企业高质量发展的路径

人工智能作为引领新一轮科技革命和产业变革的战略性新兴技术,已成为目前国际竞争的新焦点和经济发展的新引擎,为充分把握新一轮科技革命的历史机遇,全球主要经济体纷纷加码新一代人工智能发展,力图抢占未来发展的战略制高点。作为最大的发展中国家,在各国紧锣密鼓地制定人工智能发展战略的时刻,我国应紧抓这一重大历史机遇,高度重视人工智能的发展,通过以"智"提"质"、"数智赋能",为我国高质量发展拓展新空间。对此,本书基于对人工智能与企业高质量发展的现状分析、理论探讨、实证论证、案例讨论得到的研究结论,归纳了下述几条富有价值的赋能路径。

一、促进企业人工智能发展方面

(一)加快人工智能与传统产业的深度融合

智能化转型并不意味着推倒重来,若完全摒弃原有赋能资源,人工智能发展将止步不前,因而在企业智能化转型过程中应注重与原有资源的统筹协调,可以借助人工智能对其进行整合重构,从而构成新的资源基础。因此在人工智能与传统产业的融合过程中,要重视通过管理创新、技术创新、制度创新等引领企业智能化转型。一方面,传统企业应积极做好智能化转型的统筹规划,注重相关配套措施的及时跟进,夯实基础设施建设,从而更好地融入智能时代浪潮。另一方面,随着智能化的不断推进,原有的产业框架、生产理念将会发生翻天覆地的改变,企业应重点把握人工智能带来的巨大机遇,加快对传统业务链条的转型升级,并积极拓展新的价值空间。

(二)持续发挥人工智能的"头雁"效应,带动更多相关产业提质增效

目前,人工智能所具有的爆发力不容小觑,作为具备无限潜能的赋能手段,在人工智能与千行百业的实体经济进行深度融合的过程中,不仅能够带动传统产业转型升级,还能催生更多新产业、新模式、新业态。由此可见,人工智能的重要性不言而喻,要充分发挥"头雁引领"的辐射效应。政府应加大扶持力度,积极鼓励企业进行智能化转型,帮助企业实现智能技术与传统要素的全面融合。对于智能技术发展较为缓慢的企业,应让其充分意识到智能技术对提升核心竞争力的积极影响,引导企业运用新技术在生产与管理中释放更多动能,尽快打开智能化发展新局面。对于智能技术发展较好的企业,应进一步支持其通过自主创新等方式推进智能技术与产业融合,充分发挥智能化引领发展趋势的作用。

(三)坚持人才引领发展的战略地位,高度重视人工智能领域高技能人才队伍建设

相比发达国家,我国企业人工智能发展综合水平并不高,大部分都处于

智能化应用领域,对基础层和技术层的开发依然是企业智能化发展的瓶颈。企业智能化发展的关键在于人才,但现实是我国人工智能领域高层次人才缺乏,大部分还是依靠海外引进,因而需要远见卓识,加强人才储备,加快推进人才队伍建设。一方面可以通过国际引才与自主培养相结合,继续推进海外高层次人才引进计划,吸引全球顶尖人工智能人才,抢占人才发展制高点。另一方面,根据国内企业实际发展情况,加快自身人才补给,可以通过建立"校企合作"的人才培养模式,实现高校人才培养和企业人才需求的良好对接。同时,这要打破传统体制的约束打造科技创新策源地,通过鼓励、支持并资助科技人才勇闯人工智能前沿领域"无人区",提升科技原始创新能力。

二、促进企业高质量发展方面

(一)加快实现经济增长的动能转换,提高科技创新能力

在快速变化的市场中,企业只有加快经济增长动能转换,不断追求创新才具备应万变的能力,不被时代淘汰。一方面,要强化企业创新主体地位,引导企业运用科技创新提高竞争优势,对于技术含量较高的企业,在提升自身发展能力的同时,要坚持创新驱动发展,学会通过应用迭代加速技术成熟,并尝试研发具有自主知识产权的智能技术。而对于技术含量较低的企业,应根据实际情况快速调整自身生产结构,加快推进智能化建设,从而实现经济增长方式的转变。另一方面,要加强对企业创新高端要素的供给,政府要加大对人力资本的投入,助力更多科技成果转化,为企业创新发展注入强劲动力。

(二)坚持绿色低碳发展理念,履行更多社会责任

企业高质量发展不同于以往的高速增长,要讲质量,还要环保,更要效益,这意味着减碳不减生产。企业不能依靠单打独斗,要突破个体行为模式,以更开阔的思路、更宽阔的眼界将社会责任融入企业发展之中,实现经济效益和社会效益双赢。一方面,要坚持降碳提质并举,对重点行业、重点企业进行技术改造,要彻底摒弃破坏生态环境的发展模式,以保护生态的大局观推动生态和经济的良性循环。另一方面,通过构建绿色绩效考评体系,对企业绿色发展情况进行定期检查,实行绿色发展奖惩机制,对于违背生态

优先、绿色发展理念的企业要给予一定的处罚，也要重点奖励和大力扶持积极配合绿色转型企业，淘汰和改造落后产能的企业。

（三）规范企业高质量发展的认定标准

标准决定质量，只有高标准才有高质量。企业高质量发展首先要建立高质量发展的评定体系，但目前我国对企业高质量发展的认定还没有权威的标准口径，不同地区、不同机构对企业高质量发展的评价标准并不统一，因此，应该尽快规范企业高质量发展的认定标准。具体来讲，可以从三个方面着手。一是高质量发展评价应契合企业实际需求，要注重精准性，避免以偏概全，方便企业对症下药。二是高质量发展评价标准要注重整体性和协同性，方便政府和企业之间统筹协调，从而更好形成合力。三是指标选取应更加注重公平性，要对所有企业一视同仁、平等对待，从而形成示范效应，有利于增强企业高质量发展信心。

三、人工智能赋能企业高质量发展方面

（一）加快布局人工智能新型基础设施建设

现阶段的智能化转型对企业高质量发展具有明显的推动作用，但由于基础理论和底层技术的不足，大部分企业的智能化根基并不牢靠，仅处于智能化应用浅层，因而要加快推进智能化建设，进一步完善人工智能引领高质量发展的基础条件，稳固并加强人工智能对企业高质量发展的赋能效果。一方面要持续加大智能化领域投资力度，大力引进智能化设备助力企业转型升级，通过搭建智能化平台紧跟市场需求，帮助企业抓住市场先机，从而创造更多的营收增长点。另一方面，企业要紧抓关键核心技术攻关，积极拥抱人工智能等前沿技术领域，并对其进行前瞻布局，进而成为研发创新的主力军，推动企业更好地实现高质量发展。

（二）强化人工智能赋能企业高质量的影响渠道

从人工智能赋能企业高质量发展的机理分析可知，人工智能可以通过扩大规模、提升效率、改善融资等渠道赋能企业高质量发展。因此，要强化人工智能赋能企业高质量发展的影响渠道，引导和帮助企业早日完成智能化转型实现高质量发展目标。在扩大规模方面，同一空间载体应遵循多样化发展原则，通过积极吸引国际领先或国内龙头企业、建立新兴园区等发挥“虹吸效应”

推动多样化产业共聚,从而延伸产业链条,增强经济韧性,进而形成优势互补,帮助企业降本增效。在提升效率方面,以需求牵引供给、供给创造需求的动态平衡不断优化要素配置,从而在供需两端全面提升全要素生产率。在改善融资方面,应借助金融科技趋势,拓宽企业融资渠道、丰富增信手段、改善融资环境,以帮助企业缓解融资困境,共享更多数字金融"红利"。

(三)"因地制宜"制定和执行相关产业政策

人工智能对企业高质量发展的赋能效果,并不是千篇一律的,应结合行业的不同属性和地区发展的不同程度具体情况具体分析。因而要根据各自发展环境,做好顶层设计,形成错位发展、各具特色的新格局。在行业方面,如制造业应注重破除"低端锁定",逐步迈向产业链中高端。服务业要着力打造智能服务模式、不断提升客户黏度。在区域方面,东部地区应继续保持先发优势,持续壮大形成规模经济,打造一批具有核心竞争力的成熟产品。中部地区应补齐短板,依靠自身资源禀赋,加快布局区域特色产业链,帮助相关企业形成新的经济驱动极。西部地区应把握后发优势,以点带面,打造数字化、智能化的产业链和供应链,形成"数智赋能"的全面发展格局。

第三节 人工智能赋能企业高质量发展的趋势和展望

一、人工智能技术将由数量向质量转变

(一)AI 大模型可能迈向通用人工智能

随着 ChatGPT 迅速破圈,以 ChatGPT 为代表的人工智能大模型引领新一轮全球人工智能技术发展浪潮,国内外科技企业、科研机构纷纷竞速大模型赛道,掀起"千模大战",华为"盘古"、百度"文心一言"、科大讯飞"星火"、中国科学院"紫东太初"等一批具有行业影响力的预训练大模型竞相涌现。相比于小模型数据有限、能力有瓶颈,定制化、碎片化情况严重,以及缺乏规模化复制和涌现能力,AI 大模型则具备多个场景通用、泛化和规模化复制等诸多优势,被视为是实现通用人工智能的重要方向,随着大模型落地应用,未来 AI 大模型可能迈向通用人工智能。

（二）合成数据将打破人工智能训练数据瓶颈

人工智能模型的效果很大程度上取决于数据质量，低质量数据输入会直接带来低效率产出，因而在真实数据获取困难或成本昂贵的情况下，“合成数据”可用于训练人工智能模型。这种数据能够模拟真实世界的数据分布和特征，而无需直接从现实世界中收集，将打破真实数据集的瓶颈，作为训练人工智能模型的主要数据来源，以充分发挥人工智能的潜力。

（三）量子计算机可能率先应用于人工智能

随着数据时代的到来，处理海量数据、执行复杂的计算任务以及满足实时性的需求成了人工智能重要的任务。量子计算机的问世为计算科学领域带来了巨大的突破，量子计算机的高并行计算能力和优化算法可以加速数据处理和优化过程，提高处理效率和准确性，计算任务越复杂，量子计算就越具备优势。因而量子计算机在人工智能领域的应用将颇具潜力。

二、企业人工智能应用将呈现爆发式增长

（一）人工智能将进一步融入各行各业的工作

随着技术不断演进，人工智能如同雨后春笋般快速崭露头角，在各个行业中都留下了深深的印记，成了生产制造、交通运输、金融服务、医疗保健等各个领域的重要助手，凸显了日益增长的影响力，越来越多的行业开始对人工智能技术进行积极探索与运用。未来，随着技术的进一步发展和普及，会有更多的细分市场将人工智能应用于工作业务中，全面推动人工智能技术在千行百业中融合赋能。

（二）企业将更注重智能化个性化多模态融合

当前，新模型和新算法不断涌现，技术融合、领域融合成为重要趋势，智能化与个性化产品不断涌现，定制模式开始逐渐成为市场主流，未来人工智能将更加注重多模态智能的发展。企业要抓住这一机遇，借助人工智能深入理解用户的需求和偏好推出更多增强型产品以满足客户多元化、个性化、碎片化的消费需求，提升产品竞争力。

（三）人工智能生成内容将向全场景渗透

随着人工智能技术的快速发展，人工智能生成内容逐渐成为人们关注

的焦点，目前主要应用在广告营销、游戏创作、艺术设计等创造性工作场景，正加速向全场景渗透，其强大的进化能力已无法忽视。AIGC 对激发灵感、辅助创作、验证创意等大有助益，且能更低成本、更高效率地生产内容，未来各种需要创意和新内容的场景，都可能被 AIGC 重新定义，因而 AIGC 向全场景渗透指日可待。

三、企业安全治理将进入关键十字路口

（一）人工智能法律体系逐步完善

随着人工智能的日益发展和广泛应用，衍生出一系列伦理、社会、经济、安全等问题，然而现有的法律体系还不足以应对人工智能技术引发的各类问题，亟须立法来规范其开发和使用。各国政府和社会机构开始积极出台相关政策和报告，如美国国家标准与技术研究院正式发布了《人工智能风险管理框架》；加拿大政府宣布将制定《人工智能与数据法案》，并发布预告性配套文件；英国科学、创新与技术部发布了《促进创新人工智能监管框架》；巴西提出了《人工智能法案》；我国也发布了《生成式人工智能服务管理暂行办法》。预计在人工智能的健康发展过程中，立法机关将不断完善人工智能等领域的法律法规，建立健全相关法律制度。

（二）数据资源博弈日趋激烈

数字经济时代，数据被誉为新的石油，将成为驱动企业发展的关键生产要素。企业之间围绕数据资源的博弈日趋激烈，如顺丰菜鸟“数据断交”，京东关闭天天快递数据接口，华为、腾讯数据之争，OpenAI 与谷歌矛盾再起，这些数据争夺战的爆发并非偶然，数据的重要性已不言而喻。百度、阿里、腾讯等互联网企业，华为、浪潮、中兴等传统 IT 企业，以及电信运营商等也都在加紧布局大数据产业，竞逐数字新赛道，融合应用层出不穷，数据确权将成为各方争议焦点。

（三）风险防范与企业发展齐驱

借助人工智能、物联网、云计算等技术，企业实现了信息流、产业链、价值链数据化，使得企业一切活动皆可被记录，人类社会正高速迈进数据时代。然而在企业发展的同时如何做好数据风险防范已成为新业态、新产业、新模式创新发展中无法回避的一大议题。因此，在数字化业务时代，企业需

要具备更加强大的安全能力，才能适应技术变革所带来的安全环境和挑战。

本章小结

本章在前文的基础上，首先，从人工智能产业发展不平衡态势明显、企业高质量发展要素匹配相对不足、伦理困境与道德约束问题亟待解决等方面总结人工智能赋能企业高质量发展过程中可能存在的问题。然后，从促进企业人工智能发展、促进企业高质量发展、人工智能赋能企业高质量发展角度，探讨人工智能赋能企业高质量发展的路径。最后，从人工智能技术将由数量向质量转变、企业人工智能应用将呈现爆发式增长、企业安全治理将进入关键十字路口分析了人工智能赋能企业高质量的趋势和展望。

参考文献

外文文献

[1]Acemoglu D. Directed Technical Change[J]. The Review of Economic Studies, 2002, 69(04): 781 - 809.

[2]Acemoglu D, Restrepo P. Secular Stagnation? The Effect of Aging on Economic Growth in the Age of Automation[J]. American Economic Review, 2017, 107(05): 174 - 179.

[3]Acemoglu D, Restrepo P. The Race between Man and Machine: Implications of Technology for Growth, Factor Shares, and Employment[J]. American Economic Review, 2018, 108(06): 1488 - 1542.

[4]Acemoglu D, Restrepo P. Unpacking Skill Bias: Automation and New Tasks[J]. AEA Papers and Proceedings, 2020, 110(04): 356 - 361.

[5]Adams J S. Inequity in Social Exchange[J]. Advances in Experimental Social Psychology, 1965(02): 267 - 299.

[6]Aghion P, Howitt P. The Economics of Growth[M]. Cambridge: MIT Press, 2009.

[7]Aghion P, Howitt P, Prantl S. Patent Rights, Product Market Reforms, and Innovation[J]. Journal of Economic Growth, 2015,20(03):223 - 262.

[8]Aghion P, Jones B F, Jones C I. Artificial Intelligence and Economic Growth[R]. NBER Working Paper, 2017.

[9]Allen S G. Technology and the Wage Structure[J]. Journal of Labor Economics, 2001, 19(02): 440 - 483.

[10] Almeida H, Campello M, Weisbach M S. The Cash Flow Sensitivity of Cash[J]. The Journal of Finance, 2004, 59(04): 1777 -1804.

[11] Anthony J H, Ramesh K. Association between Accounting Performance Measures and Stock Prices: A Test of the Life Cycle Hypothesis[J]. Journal of Accounting and Economics, 1992, 15(2 -3): 203 -227.

[12] Arntz M, Gregory T, Zierahn U. The Risk of Automation for Jobs in OECD Countries: A Comparative Analysis[R]. OECD Social, Employment and Migration Working Papers, 2016.

[13] Autor D H. Why are there still so Many Jobs? The History and Future of Workplace Automation[J]. Journal of Economic Perspectives, 2015, 29 (03): 3 -30.

[14] Autor D H. Work of the Past, Work of the Future[J]. AEA Papers and Proceedings, 2019, 109:1 -32.

[15] Autor D, Dorn D, Katz L F, et al. The Fall of the Labor Share and the Rise of Superstar Firms[J]. The Quarterly Journal of Economics, 2020, 135 (02): 645 -709.

[16] Autor D H, Levy F, Murnane R J. The Skill Content of Recent Technological Change: An Empirical Exploration[J]. The Quarterly Journal of Economics, 2003, 118(04): 1279 -1333.

[17] Autor D, Salomons A. Is Automation Labor-Displacing? Productivity Growth, Employment, and the Labor Share[R]. NBER Working Papers, 2018.

[18] Beaudry P, Lewis E. Do Male-Female Wage Differentials Reflect Differences in the Return to Skill? Cross-City Evidence from 1980 -2000[J]. American Economic Journal: Applied Economics, 2014, 6(02): 178 -194.

[19] Bessen J. Automation and Jobs: When Technology Boosts Employment [J]. Economic Policy, 2019, 34(100): 589 -626.

[20] Binder A J, Bound J. The Declining Labor Market Prospects of Less-Educated Men[J]. Journal of Economic Perspectives, 2019, 33 (02): 163 -190.

[21] Brynjolfsson E, Rock D, Syverson C. Artificial Intelligence and the Modern Productivity Paradox: A Clash of Expectations and Statistics[R]. NBER

Working Papers, 2017.

[22]Cette G, Nevoux S, Py L. The Impact of ICTs and Digitalization on Productivity and Labor Share: Evidence from French Firms[J]. Economics of Innovation and New Technology, 2022, 31(08): 669 – 692.

[23] Chorzempa M. China, the United States, and Central Bank Digital Currencies: How Important is it to be First? [J]. China Economic Journal, 2021, 14(01): 102 – 115.

[24]Coase R H. The Nature of the Firm[J]. Economica, 1937, 4(16): 386 – 405.

[25]Coibion O, Gorodnichenko Y, Kumar S. How do Firms Form their Expectations? New Survey Evidence[J]. American Economic Review, 2018, 108 (09): 2671 – 2713.

[26] Datta A, Agarwal S. Telecommunications and Economic Growth: a Panel Data Approach[J]. Applied Economics, 2004, 36(15): 1649 – 1654.

[27]David B. Computer Technology and Probable Job Destructions in Japan: An Evaluation[J]. Journal of the Japanese and International Economies, 2017,43: 77 – 87.

[28]Demirguc – kunt A, Maksimovic V. Law, Finance and Firm Growth [J]. The Journal of Finance, 1998, 53(06): 2107 – 2137.

[29]Deng ZL, Wang ZY. Early – Mover Advantages at Cross – Border Business-to-Business E-commerce Portals[J]. Journal of Business Research, 2016, 69(12): 6002 – 6011.

[30]Fazzari S M, Hubbard R G, Petersen B C. Financing Constraints and Corporate Investment[J]. Brookings Papers on Economic Activity, 1988(01): 141 – 206.

[31]Frey C B, Osborne M A. The Future of Employment: How Susceptible are Jobs to Computerisation? [J]. Technological Forecasting and Social Change, 2017, 114: 254 – 280.

[32]Fujii H, Managi S. Trends and Priority Shifts in Artificial Intelligence Technology Invention: A Global Patent Analysis[J]. Economic Analysis and Policy, 2018, 58: 60 – 69.

[33]Fuster A, Plosser M, Schnabl P, et al. The Role of Technology in Mortgage Lending[J]. The Review of Financial Studies, 2019, 32(05): 1854 -1899.

[34]Goos M, Manning A, Salomons A. Explaining Job Polarization: Routine - Biased Technological Change and Offshoring[J]. American Economic Review, 2014, 104(08): 2509 -2526.

[35]Gordon R J. Why has Economic Growth Slowed when Innovation Appears to be Accelerating? [R]. NBER Working Papers, 2018.

[36]Graetz G, Michaels G. Robots at Work[J]. Review of Economics and Statistics, 2018, 100(05): 753 -768.

[37]Gregory T, Salomons A, Zierahn U. Racing with or Against the Machine?: Evidence from Europe[R]. Utrecht School of Economics Working Papers, 2018.

[38]Gu L. Product Market Competition, R&D Investment, and Stock Returns[J]. Journal of Financial Economics, 2016, 119(02): 441 -455.

[39] Guerreiro J, Rebelo S, Teles P. Should Robots be Taxed? [R]. NBER Working papers, 2017.

[40]Hadlock C J, Pierce J R. New Evidence on Measuring Financial Constraints: Moving beyond the KZ Index[J]. The Review of Financial Studies, 2010, 23(05): 1909 -1940.

[41]Jagtiani J, Lemieux C. The Roles of Alternative Data and Machine Learning in Fintech Lending: Evidence from the Lending Club Consumer Platform [J]. Financial Management, 2019, 48(04): 1009 -1029.

[42]Kamien M I, Schwartz N L. Market Structure and Innovation[M]. Cambridge: Cambridge University Press, 1982.

[43]Kaplan S N, Zingales L. Do Investment-Cash Flow Sensitivities Provide Useful Measures of Financing Constraints? [J]. The Quarterly Journal of Economics, 1997, 112(01): 169 -215.

[44]Katz L F, Autor D H. Changes in the Wage Structure and Earnings Inequality[J]. Handbook of Labor Economics, 1999, 3(01): 1463 -1555.

[45]Katz L F, Murphy K M. Changes in Relative Wages, 1963 - 1987:

Supply and Demand Factors[J]. The Quarterly Journal of Economics, 1992, 107(01): 35-78.

[46]Kim E H, Ouimet P. Broad-Based Employee Stock Ownership: Motives and Outcomes[J]. Journal of Finance, 2014, 69(03): 1273-1319.

[47]Koenker R, Bassett G. Regression Quantiles [J]. Econometrica, 1978, 46(01): 33-50.

[48]Korinek A, Stiglitz J. Artificial Intelligence and its Implications for Income Distribution and Unemployment[R]. NBER Working Papers, 2017.

[49]Kusiak A. Intelligent Manufacturing Systems[J]. Journal of Engineering for Industry, 1990, 113(02): 581-586.

[50]Lazear E P, Rosen S. Rank-Order Tournaments as Optimum Labor Contracts[J]. Journal of Political Economy, 1981(05): 841-864.

[51]Lee I, Shin Y J. FinTech: Ecosystem, Business Models, Investment Decisions, and Challenges[J]. Business Horizons, 2018, 61(01): 35-46.

[52]Liberti J M, Petersen M A. Information: Hard and Soft[J]. The Review of Corporate Finance Studies, 2019, 8(01): 1-41.

[53]Mansfield E. The Economics of Technological Change[M]. New York: W. W. Norton and Company, 1971.

[54]Melville N, Gurbaxani V, Kraemer K. The Productivity Impact of Information Technology across Competitive Regimes: The Role of Industry Concentration and Dynamism[J]. Decision Support Systems, 2007, 43(01): 229-242.

[55]Miyazaki S, Idota H, Miyoshi H. Corporate Productivity and the Stages of ICT Development[J]. Information Technology and Management, 2012, 13(01): 17-26.

[56]Nickell S J. Competition and Corporate Performance[J]. Journal of Political Economy, 1996, 104(04): 724-746.

[57]Nooteboom B. Innovation and Inter-Firm Linkages: New Implications for Policy[J]. Research Policy, 1999, 28(08): 793-805.

[58]Nunn N, Qian N. US Food Aid and Civil Conflict[J]. American Economic Review, 2014, 104(06): 1630-1666.

[59]Olley G S, Pakes A. The Dynamics of Productivity in the Telecommunications Equipment Industry[J]. Econometrica, Econometric Society, 1996, 64(06): 1263 -1297.

[60]Perez C. Structural Change and Assimilation of New Technologies in the Economic and Social Systems[J]. Futures, 1983, 15(05): 357 -375.

[61]Perez C. Technological Revolutions and Techno-Economic Paradigms[J]. Cambridge Journal of Economics, 2010,34(01): 185 -202.

[62]Porter M E, Kramer M R. The Competitive Advantage of Corporate Philanthropy[J]. Harvard Business Review, 2002, 80(12): 56 -68.

[63]Rindfleisch A. Transaction Cost Theory: Past, Present and Future[J]. AMS Review: Official Publication of the Academy of Marketing Science, 2020, 10(01): 85 -97.

[64]Roach S S. Services under Siege——the Restructuring Imperative[J]. Harvard Business Review, 1991, 69(05): 82 -91.

[65]Roy A D. Some Thoughts on the Distribution of Earnings[J]. Oxford Economic Papers, 1951, 3(02): 135 -146.

[66]Simon S I. Corporation Accounting in Economics[J]. The Journal of Business Education, 1947, 22(09): 23 -24.

[67]Solow R M. A Contribution to the Theory of Economic Growth[J]. The Quarterly Journal of Economics, 1956, 70(01): 65 -94.

[68]Solow R M. Technical Change and the Aggregate Production Function[J]. Review of Economics and Statistics, 1957, 39(03): 312 -320.

[69]Song J, Price D J, Guvenen F, et al. Firming up and Inequality[J]. The Quarterly Journal of Economics, 2019, 134(01): 1 -50.

[70]Stoneman P. The Economic Analysis of Technical Change[M]. Oxford: Oxford University Press, 1983.

[71]Thomas M K. The Rise of Technology and its Influence on Labor Market Outcomes[J]. The Gettysburg Economic Review, 2017, 10(01): 3 -27.

[72]Turing A M. Computing Machinery and Intelligence[J]. Mind, 1950, 59: 433 -460.

[73]Welch F. Growth in Women's Relative Wages and in Inequality among

Men: One Phenomenon or Two? [J]. The American Economic Review, 2000, 90(02): 444 -449.

[74]Williamson O E. Reflections on the New Institutional Economics[M]. New York: Furubotn and Richter, 1985.

[75]Yamaguchi S. Changes in Returns to Task-Specific Skills and Gender Wage Gap[J]. The Journal of Human Resources, 2018, 53(01): 32 -70.

[76]Yazdanfar D, Öhman P. Debt Financing and Firm Performance: An Empirical Study based on Swedish Data[J]. Journal of Risk Finance, 2015, 16(01): 102 -118.

[77]Zeira J. Workers, Machines, and Economic Growth[J]. The Quarterly Journal of Economics, 1998, 113(04): 1091 -1117.

中文文献

[1]蔡跃洲,陈楠. 新技术革命下人工智能与高质量增长、高质量就业[J]. 数量经济技术经济研究,2019,36(05):3 -22.

[2]蔡跃洲,马文君. 数据要素对高质量发展影响与数据流动制约[J]. 数量经济技术经济研究,2021,38(03):64 -83.

[3]曹亮,直银苹,谭智,等. 中国—东盟自由贸易区中间品关税减让对中国农业高质量发展影响研究[J]. 宏观经济研究,2022(01):74 -90.

[4]常媛,曾永鹏,黄顺春. 现金持有、研发投入与企业高质量发展:基于中介效应与面板门槛模型分析[J]. 华东经济管理,2022,36(06):58 -67.

[5]陈长石,姜廷廷,刘晨晖. 产业集聚方向对城市技术创新影响的实证研究[J]. 科学学研究,2019,37(01):77 -85.

[6]陈丽姗,傅元海. 融资约束条件下技术创新影响企业高质量发展的动态特征[J]. 中国软科学,2019(12):108 -128.

[7]陈楠,蔡跃洲. 人工智能、承接能力与中国经济增长:新"索洛悖论"和基于 AI 专利的实证分析[J]. 经济学动态,2022(11):39 -57.

[8]陈诗一,陈登科. 雾霾污染、政府治理与经济高质量发展[J]. 经济研究,2018,53(02):20 -34.

[9]陈彦斌,林晨,陈小亮. 人工智能、老龄化与经济增长[J]. 经济研究,

2019,54(07):47-63.

[10]陈昭,陈钊泳,谭伟杰.数字经济促进经济高质量发展的机制分析及其效应[J].广东财经大学学报,2022,37(03):4-20.

[11]陈昭,刘映曼.政府补贴、企业创新与制造业企业高质量发展[J].改革,2019(08):140-151.

[12]陈宗胜,赵源.不同技术密度部门工业智能化的就业效应:来自中国制造业的证据[J].经济学家,2021(12):98-106.

[13]程文.人工智能、索洛悖论与高质量发展:通用目的技术扩散的视角[J].经济研究,2021,56(10):22-38.

[14]崔广慧,姜英兵.政府环保处罚影响企业劳动力需求吗?:基于制造业上市公司的经验证据[J].中国人口·资源与环境,2021,31(11):78-88.

[15]杜传忠,许冰.第四次工业革命对就业结构的影响及中国的对策[J].社会科学战线,2018(02):68-74.

[16]范合君,吴婷.数字化能否促进经济增长与高质量发展:来自中国省级面板数据的经验证据[J].管理学刊,2021,34(03):36-53.

[17]范金,姜卫民,刘瑞翔.增加值率能否反映经济增长质量?[J].数量经济技术经济研究,2017,34(02):21-37.

[18]范子英,周小昶.财政激励、市场一体化与企业跨地区投资:基于所得税分享改革的研究[J].中国工业经济,2022(02):118-136.

[19]高帆.基于社会主要矛盾转化深刻理解我国高质量发展内涵[J].上海经济研究,2021(12):14-21.

[20]耿子恒,汪文祥,郭万福.人工智能与中国产业高质量发展:基于对产业升级与产业结构优化的实证分析[J].宏观经济研究,2021(12):38-52.

[21]顾国达,马文景.人工智能综合发展指数的构建及应用[J].数量经济技术经济研究,2021,38(01):117-134.

[22]谷军健,赵玉林.中国海外研发投资与制造业绿色高质量发展研究[J].数量经济技术经济研究,2020,37(01):41-61.

[23]关成华.经济高质量发展亟待补齐四个短板[J].人民论坛,2019(22):79.

[24]郭朝先,方澳. 人工智能促进经济高质量发展:机理、问题与对策[J]. 广西社会科学,2021(08):8－17.

[25]郭健,张明媛,于倩,等. 财政分权与高质量发展:兼论分权的"适度区间"[J]. 财政研究,2021(11):86－101.

[26]郭凯明. 人工智能发展、产业结构转型升级与劳动收入份额变动[J]. 管理世界,2019,35(07):60－77.

[27]郭凯明,罗敏. 有偏技术进步、产业结构转型与工资收入差距[J]. 中国工业经济,2021(03):24－41.

[28]韩会朝,徐康宁. 智能化改造对我国企业生产率的影响研究[J]. 南京社会科学,2020(04):32－37.

[29]何小钢,梁权熙,王善骝. 信息技术、劳动力结构与企业生产率:破解"信息技术生产率悖论"之谜[J]. 管理世界,2019,35(09):65－80.

[30]何瑛,于文蕾,杨棉之. CEO 复合型职业经历、企业风险承担与企业价值[J]. 中国工业经济,2019(09):155－173.

[31]胡浩然,张盼盼,张瑞恩. 互联网普及与中国省内工资差距收敛[J]. 经济评论,2020(01):96－111.

[32]胡浩志,孙立雪. 高铁开通促进了非枢纽城市企业高质量发展吗?[J]. 财经问题研究,2021(12):123－132.

[33]华海岭,高月姣,吴和成. 大中型工业企业技术改造和获取投入效率的 DEA 分析[J]. 科研管理,2011,32(04):43－50.

[34]黄大禹,谢获宝,孟祥瑜,等. 数字化转型与企业价值:基于文本分析方法的经验证据[J]. 经济学家,2021(12):41－51.

[35]黄群慧,余泳泽,张松林. 互联网发展与制造业生产率提升:内在机制与中国经验[J]. 中国工业经济,2019(08):5－23.

[36]黄速建,肖红军,王欣. 论国有企业高质量发展[J]. 中国工业经济,2018(10):19－41.

[37]黄庆华,时培豪,胡江峰. 产业集聚与经济高质量发展:长江经济带 107 个地级市例证[J]. 改革,2020(01):87－99.

[38]黄少安,张岗. 中国上市公司股权融资偏好分析[J]. 经济研究,2001(11):12－20.

[39]惠宁,杨昕. 数字经济驱动与中国制造业高质量发展[J]. 陕西师范大学学报(哲学社会科学版),2022,51(01):133－147.

[40]姜长云. 服务业高质量发展的内涵界定与推进策略[J]. 改革,2019(06):41－52.

[41]荆文君,孙宝文. 数字经济促进经济高质量发展:一个理论分析框架[J]. 经济学家,2019(02):66－73.

[42]李灿锋,刘达,周德坤,等. 人工智能在地质领域的应用与展望[J]. 矿物岩石地球化学通报,2022,41(03):668－677.

[43]李辉. 大数据推动我国经济高质量发展的理论机理、实践基础与政策选择[J]. 经济学家,2019(03):52－59.

[44]李建军,韩珣. 非金融企业影子银行化与经营风险[J]. 经济研究,2019,54(08):21－35.

[45]李金昌,史龙梅,徐蔼婷. 高质量发展评价指标体系探讨[J]. 统计研究,2019,36(01):4－14.

[46]李静,刘霞辉,楠玉. 提高企业技术应用效率　加强人力资本建设[J]. 中国社会科学,2019(06):63－84.

[47]李磊,徐大策. 机器人能否提升企业劳动生产率?:机制与事实[J]. 产业经济研究,2020(03):127－142.

[48]李廉水,刘军,程中华. 中国制造业发展研究报告 2019:中国制造 40 年与智能制造[M]. 北京:科学出版社,2019.

[49]李粮. 同事关系与企业高质量发展:基于非正式制度视角的研究[J]. 经济问题,2021(09):83－96.

[50]李娜娜,杨仁发. FDI 能否促进中国经济高质量发展? [J]. 统计与信息论坛,2019,34(09):35－43.

[51]李梦欣,任保平. 新时代中国高质量发展的综合评价及其路径选择[J]. 财经科学,2019(05):26－40.

[52]李永周,王月,阳静宁. 自我效能感、工作投入对高新技术企业研发人员工作绩效的影响研究[J]. 科学学与科学技术管理,2015,36(02):173－180.

[53]李云鹤,李湛,唐松莲. 企业生命周期、公司治理与公司资本配置效

率[J]. 南开管理评论,2011,14(03):110-121.

[54]李志强,刘英. 机器人的应用可以缩小性别工资差距吗:基于 CFPS2018 的经验证据[J]. 山西财经大学学报,2022,44(02):91-102.

[55]梁丹丹. 中国绿色高质量发展道路的理论内涵、科学依据与路径选择[J]. 重庆社会科学,2022(12):54-65.

[56]林乐,谢德仁. 分析师荐股更新利用管理层语调吗?:基于业绩说明会的文本分析[J]. 管理世界,2017(11):125-145.

[57]林志帆,龙小宁. 社会资本能否支撑中国民营企业高质量发展?[J]. 管理世界,2021,37(10):56-73.

[58]刘昊. 人工智能在税收风险管理中的应用探析[J]. 税务研究,2020(05):79-82.

[59]刘和旺,刘池,郑世林.《环境空气质量标准(2012)》的实施能否助推中国企业高质量发展? [J]. 中国软科学,2020(10):45-55.

[60]刘家旗. 效率视角下数字经济对经济高质量发展的影响研究[D]. 西北大学,2022.

[61]刘思明,张世瑾,朱惠东. 国家创新驱动力测度及其经济高质量发展效应研究[J]. 数量经济技术经济研究,2019,36(04):3-23.

[62]刘松竹,肖生鹏,梁运文. 人工智能与中国制造业企业高质量发展[J]. 江汉论坛,2022(07):24-31.

[63]刘维林,王艺斌. 数字经济赋能城市绿色高质量发展的效应与机制研究[J]. 南方经济,2022(08):73-91.

[64]刘新智,张鹏飞,史晓宇. 产业集聚、技术创新与经济高质量发展:基于我国五大城市群的实证研究[J]. 改革,2022(04):68-87.

[65]刘亚雪,田成诗,程立燕. 世界经济高质量发展水平的测度及比较[J]. 经济学家,2020(05):69-78.

[66]刘艳霞. 数字经济赋能企业高质量发展:基于企业全要素生产率的经验证据[J]. 改革,2022(09):35-53.

[67]刘一鸣,王艺明. 民营企业党建与劳动生产率:一个政治经济分析[J]. 经济科学,2022(06):108-123.

[68]刘震,潘雨晨. 互联网、注意力配置与"一带一路"制造业高质量发

展:基于竞争性与互补性考量[J]. 软科学,2022,36(09):22 –28.

[69]刘志彪,凌永辉. 结构转换、全要素生产率与高质量发展[J]. 管理世界,2020,36(07):15 –29.

[70]隆云滔,刘海波,蔡跃洲. 人工智能技术对劳动力就业的影响:基于文献综述的视角[J]. 中国软科学,2020(12):56 –64.

[71]吕承超,崔悦. 中国高质量发展地区差距及时空收敛性研究[J]. 数量经济技术经济研究,2020,37(09):62 –79.

[72]吕康娟,潘敏杰,朱四伟. 环保约谈制度促进了企业高质量发展吗?[J]. 中南财经政法大学学报,2022(01):135 –146.

[73]鲁继通. 我国高质量发展指标体系初探[J]. 中国经贸导刊(中),2018(20):4 –7.

[74]陆建栖,任文龙. 数字经济推动文化产业高质量发展的机制与路径:基于省级面板数据的实证检验[J]. 南京社会科学,2022(05):142 –151.

[75]鲁晓东,连玉君. 中国工业企业全要素生产率估计:1999—2007[J]. 经济学(季刊), 2012(02):541 –558.

[76]罗斌元,陈艳霞. 数智化如何赋能经济高质量发展:兼论营商环境的调节作用[J]. 科技进步与对策,2022,39(05):61 –71.

[77]罗润东,韩巧霞,段文斌. 人工智能的要素属性及其就业含义[J]. 福建论坛(人文社会科学版),2021(02):58 –69.

[78]马茹,罗晖,王宏伟,等. 中国区域经济高质量发展评价指标体系及测度研究[J]. 中国软科学,2019(07):60 –67.

[79]马晓河,胡拥军. "互联网 +"推动农村经济高质量发展的总体框架与政策设计[J]. 宏观经济研究,2020(07):5 –16.

[80]孟庆斌,李昕宇,张鹏. 员工持股计划能够促进企业创新吗?:基于企业员工视角的经验证据[J]. 管理世界,2019,35(11):209 –228.

[81]孟庆国,鞠京芮. 人工智能支撑的平台型政府:技术框架与实践路径[J]. 电子政务,2021(09):37 –46.

[82]聂长飞,简新华. 中国高质量发展的测度及省际现状的分析比较[J]. 数量经济技术经济研究,2020,37(02):26 –47.

[83]潘雅茹,罗良文. 基础设施投资对经济高质量发展的影响:作用机

制与异质性研究[J]. 改革,2020(06):100-113.

[84]蒲晓晔,黄鑫. 人工智能赋能中国经济高质量发展的动力问题研究[J]. 西安财经大学学报,2021,34(04):101-109.

[85]戚聿东,蔡呈伟. 数字化对制造业企业绩效的多重影响及其机理研究[J]. 学习与探索,2020(07):108-119.

[86]曲立,王璐,季桓永. 中国区域制造业高质量发展测度分析[J]. 数量经济技术经济研究,2021,38(09):45-61.

[87]屈小娥,刘柳. 环境分权对经济高质量发展的影响研究[J]. 统计研究,2021,38(03):16-29.

[88]任保平. 数字经济引领高质量发展的逻辑、机制与路径[J]. 西安财经大学学报,2020,33(02):5-9.

[89]任保平,豆渊博. "十四五"时期构建新发展格局推动经济高质量发展的路径与政策[J]. 人文杂志,2021(01):1-8.

[90]任保平,何厚聪. 数字经济赋能高质量发展:理论逻辑、路径选择与政策取向[J]. 财经科学,2022(04):61-75.

[91]任保平,宋文月. 新一代人工智能和实体经济深度融合促进高质量发展的效应与路径[J]. 西北大学学报(哲学社会科学版),2019,49(05):6-13.

[92]任保平,孙一心. 数字经济培育我国经济高质量发展新优势的机制与路径[J]. 经济纵横,2022(04):38-48.

[93]任保平,王思琛. 新时代高质量发展中共享发展的理论创新及其实现路径[J]. 渭南师范学院学报,2018,33(11):14-27.

[94]任保平,文丰安. 新时代中国高质量发展的判断标准、决定因素与实现途径[J]. 改革,2018(04):5-16.

[95]荣兆梓,李亚平. 全劳动生产率与马克思主义基本增长方程[J]. 上海经济研究,2021(01):15-27.

[96]上官绪明,葛斌华. 科技创新、环境规制与经济高质量发展:来自中国278个地级及以上城市的经验证据[J]. 中国人口·资源与环境,2020,30(06):95-104.

[97]盛明泉,汪顺,商玉萍. 金融资产配置与实体企业全要素生产率:

"产融相长"还是"脱实向虚"[J]. 财贸研究,2018,29(10):87–97.

[98]施本植,汤海滨. 什么样的杠杆率有利于企业高质量发展[J]. 财经科学,2019(07):80–94.

[99]师博. 人工智能促进新时代中国经济结构转型升级的路径选择[J]. 西北大学学报(哲学社会科学版),2019,49(05):14–20.

[100]师博. 人工智能助推经济高质量发展的机理诠释[J]. 改革,2020(01):30–38.

[101]师博,韩雪莹. 中国实体经济高质量发展测度与行业比较:2004—2017[J]. 西北大学学报(哲学社会科学版),2020,50(01):57–64.

[102]宋思源,刘玉奇. 数字经济助力消费市场高质量发展:逻辑机制与创新路径[J]. 经济体制改革,2022(04):22–27.

[103]孙艺璇,程钰,刘娜. 中国经济高质量发展时空演变及其科技创新驱动机制[J]. 资源科学,2021,43(01):82–93.

[104]孙早,侯玉琳. 工业智能化如何重塑劳动力就业结构[J]. 中国工业经济,2019(05):61–79.

[105]孙早,侯玉琳. 工业智能化与产业梯度转移:对"雁阵理论"的再检验[J]. 世界经济,2021,44(07):29–54.

[106]唐晓彬,王亚男,唐孝文. 中国省域经济高质量发展评价研究[J]. 科研管理,2020,41(11):44–55.

[107]唐晓华,迟子茗. 工业智能化对制造业高质量发展的影响研究[J]. 当代财经,2021(05):102–114.

[108]陶爱萍,吴文韬. 进口推动经济高质量发展吗?:一个供给侧的视角[J]. 世界经济研究,2020(06):73–88.

[109]滕磊,马德功. 数字金融能够促进高质量发展吗?[J]. 统计研究,2020,37(11):80–92.

[110]田秋生. 高质量发展的理论内涵和实践要求[J]. 山东大学学报(哲学社会科学版),2018(06):1–8.

[111]田秀娟,李睿. 数字技术赋能实体经济转型发展:基于熊彼特内生增长理论的分析框架[J]. 管理世界,2022,38(05):56–73.

[112]王春超,丁琪芯. 智能机器人与劳动力市场研究新进展[J]. 经济

社会体制比较,2019(02):178-188.

[113]王大树.新发展理念与高质量发展[J].北京工商大学学报(社会科学版),2022,37(05):11-19.

[114]王慧艳,李新运,徐银良.科技创新驱动我国经济高质量发展绩效评价及影响因素研究[J].经济学家,2019(11):64-74.

[115]王继业.人工智能赋能源网荷储协同互动的应用及展望[J].中国电机工程学报,2022,42(21):7667-7682.

[116]王静,方德斌.基于"五位一体"的中国经济高质量发展指数研究[J].宏观经济研究,2022(05):22-34.

[117]王林辉,姜昊,董直庆.工业智能化会重塑企业地理格局吗[J].中国工业经济,2022(02):137-155.

[118]王水兴.人工智能与马克思人的本质的"新确证"[J].马克思主义研究,2022(02):95-104.

[119]王文,牛泽东,孙早.工业机器人冲击下的服务业:结构升级还是低端锁定[J].统计研究,2020,37(07):54-65.

[120]王欣.新时代推动民营企业高质量发展:制度演进、现实刻画和未来进路[J].产业经济评论,2022(04):5-25.

[121]王业斌,许雪芳.减税降费与经济高质量发展:来自小微企业的微观证据[J].税务研究,2019(12):16-21.

[122]王一鸣.百年大变局、高质量发展与构建新发展格局[J].管理世界,2020,36(12):1-13.

[123]王一鸣.向高质量发展转型要突破哪些关口[N].联合时报,2018-04-13(4).

[124]王永钦,董雯.机器人的兴起如何影响中国劳动力市场?:来自制造业上市公司的证据[J].经济研究,2020,55(10):159-175.

[125]王裕瑾,李梦玉.中国数字经济与高质量发展的耦合协调研究[J].经济与管理评论,2023,39(01):104-118.

[126]魏敏,李书昊.新时代中国经济高质量发展水平的测度研究[J].数量经济技术经济研究,2018,35(11):3-20.

[127]魏下海,曹晖,吴春秀.生产线升级与企业内性别工资差距的收敛

[J]. 经济研究,2018,53(02):156－169.

[128]魏下海,张沛康,杜宇洪. 机器人如何重塑城市劳动力市场:移民工作任务的视角[J]. 经济学动态,2020(10):92－109.

[129]武常岐,张昆贤,周欣雨,等. 数字化转型、竞争战略选择与企业高质量发展:基于机器学习与文本分析的证据[J]. 经济管理,2022,44(04):5－22.

[130]吴非,胡慧芷,林慧妍,等. 企业数字化转型与资本市场表现:来自股票流动性的经验证据[J]. 管理世界,2021,37(07):130－144.

[131]夏显力,陈哲,张慧利,等. 农业高质量发展:数字赋能与实现路径[J]. 中国农村经济,2019(12):2－15.

[132]肖黎明,李秀清. 资源利用对长江经济带高质量发展的影响:基于生态足迹的检验[J]. 地理与地理信息科学,2022,38(04):104－112.

[133]肖土盛,吴雨珊,亓文韬. 数字化的翅膀能否助力企业高质量发展:来自企业创新的经验证据[J]. 经济管理,2022,44(05):41－62.

[134]徐斌. 技术吸收、技术改造与国内外技术获取:基于高技术产业静态与动态面板数据[J]. 科技进步与对策,2019,36(22):60－66.

[135]徐斌,李燕芳. 生产要素理论的主要学派与最新发展[J]. 北京交通大学学报(社会科学版),2006(03):20－24.

[136]薛菁. 新一轮减税降费、创新促进与制造业高质量发展[J]. 财经论丛,2022(06):15－28.

[137]闫雪凌,朱博楷,马超. 工业机器人使用与制造业就业:来自中国的证据[J]. 统计研究,2020,37(01):74－87.

[138]杨飞. 产业智能化如何影响劳动报酬份额:基于产业内效应与产业关联效应的研究[J]. 统计研究,2022,39(02):80－95.

[139]杨孟禹. 空间经济学视角下统一大市场建设的逻辑、影响与政策取向[J]. 云南社会科学,2022(05):141－150.

[140]杨青峰,任锦鸾. 制造范式的演进规律与发展新制造的政策建议[J]. 中国科学院院刊,2019,34(12):1421－1430.

[141]杨伟国,邱子童,吴清军. 人工智能应用的就业效应研究综述[J]. 中国人口科学,2018(05):109－119.

[142]杨耀武,张平.中国经济高质量发展的逻辑、测度与治理[J].经济研究,2021,56(01):26-42.

[143]杨志安,邱国庆.财政分权与中国经济高质量发展关系:基于地区发展与民生指数视角[J].财政研究,2019(08):27-36.

[144]尹美群,盛磊,李文博.高管激励、创新投入与公司绩效:基于内生性视角的分行业实证研究[J].南开管理评论,2018,21(01):109-117.

[145]易信.新一轮科技革命和产业变革对经济增长的影响研究:基于多部门熊彼特内生增长理论的定量分析[J].宏观经济研究,2018(11):79-93.

[146]余东华,王梅娟.数字经济、企业家精神与制造业高质量发展[J].改革,2022(07):61-81.

[147]于法稳,黄鑫,岳会.乡村旅游高质量发展:内涵特征、关键问题及对策建议[J].中国农村经济,2020(08):27-39.

[148]余玲铮,魏下海,孙中伟,等.工业机器人、工作任务与非常规能力溢价:来自制造业"企业—工人"匹配调查的证据[J].管理世界,2021,37(01):47-59.

[149]袁淳,肖土盛,耿春晓,等.数字化转型与企业分工:专业化还是纵向一体化[J].中国工业经济,2021(09):137-155.

[150]袁冬梅,周磊,袁礼.技术创新模式转变对劳动力就业结构的影响:基于制造业上市公司数据的分析[J].中国人口科学,2021(06):81-95.

[151]曾世宏,高晨.区块链技术创新条件下的产业高质量发展:机制、路径与对策[J].湖南社会科学,2022(05):67-72.

[152]詹新宇,崔培培.中国省际经济增长质量的测度与评价:基于"五大发展理念"的实证分析[J].财政研究,2016(08):40-53.

[153]张长江,张思涵,侯梦晓.企业高质量发展:内涵、测度与路径选择[J].财会月刊,2022(13):137-144.

[154]张洪国,陆平,邵立国,等.中国人工智能发展简史[J].互联网经济,2017(06):84-91.

[155]张瑾,龙强,江洪.以扩大高水平开放促进中部地区高质量发展[J].宏观经济管理,2019(12):42-47.

[156]张军扩,侯永志,刘培林,等.高质量发展的目标要求和战略路径[J].管理世界,2019,35(07):1-7.

[157]张丽伟.中国经济高质量发展方略与制度建设[D].北京:中共中央党校,2019.

[158]张瑞,王格宜,孙夏令.财政分权、产业结构与黄河流域高质量发展[J].经济问题,2020(09):1-11.

[159]张涛.高质量发展的理论阐释及测度方法研究[J].数量经济技术经济研究,2020,37(05):23-43.

[160]张文魁.我国企业发展政策的历史逻辑与未来取向[J].管理世界,2021,37(12):15-24.

[161]张叶青,陆瑶,李乐芸.大数据应用对中国企业市场价值的影响:来自中国上市公司年报文本分析的证据[J].经济研究,2021,56(12):42-59.

[162]张远,李焕杰.企业智能化转型对内部劳动力结构转换的影响研究[J].中国人力资源开发,2022,39(01):98-118.

[163]张跃,刘莉,黄帅金.区域一体化促进了城市群经济高质量发展吗?:基于长三角城市经济协调会的准自然实验[J].科学学研究,2021,39(01):63-72.

[164]张月友,董启昌,倪敏.服务业发展与"结构性减速"辨析:兼论建设高质量发展的现代化经济体系[J].经济学动态,2018(02):23-35.

[165]张曾莲,徐方圆.董事高管责任保险与企业高质量发展:基于代理成本和创新激励视角[J].华东经济管理,2021,35(02):78-86.

[166]张志元,马永凡.金融改革如何助推民营企业高质量发展[J].当代财经,2022(12):64-74.

[167]赵胜民,屠堃泰.金融科技降低了银行风险吗?:基于规模异质的视角[J].中央财经大学学报,2022(10):35-49.

[168]赵涛,张智,梁上坤.数字经济、创业活跃度与高质量发展:来自中国城市的经验证据[J].管理世界,2020,36(10):65-76.

[169]郑明贵,郑舒情.资产负债率、研发投入与企业高质量发展[J].会计之友,2022(20):34-40.

［170］郑玉歆. 全要素生产率的再认识:用 TFP 分析经济增长质量存在的若干局限［J］. 数量经济技术经济研究,2007(09):3－11.

［171］周广肃,李力行,孟岭生. 智能化对中国劳动力市场的影响:基于就业广度和强度的分析［J］. 金融研究,2021(06):39－58.

［172］周健君,胡有林. 地方国有企业高质量发展评价指标体系研究［J］. 湖南社会科学,2021(06):58－63.

［173］周茂,陆毅,杜艳,等. 开发区设立与地区制造业升级［J］. 中国工业经济,2018(03):62－79.

［174］周清香,何爱平. 环境规制能否助推黄河流域高质量发展［J］. 财经科学,2020(06):89－104.

［175］周泽将,雷玲,伞子瑶. 营商环境与企业高质量发展:基于公司治理视角的机制分析［J］. 财政研究,2022(05):111－129.

［176］朱风慧,刘立峰. 我国产业结构升级与经济高质量发展:基于地级及以上城市经验数据［J］. 云南财经大学学报,2020,36(06):42－53.